西安石油大学优秀学术著作出版基金资助出版

陕西省哲学社会科学基金项目成果（项目编号:2015M002）

图书馆员职业伦理建设研究

A Study on the Construction of Librarian's Professional Ethics

李　清◎著

中国社会科学出版社

图书在版编目 (CIP) 数据

图书馆员职业伦理建设研究 / 李清著 . —北京：中国社会科学出版社，
2017. 7

ISBN 978-7-5203-0874-8

Ⅰ. ①图…　Ⅱ. ①李…　Ⅲ. ①图书馆员-职业道德-研究-中国

Ⅳ. ①G251. 6

中国版本图书馆 CIP 数据核字 (2017) 第 210422 号

出 版 人	赵剑英	
责任编辑	任　明	
责任校对	郝阳洋	
责任印制	李寡寡	

出　　　版	中国社会科学出版社	
社　　　址	北京鼓楼西大街甲 158 号	
邮　　　编	100720	
网　　　址	http：//www. csspw. cn	
发 行 部	010-84083685	
门 市 部	010-84029450	
经　　　销	新华书店及其他书店	

印刷装订	北京君升印刷有限公司
版　　次	2017 年 7 月第 1 版
印　　次	2017 年 7 月第 1 次印刷

开　　本	710×1000　1/16
印　　张	16.75
插　　页	2
字　　数	245 千字
定　　价	75.00 元

序

　　近十几年来，世界范围内的伦理学研究取得了一系列重要进展，如美德伦理、责任伦理与情境伦理相关学说的提出与广泛传播，显著推进了伦理学的科学化和系统化历史进程。我国有关学者也提出了富有创造性的一系列伦理学新命题。如唐代兴在其八卷《生境伦理学》中提出了"世界是一个生生不息的生态场""自然为人立法，人为自然护法"等六个基本命题，以及"自然失律源于人为""生境逻辑乃观念逻辑的指南"等六个实践命题。王海明则在其《新伦理学》中指出，"道德都是人制定的。但是，只有恶劣的道德才可以随意制定；而优良的道德却只能通过社会创造道德的目的、亦即道德终极标准，从行为事实中推导、制定出来：所制定的行为应该如何的道德规范之优劣，完全取决于对行为事实如何的客观规律与道德目的的认识之真假"，"道德的本性是一种必要的恶"，"道德终极总标准是增加全社会和每个人利益总量"，"公正是社会治理最重要道德原则"，"人道是社会治理的最完美道德原则"，等等。上述伦理学命题新见，犹如大雅春风徐来，令人心旷神怡。

　　岁在农历辛酉，时在初夏花开。欣闻西安石油大学图书馆副研究馆员李清老师历经五年曲折而成的学术专著《图书馆员职业伦理建设研究》已经交付中国社会科学出版社编辑出版，实在可喜可贺。李清老师凭借其较为扎实的伦理学研究功底和长期的图书馆工作经验积淀，初步构建了以职业伦理关系为根源，以职业价值为核心，以职业理念为精神引领，以职业伦理规范为表达形式，以职业道德品质为载体，以职业道德行为为最终旨归的图书馆员职业伦理建设理论体系。据悉，该书是我国图书馆职业伦理建设研究方面为数不多的最新著作之一,可期为我国方兴未艾的应用伦理学研究、相对薄弱的图书馆学基础理论研究特别是图书馆职业哲学研究增添难能可贵的新鲜血液与时代活力。

学术乃天下之公器,需要天下之人共同探究与发展之。本人作为该专著自思想萌芽到修改诞生的全程鉴证者与推进者之一,深感有责任也乐意借其付梓之际,就当代图书馆员职业伦理建设研究涉及的基本理论问题,略谈几个尚不成熟的学术观点,一方面希望对该书尚未论及的地方有所补益,另一方面也祈愿对于推进该领域的今后研究有所启发。

为什么应高度重视当代图书馆员职业伦理建设?概言之,这是大力推进当代图书馆职业自觉的历史进程的迫切需要。迄今为止,世界范围内的图书馆事业尚未完成其现代性进程,这集中体现在当代图书馆职业由于所做出的独特社会贡献还不够充足,尚未在当代公共事业体系中确立被普遍尊崇的较高社会地位。在当代社会竞争环境下,由于"马太效应"的存在,当代图书馆事业和职业发展在一定程度上受到"贡献—认同边缘化"陷阱的困扰。一般来说,特定领域高度专业化是特定职业做出较大独特社会贡献的基础支撑与衡量尺度,而特定领域的专业化水平取决于其社会共同体、学术共同体、教育共同体和实践共同体的合力推进。对于任何共同体成员来说,都客观面临着"如何看、如何算、怎样办、看怎样"的认知、决策、行动和评价问题。其中,在事业或职业的发展中的障碍或挫折归因方面,的确存在一种"客观原因推诿"的思想倾向,即拿环境、风气、体制、机制和制度等客观因素为自己找"不作为"或"少作为"的借口,任性地成为思想观念上的偏"左"的"愤青"以及行动实践上偏右的"懒汉"。实际上,人立于天地之间,在任何事业与职业体系中,人都是处于第一位的因素,直面解决任何发展障碍或挫折,归根到底,还是要发挥人的主体能动性特别是创造性。这正是中国共产党领导中国历经"苦难辉煌"和取得"浴血荣光"的伟大征程中高度重视思想政治工作的根本原因。其思想政治工作曾经专门强调过"人的因素第一""政治工作第一""思想工作第一""活的思想第一",这对于旨在构造优良伦理秩序的当代图书馆员职业伦理建设研究是极有指导意义的。为了切实振兴发展当代图书馆事业，我们在深入研究和应用作为工作手段的图书馆科学技术问题的同时，还需要高度重视以促进人的全面自由发展为终极关怀的图书馆人文社会问题的研究与求解。其中，当代图书馆员职业伦理精神是图书馆职业哲学的核心构成部分之一，优良职业伦理秩序是当代图书馆事业赖以生存与发展的基石，当代图书馆员职业伦理建设是当代图书馆文化建设，特别是思想政治工作的核心组成部分之一。迄今为止，在我国图书馆事业发展过程中，尚未全面实施图书馆职业资格准入制度，绝大多数不具备图书馆学及其相关学科背景的大学毕业生或其他人员进入各类型图书馆工作岗位，使得加强职业伦理教育以统一其思想意识与行动步伐显得格外迫切。近年来相关调查研究表明，多数图书馆员不同程度地存在着所学专业及综合素质与用户对图书馆高级服务的需求不够适应、职业幸福感较低和专业发展动力不足等突出问题。上述问题需要各方面长期性地综合研判求解。其中，直面当代图书馆员的精神风貌与道德状态，切实加强图书馆员职业伦理建设，显著推动其从消极被动的自发职业精神状态向积极能动的自觉职业精神状态转变，无疑是提升馆员队伍凝聚力与战斗力的一个非常重要的突破口。

怎样有效推进当代图书馆员职业伦理建设？这是一个"由道至德，立规可依，责令践行，止于至善"的复杂"知行合一"工程问题。从"知"的层面上看，应全面、深刻认识当代图书馆员职业伦理的独特内涵，科学设定适宜的专门职业伦理准则，规划确立合理的专门职业伦理建设目标。根据马克思主义伦理观，特定职业伦理关系总是在一定生产关系或经济关系上形成，作为其规范化产物的特定职业道德是在特定经济关系基础上形成的社会意识之一。当代图书馆员职业伦理广泛存在于其当代职业过程中的馆员与图书馆组织之间、馆员与用户之间、馆员与社会之间、馆员与工作对象之间及馆员与自然世界之间各种关系之中，且具有与时俱进的科学精神、民主精神、市场精神和生态精神等时代特征规定性。总体看来，当代图书馆服务正在深刻发生空间转向，客观要求当代图书馆机构加快其组织再造步伐，大力推进其从具有较强传统行政色彩的科层组织体系和资源依赖主导的业务流程体系，向较强现代服务色彩的公共知识传播平台体系和文化创意主导的业务流程体系转型重建；当代馆员与用户之间的主流服务作业形态，正在发生从柜台窗口式的直接前台场所服务转向间接后台支援服务的重心迁移，而后台支援服务的业务模式也在当代信息科技革命的洪流中，正在发生从基于人机交互的文献信息资源整合平台服务向基于高等智能交互的数据挖掘与知识发现平台服务的水平迁跃。在当代馆员为整个社会构建"永久记忆人类客观知识精华的社会机制"独特价值贡献方面，其主流服务水平也正在发生从文献或信息服务向知识或智能服务的历史演进之中。从动态发展的视角看，"努力实现公共智慧服务"应是当代图书馆员职业伦理关系的核心准则，是当代图书馆员职业道德规范的理想追求，因而是当代图书馆员职业伦理建设的核心目标。从"行"的层面看，应客观、辩证地处理好当代图书馆员职业伦理发展过程中的基本问题，进而明确问题求解的基本路径，有效引领当代图书馆员职业伦理建设。在马克思主义伦理学看来，如何看待特定社会中道德与利益的关系问题，即是真或假实现了相关主体的现实与长远利益问题，是深刻理解特定社会道德本质属性以及正确评价特定社会道德水平的关键依据。在当代社会复杂多变的竞争格局中，图书馆员的职业利益实现水平与图书馆事业的独特社会贡献水平密切相关，即"只有与时俱进的奋发有为，才会真正有位和有利"。当前，相当部分图书馆员面临的最大道德困境可能在于"徘徊于文献信息服务层次的职业能力高原"与各类图书馆用户日益高级的"知识或智能服务需求"不相适应而被"用脚投票"的现实尴尬。解决该问题的关键举措可能是，引导当代图书馆员牢固树立"爱岗敬业，能力为本，名副其实"的终生职业学习理念，大力推进其"为了优化当代知识生态环境并协同服务广大用户更好实现其知识权益"的职业能力的升级换代。为了确保当代图书馆员职业能力升级换代的顺利推进，各类图书馆组织很有必要考虑采取"以职业责任伦理为生发基础，以职业规范伦理为呈现主体，以职业美德伦理为价值核心，以职业情境伦理为落实关键"的总体思路重建当代图书馆员职业伦理体系。所谓图书馆职业责任就是具有图书馆法规依据与强制特征的职业命令，旨在为图书馆员建立不可逾越的各类行为底线，例如保守国家机密、保护文化遗产、知识产权与用户隐私等，同时明确了图书馆员今后职业努力的基本方向，例如终身学习、专业发展和创新服务等。所谓图书馆职业规范就是充分体现图书馆职业运行规律的具体专业操作法则集合，例如图书馆各类规章制度和业务规范，旨在为图书馆员提供相对系统的职业实践指南；所谓图书馆职业美德就是被全社会特别是图书馆行业所公认的美好德行价值与精神追求，例如信息公平、知识自由和全息共享等。所谓图书馆职业情境就是各类图书馆所属类型定位、所循法律规范、所处区域环境、所在发展阶段、所具综合实力和所赋中心任务等制约或规定特定职业过程展开的具体场域。截至目前，世界行业组织和各国加强图书馆员职业伦理建设的主要举措集中在研制出台和宣传教育有关以倡导图书馆职业道德规范为核心内容的"图书馆服务宣言"上。今后，为了更好达成当代图书馆员职业伦理建设的核心目标，更为有效的主要举措应是：加强依托立法推进的职业责任命令他律，依托文化熏陶的职业美德认同自律，依托情境评价的职业道德践行合律。

如何科学评估当代图书馆员职业伦理建设工作？迄今为止，世界范围内的图书馆评估研究重点正在依次从基效评估（关注办馆投入与条件评估）、绩效评估（关注运行投入与产出）向成效评估（关注对用户的影响效果）和价值评估演进（关注社会价值贡献），其评估研究思路更加强调夯实评估的真理性基础（即科学认识基础）、确立科学合理的评估标准体系和大力推进循证研究。由于复杂的历史原因，图书馆员职业伦理发展问题，尤其是职业伦理建设状态问题，尚未引起图书馆评估领域的足够重视与充分纳入。由于当代图书馆服务价值增长主导力量正在发生从"资源依赖"经过"技术支撑"向"文化创意"历史演进之中，客观要求我们重新认真评估作为文化创意主体力量的图书馆员在当代图书馆服务体系中关键地位与重大作用。换言之，当代图书馆事业在关于公共知识资源的传播对象与传播手段这两个"物"的问题被较好解决之后，必须着手研究解决好"有效开发和应用馆员智力资源"这个本来就应摆在首要位置的"人"的问题,特别是其"活思想"问题。所以说,高度重视科学评估当代图书馆员职业伦理发展问题特别是其伦理建设状态以"支持有效开发和应用馆员智力资源"必须被我们提上新的历史议程。由于当代图书馆员职业伦理关系不仅是其规范载体化的职业道德形成的来源,同时又是其职业道德践行的归宿,要科学评价当代图书馆员职业伦理建设工作,应紧密围绕当代图书馆员职业道德的目标预成与践行影响这两个关键过程环节展开,与之相对应的两个前后贯通的基本评估对象分别是:特定类型图书馆员究竟形成了什么样职业道德规范体系?特定类型图书馆员践行其职业道德规范体系的实际效果如何?形象地说,这两个基本评估对象分别是"是否据实设计并修建出了优良道德之路"或"可行何道"和"究竟行驶了多远的优良道德之车"或"行达如何"。关于如何具体科学评估当代图书馆员职业伦理建设工作,还有待进一步深入研究。但是,至少以下三个评估原则应引起我们高度关注:一是务必坚持充分体现图书馆独特专业内涵的原则,否则将无法把当代图书馆员职业伦理建设与其他行业的从业人员的职业道德建设根本性地区分开来;二是务必坚持顺应时代前进潮流与图书馆事业发展趋势的原则,否则所确立与践行的相对滞后的职业道德规范将无以引领和激励图书馆员群体做出面向时代、面向未来的更大社会贡献;三是务必充分应用当代图书馆全面社会价值评估结论的原则,否则将无法依据相对精密准确的图书馆员群体实际价值贡献来测度其职业道德践行的实际影响水平。

本人非常欣赏这样的一句话:跑在前面的冠军,即使步伐丑陋仍是冠军。学术研究活动总是永无止境的探索苦旅,学术研究作品总是充满缺憾的阶段成果。从这个意义上说,该书在深化我国图书馆职业伦理建设研究方面所做出颇具探索精神的独特学术贡献是第一位的,其辩证思考视野、学术维度设计、理论体系建构、问题凝练揭示、关联分析深度、长程逻辑推导和规范语言表达等方面存在的若干欠缺之处是第二位的。在当前我国图书馆学基础理论研究学术著作较为稀少的情形下,该书的出版可谓是"空谷之幽兰怒放",为我们时常平淡而寂寥的探索岁月奉献了一抹绚丽的色彩。

桃李不言，下自成蹊。清泉涓流，终归碧海。大作问世，学友当贺。承蒙嘱托，故撰斯文。

陕西学前师范学院图书文献与信息传播研究所常务所长、研究馆员

熊伟

于西安天坛西路

2017 年 7 月 1 日

前　　言

关于图书馆员职业伦理主题的研究，学界自 20 世纪末从职业道德探讨开始，至 21 世纪初逐渐深入到职业伦理的深层次问题，并取得了不少具有国际先进水平的理论成果。我在汲取前人理论成果的基础上，尝试对图书馆员职业伦理进行系统性探讨，以期促进图书馆员职业伦理建设实践取得成效。本书研究的动因有以下几方面。

第一，职业伦理是图书馆哲学的重要组成部分。根据图书馆员职业根本问题的性质，美国学者尼蒂奇（Nitecki）将图书馆哲学分为三大部分：形而上学（metaphysics）、认识论（epistemology）和伦理学（ethics）。这三部分是相互交织渗透的，职业伦理是其中的重要组成部分。据此也可以认为，图书馆员职业伦理研究是图书馆学理论研究的重要部分。

第二，职业伦理规范是图书馆员职业伦理研究的主体部分。理论界一般将伦理学划分为描述伦理、元伦理、规范伦理。三者各有其位置、价值和作用。唯规范伦理，提出规范，辨别是非，树立伦理行为标准，指引伦理行为的方向，所以规范伦理，是伦理学的核心，而是否有一套科学的规范体系，则又是规范伦理学的核心。随着我国改革开放和社会主义市场经济的深入发展，应用伦理学研究也日益受到重视，其学科地位也在不断提高。职业伦理属于应用伦理学范畴，又是以职业伦理规范为重要内容，而且特别注重研究职业伦理的规范体系。因此，图书馆员职业伦理规范体系也是职业伦理研究的重要内容。

第三，规范秩序的健全对图书馆员职业实践十分重要。健全既指规范的科学性、合理性、现实性、完整性，也指纵向和横向的结构系统性，这就是权力规范与非权力规范的有机统一。如我国图书馆学者程焕文所说，实质上，我们图书馆事业是在两个空间里发展，一个是法律的空间，另一个是道德的空间。法律是下限，道德是上限。在图书馆服务过程中，各种侵犯读者权益的现象频频出现，代表性的如"国图事件""苏图事件""信师事件"，这些不仅遭到社会的强烈不满和抨击，同时也在图书馆界引起了较大反响，从而迫使学术研究给予关注，进行理论探索和引导，并呼吁健全法律规范体系以改善图书馆服务质量。但是我国图书馆事业在过去的发展中，下限不明确，上限也是模糊的。在21世纪，图书馆事业必须向着以完善的图书馆法和相关的保护读者和用户自由、平等利用图书馆的法律为下限，同时以《图书馆员职业道德规范》为上限的方向发展，我们的图书馆事业才会有新的起色。规范秩序的确立和职责的明确对图书馆员职业群体实践很重要。图书馆事业的健康发展，不仅需要图书馆员的严格自律，而且需要法律环境的保障。

第四，职业伦理建设是图书馆建设与发展的根本。在我国历史上有"半部《论语》治天下"之说，它意味着伦理学乃是治理天下的科学，是治理社会的科学，是治国的科学。伦理学，就其核心与基础来说，乃是如何治国治人的科学，而不仅仅是如何修身做人的科学。正如伦理学者王海明所说，伦理学对于人类社会的发展进步具有莫大的效用、莫大的价值：伦理学是对于人类用处最大的科学，是具有最大价值的科学，至少是具有最大价值的科学之一。从伦理学这种宏观的价值意义推演到图书馆事业治理，其道理也是一样的。在当今时代，图书馆作为国家公共文化服务事业，为社会提供文献信息知识服务，要在激烈的行业竞争中立于不败之地，发挥其应有的社会价值与功能，就必须达到善治，善治的关键还在于职业伦理建设。

本书的基本观点是，图书馆员职业伦理源于职业伦理关系，以职业价值为核心，以职业理念为精神引领，以职业伦理规范为表达形式，以职业道德品质为载体，以职业道德行为为目标，以读者服务为最终旨归。本书的主要内容是，从认知角度论述图书馆员职业伦理理念的主要方面；从规范角度分析图书馆员职业伦理的内容、功能及其内在的层次结构；从建设实践角度分析职业伦理规范建设现状与问题，同时论证图书馆制度规范、法律规范、伦理文化三者与职业伦理规范的关系及其建设现状；从方略上论述图书馆员职业伦理体系性建设的几个方面。

本书研究遵循了辩证唯物主义认识论的基本方法，思路从职业伦理的客观实体到伦理主体及主观性的规范而展开。首先从本体角度，主要关注"是什么"的问题，即图书馆员职业伦理所蕴含的"道理、规律、规则是什么"的问题，如职业伦理所蕴含的职业价值、职业责任与权利、职业精神、职业伦理层次结构系统是怎样的等。在此基础上，进一步探讨应然性的职业伦理规范，具体包括它的层次结构、内涵、横向关联等。同时在空间视野上，关注目前国内外图书馆员职业伦理建设现状，通过分析目前我国存在的现实问题，从而提出针对性的建设建议。

本书由于篇幅所限，在研究中未能面面俱到，对相关问题的研究仅以主要问题、核心问题为主。例如，图书馆员职业伦理关系涉及图书馆管理者与被管理者、图书馆员与读者等多种伦理主体，本书主要围绕最直接的、核心的伦理关系，即馆员与读者的服务关系进行研究；职业伦理涉及各种主体的权利与责任义务问题，而本书仅仅围绕服务关系这一核心，主要探讨馆员与读者用户的权利与责任，未能顾及其他相关伦理主体的权利与责任问题；主要研究图书馆员共同的、普遍的伦理关系，而没有对各个岗位伦理责任与道德规范进行探讨。再如，广义的图书馆制度既指国家各级政府部门颁发的各种政策、文件、制度、规定等和各个图书馆制定的规章制度，也包括行业组织制定的章程、制度等，本书仅将制度规范简化为宏观和微观两方面给予探讨。

本书关于图书馆员职业伦理建设研究，源于我的职业情怀和职业使命意识。作为图书馆从业者，我对职业现状与发展问题真切关注并钻研探讨，可谓情不自禁。怀揣图书馆员职业之梦想，爱业敬业，痴心不改。我秉性木讷愚钝，学识浅薄，本书若能抛砖引玉，也是我的期望。我非常希望读者对此书多加批评指正。

　　本书受西安石油大学优秀学术著作出版基金资助出版，是我主持的陕西省哲学社会科学基金项目成果之一。在此，对资助方表示衷心感谢！

李　清

目　　录

第一章　导论 …………………………………………………………（1）

　第一节　研究的背景 ………………………………………………（1）

　　一　中国当代社会发展的现实要求 …………………………（1）

　　二　世界图书馆事业发展的推动 ……………………………（2）

　　三　我国图书馆事业发展的要求 ……………………………（3）

　　四　我国图书馆员职业伦理建设中诸多问题亟待解决 ………（4）

　　五　图书馆员职业伦理研究的系统性需要 …………………（4）

　第二节　研究的意义 ………………………………………………（6）

　　一　理论意义 …………………………………………………（6）

　　二　实践意义 …………………………………………………（6）

　第三节　研究的基本思路与方法 …………………………………（7）

　　一　基本思路 …………………………………………………（7）

　　二　主要方法 …………………………………………………（7）

第二章　图书馆员职业伦理建设研究的基本问题 ………………（9）

　第一节　基本概念辨析 ……………………………………………（9）

　第二节　基本理论框架 ……………………………………………（14）

　　一　图书馆员职业伦理的基本关系 …………………………（15）

　　二　图书馆员职业伦理理念 …………………………………（17）

　　三　图书馆员职业伦理规范 …………………………………（18）

　第三节　图书馆员职业伦理建设的主体、途径与意义 ………（18）

　　一　图书馆员职业伦理建设的主体 …………………………（18）

　　二　图书馆员职业伦理建设的途径 …………………………（20）

　　三　图书馆员职业伦理建设的意义 …………………………（23）

第三章　图书馆员职业价值 ………………………………………（24）

　第一节　图书馆员职业价值观 ……………………………………（24）

　　一　图书馆员职业价值观 ……………………………………（25）

　　二　图书馆员职业价值观的概念、内涵、

　　　　类型与意义 ………………………………………………（28）

　　三　图书馆员职业价值观与职业道德的关系 ……………（30）

　第二节　图书馆员职业核心价值 ………………………………（31）

　　一　图书馆员职业核心价值的概念与内涵 ………………（31）

　　二　图书馆员职业核心价值的内容 ………………………（35）

　第三节　图书馆员职业终极价值 ………………………………（38）

　　一　图书馆员职业终极价值的含义 ………………………（38）

　　二　图书馆员职业终极价值的实现途径 …………………（40）

第四章　图书馆员职业责任与权利 …………………………………（45）

　第一节　图书馆员职业责任 ……………………………………（45）

　　一　图书馆员职业责任的含义、层次与内容 ……………（45）

　　二　图书馆员职业伦理责任的功能 ………………………（52）

　第二节　图书馆员职业权利 ……………………………………（53）

　　一　图书馆员职业权利的含义 ……………………………（53）

　　二　图书馆员职业权利的内容 ……………………………（55）

　　三　图书馆员职业权利的规范 ……………………………（59）

第五章　图书馆员职业精神 …………………………………………（62）

　第一节　图书馆员职业精神概念与含义 ………………………（63）

　　一　图书馆员职业精神的概念 ……………………………（63）

　　二　图书馆员职业精神的含义 ……………………………（65）

　第二节　图书馆员职业精神的当代阐释 ………………………（68）

　　一　尊重理性，崇尚价值 …………………………………（69）

　　二　以人为本，服务至上 …………………………………（69）

　　三　贯彻知识平等原则 ……………………………………（70）

　　四　追求知识资源利用最大化 ……………………………（70）

　　五　与时俱进，开拓创新 …………………………………（71）

　　六　敬业乐业，矢志不渝 …………………………………（71）

　　七　交流协作，联盟共享 …………………………………（72）

第三节　图书馆员职业精神的伦理意义 ………………………（72）

　　一　图书馆员职业精神具有伦理特性 …………………（73）

　　二　图书馆员职业精神是职业理想境界 ………………（74）

　　三　图书馆员职业精神促使职业道德由知到行 ………（74）

第六章　图书馆员职业伦理的内容与功能作用 ……………（77）

第一节　图书馆员职业伦理精神 ………………………………（77）

　　一　自由精神 ……………………………………………（77）

　　二　理性精神 ……………………………………………（78）

　　三　超越精神 ……………………………………………（78）

第二节　图书馆员职业伦理的内容 …………………………（79）

　　一　职业意识 ……………………………………………（80）

　　二　职业良知 ……………………………………………（81）

　　三　职业责任 ……………………………………………（81）

　　四　职业荣誉 ……………………………………………（82）

　　五　职业精神 ……………………………………………（82）

　　六　职业纪律 ……………………………………………（83）

　　七　职业技能 ……………………………………………（83）

　　八　职业作风 ……………………………………………（84）

第三节　图书馆员职业伦理的功能与作用 …………………（85）

　　一　图书馆员职业伦理的基本功能 ……………………（85）

　　二　图书馆员职业伦理的管理功能 ……………………（87）

　　三　图书馆员职业伦理的作用 …………………………（89）

第七章　图书馆员职业伦理规范的层次结构 ………………（91）

第一节　图书馆员职业伦理的内在结构 ……………………（91）

　　一　伦理、道德、礼仪的含义及其关系 ………………（91）

　　二　图书馆员职业伦理规范的层次结构 ………………（93）

第二节　图书馆员职业伦理原则 ……………………………（96）

　　一　知识自由原则 ………………………………………（96）

　　二　公益原则 ……………………………………………（98）

　　三　平等服务原则 ………………………………………（99）

四　尊重原则 …………………………………………（100）

五　服务满意原则 ……………………………………（102）

六　服务最大化原则 …………………………………（104）

第三节　图书馆员职业道德规范 …………………………（106）

一　敬业爱岗 …………………………………………（107）

二　诚信服务 …………………………………………（107）

三　客观公正 …………………………………………（108）

四　服务为本 …………………………………………（108）

五　忠于职守 …………………………………………（109）

六　道德自律 …………………………………………（109）

七　奉献职业 …………………………………………（110）

第四节　图书馆员职业礼仪规范 …………………………（110）

一　图书馆员职业礼仪的内涵 ………………………（111）

二　图书馆员职业礼仪规范 …………………………（114）

第八章　图书馆员职业伦理准则 ……………………………（118）

第一节　图书馆员职业伦理准则的内涵 …………………（119）

一　康德关于准则的思想 ……………………………（120）

二　图书馆员职业伦理准则的内涵 …………………（122）

第二节　图书馆员职业伦理准则建设 ……………………（124）

一　世界图书馆员职业伦理准则建设 ………………（124）

二　中国图书馆员职业伦理准则建设 ………………（129）

第九章　图书馆制度规范 ……………………………………（136）

第一节　宏观图书馆制度 …………………………………（137）

一　图书馆制度的道德基础和伦理意义 ……………（138）

二　图书馆制度对图书馆员职业伦理建设的作用 ……（143）

三　图书馆制度建设现状与问题 ……………………（144）

第二节　微观图书馆制度 …………………………………（151）

一　图书馆规章制度的道德功能 ……………………（151）

二　图书馆规章制度的建设现状 ……………………（153）

第十章　图书馆法律规范 ·········· （158）

　第一节　图书馆法律与职业伦理的关系 ········· （158）

　　一　图书馆员职业道德与法律同根于职业伦理 ····· （160）

　　二　图书馆员职业道德与法律同源于职业交往实践 ····· （160）

　　三　图书馆员职业道德与法律都以社会历史发展状况

　　　　为基础 ················ （161）

　　四　图书馆员职业道德与法律都以人性为基础 ····· （162）

　　五　图书馆员职业道德与法律都具有规范功能 ····· （163）

　　六　图书馆法律以职业道德规范为基础，贯穿着共同的

　　　　伦理价值 ··············· （163）

　第二节　图书馆法律的价值 ············ （164）

　　一　图书馆法律的道德价值 ·········· （164）

　　二　图书馆法律的社会价值 ·········· （166）

　第三节　图书馆法律规范建设 ··········· （168）

　　一　世界图书馆法律规范建设 ········· （169）

　　二　中国图书馆法律规范建设 ········· （171）

第十一章　图书馆员职业伦理文化 ········· （179）

　第一节　图书馆员职业伦理文化的属性与特征 ····· （179）

　　一　图书馆员职业伦理文化的属性 ······· （179）

　　二　图书馆员职业伦理文化的特征 ······· （182）

　第二节　图书馆员职业伦理文化的功能 ······· （185）

　　一　价值导向功能 ············· （186）

　　二　实践规范功能 ············· （187）

　　三　精神激励功能 ············· （189）

　　四　素质培育功能 ············· （191）

　第三节　图书馆员职业伦理文化建设的方向 ····· （192）

　　一　以马克思主义思想为指导，以中国特色社会主义

　　　　建设为共同理想 ··········· （193）

　　二　加强社会主义核心价值观，弘扬民族精神，传播

　　　　时代精神 ············· （193）

　　三　突出图书馆员职业核心价值观，培养图书馆员

　　　　职业精神 …………………………………………（196）

　　四　探索新技术条件下图书馆员职业伦理文化建设

　　　　模式 ………………………………………………（197）

　　五　图书馆员职业伦理文化建设应强调

　　　　"以人为本" ………………………………………（198）

第四节　图书馆员职业伦理文化建设现状 ………………（198）

　　一　理论研究不足 …………………………………………（199）

　　二　建设不平衡 ……………………………………………（200）

　　三　缺乏长效机制 …………………………………………（201）

第十二章　图书馆员职业伦理建设 ………………………（203）

第一节　图书馆员职业伦理规范建设 ……………………（203）

　　一　职业伦理准则建设 ……………………………………（203）

　　二　职业制度规范建设 ……………………………………（207）

　　三　职业法律规范建设 ……………………………………（208）

第二节　图书馆员职业伦理管理 …………………………（215）

　　一　职业道德建设 …………………………………………（215）

　　二　规章制度建设与执行 …………………………………（219）

第三节　图书馆员职业伦理文化建设 ……………………（222）

　　一　职业伦理文化建设的关键因素 ………………………（223）

　　二　图书馆员职业伦理文化建设的内容 …………………（225）

　　三　图书馆员职业伦理文化建设的目标 …………………（226）

参考文献 ………………………………………………………（228）

后记 ……………………………………………………………（247）

第一章

导　论

第一节　研究的背景

图书馆员职业伦理建设研究，主要有以下几方面的背景和原因。

一　中国当代社会发展的现实要求

20 世纪 80 年代实行改革开放以来，我国社会从计划经济逐渐向社会主义市场经济体制转变，社会利益主体随之调整，人们的生活方式发生了巨大变化，传统的价值观、道德观受到冲击，于是，全社会无论是思想认识、价值观念，还是行为准则都需要进行相应调整。为了进一步解放思想、转变观念，增强市场意识、民主意识和法制意识，为社会主义市场经济发展奠定良好的思想道德基础，党和政府先后提出了一系列重要指示，如中国共产党第十四届中央委员会第六次全体会议提出，社会主义道德建设要以为人民服务为核心，以集体主义为原则，深入开展职业道德教育。① 再如中共中央《公民道德建设实施纲要》提出，要建立与社会主义市场经济相适应、与社会主义法律规范相协调、与中华民族传统美德相承接的社会主义思想道德体系，并强调机关、企事业单位，要把道德特别是职业道德作为岗前和岗位培训的重要内容，帮助从业人员熟悉和了解与本职工作相关的道德规范，培养敬业精神；要把遵守职业道德的情况作为考核、奖惩的

---

① 中共中央：《中共中央关于加强社会主义精神文明建设若干重要问题的决议》，1996 年 10 月 10 日，人民网（http://www.people.com.cn/GB/shizheng/252/5089/5106/5182/20010430/456601.html）。

重要指标，促使从业人员养成良好的职业习惯，树立行业新风。① 其目的是，通过思想道德建设，加强社会主义义利观教育，引导人们树立正确的财富观、劳动观、职业观，正确处理个人利益与集体利益、局部利益与整体利益、当前利益与长远利益的关系，从而调动社会成员的积极性和创造性，为社会主义市场经济健康发展提供精神动力。随着社会主义市场经济体制的逐步完善，党和政府又相继提出全面建设小康社会的目标，构建社会主义和谐社会、加强社会主义核心价值体系建设、推进社会主义文化强国等一系列重大政策决定。习近平主席发表了许多重要指示，如"要紧紧围绕建设社会主义核心价值体系、建设社会主义文化强国"；"一个国家综合实力最核心的还是文化软实力，这事关精气神的凝聚，我们要坚定理论自信、道路自信、制度自信，最根本的还要加一个文化自信"；"精神的力量是无穷的，道德的力量也是无穷的"；"国无德不兴，人无德不立"；"引导人们向往和追求讲道德、尊道德、守道德的生活，形成向上的力量、向善的力量"。② 在我国全社会加强社会公道、职业道德、个人品德教育的时代背景下，图书馆作为国家公共文化教育事业机构，是社会主义道德建设的重要阵地，图书馆员职业伦理道德建设也是重要的组成部分，因而也成为行业的重要任务。

二 世界图书馆事业发展的推动

随着网络信息技术的快速发展，图书馆事业有了很大改变。同时，信息经济和知识经济时代的到来，也使世界图书馆员职业普遍面临信息社会意识的巨大冲击，职业受到了严峻挑战。从内部看，图书馆的文献载体结构发生了质的变化，大量新技术、新设备在图书馆的广泛应用，产生了许多超越"经验知识"范畴的问题。从外部看，作为社会信息知识文化服务机构，图书馆如何推动政治民主，如何实现

---

① 中共中央：《公民道德建设实施纲要》，2001 年 10 月 20 日，人民网（http://dangshi.people.com.cn/GB/165617/166495/10003360.html）。

② 习近平：《谈思想道德建设》，2013 年 12 月 26 日，中国文明网（http://www.wenming.cn/ll_pd/wh/201312/t20131226_1660317.shtml）。

知识自由、信息平等，如何应对信息服务多元化格局，图书馆员的职业价值与使命是什么，如何立足于新时代等，这些问题都需要从理论上进行探索。为积极应对新时代的挑战，世界图书馆界普遍重视并及时行动起来，例如从 20 世纪 80 年代起，图书馆学术界就开始探索图书馆核心价值，代表性的人物如美国图书馆协会（下文简称 ALA）主席威廉·萨默斯（William Summers）在其就职演说中呼吁重估图书馆永恒的价值①；1998 年，ALA 主席芭芭拉·福特（Barbara J. Ford）从美国图书馆协会制定的职业伦理法则中概括出图书馆价值是：维护知识自由、保护用户隐私、尊重知识产权等②。同时，图书馆员伦理规范建设方面也得到重视，世界范围内越来越多的国家和地区颁布了图书馆员伦理准则或对已有的准则重新修订。截至目前，据国际图书馆协会联合会（以下简称国际图联或 IFLA）官方网站公布，已颁布准则的就有 60 多个国家和地区，可谓是继现代图书馆运动之后最引人注目的成果之一。通过制定和颁布图书馆员职业集团的伦理道德准则，旨在传达职业理念、确立职业精神、规范职业行为。图书馆界的这些做法与趋势必然会对中国图书馆员职业伦理研究和建设产生较大的影响和推动作用。

三　我国图书馆事业发展的要求

改革开放以来，我国图书馆事业取得了长足发展。图书馆员的工作重心、服务内容、服务方式也发生了新的转变。图书馆员的服务对象，即读者用户不仅从到馆的特定人群扩大到社区、社会各个层次范围，甚至跨越了国界；读者对图书馆的利用超越了传统图书馆的时间、空间界限；读者的服务需求呈现出个性化、定制化、多样化、人性化等特点。这些对图书馆员的职业价值理念、职业道德水平、服务质量等提出了新的要求和挑战，使图书馆员面临着前所未有的伦理冲

---

① See Lee W. Finks, "What Do We Stand for? Values without Shame", *American Libraries*, Vol. 20, No. 4, April 1989.

② Barbara J. Ford, "ALA President's Message: Visions, Values, and Opportunities", *American Libraries*, Vol. 29, No. 1, January 1998.

突与道德困境。例如，数字图书馆服务不仅涉及技术问题，还涉及法律问题、经济问题、社会问题、人性化问题，等等。这些现象反映出图书馆事业发展中的深层矛盾，如在资源保存与利用、服务管理权与自由阅读权、信息共享与知识产权保护、信息自由与信息安全、优质服务机制与行业危机这些价值冲突之间如何进行选择？这些都亟待职业伦理、职业制度、职业法规的系统性构建，需要职业伦理学审视和构建新时代图书馆员职业的社会角色与姿态，以及职业理念、职业精神和职业伦理规范。

四　我国图书馆员职业伦理建设中诸多问题亟待解决

面对新的形势，我国图书馆界在职业伦理建设方面也做出了不少成绩，如中国图书馆学会先后颁布了《中国图书馆员职业道德准则（试行）》和《图书馆服务宣言》，2005 年中国大学图书馆馆长论坛发布了《图书馆合作与信息资源共享武汉宣言》，一些地方图书馆机构及组织也相继制定了图书馆员道德规范，图书馆员素质也有了较大提高。但整体来说，图书馆员职业道德建设成效并不显著，存在不少问题。根据笔者 2016 年抽样调查分析，无论是地方图书馆学会还是基层图书馆，作为主要的建设主体，对图书馆员职业伦理建设都存在职责不清、认识不到位、工作不重视等问题，从而导致规范不健全、执行不力、缺乏长效机制等诸多问题。几年前有学者总结认为，我国图书馆界对职业伦理的功能定位不准、职业伦理建设主体不明，造成图书馆员职业责任不清、缺少坚定的职业信仰，加上职业伦理建设制度安排的严重不足，致使图书馆员职业伦理建设效果不佳，影响了图书馆行业形象，阻碍了图书馆事业发展。① 至今，这些问题依然没有大的改观，因而理论研究的重视依然十分必要。

五　图书馆员职业伦理研究的系统性需要

21 世纪之交以来，我国学界关于图书馆员职业伦理道德主题，进

---

① 张世良：《我国图书馆职业道德建设反思》，《图书馆建设》2010 年第 10 期。

行了大量的探索，也产生了不少深层次的研究成果，如图书馆员职业核心价值、图书馆员职业性质与使命、图书馆权利、职业精神等学术成果，都具有时代特征和理论高度，符合国际先进的职业理念和思想潮流，在我国甚至世界图书馆界产生了一定的影响。然而，这些先进的理论成果对实践的引领和指导作用并非如其所愿。其原因是多方面的、复杂的。如果仅从理论研究现状看，截至目前的一些相关理论专著有《图书馆员职业道德》（俞伯森，1988）、《图书馆员职业道德》（耿义成、韩非、王书兰，1988）、《图书信息工作者职业道德简明教程》（李希孔等，1993）、《图书馆工作人员职业道德》（刘毓璞等，1998）、《图书馆学导论》（于良芝，2003）、《图书馆员职业精神与核心能力》（缪其浩，2006）、《图书馆精神》（程焕文，2007）、《图书馆核心价值论》（李严，2009）、《图书馆权利研究》（程焕文等，2011）、《图书馆的价值与使命》（程焕文，2014）、《图书馆文化研究》（张敏勤，2012）、《图书馆伦理研究》（沈光亮，2012）等。分析发现，这些研究著作中，关于图书馆员职业道德的研究专著，从时间分布来看，多成书于改革开放初期，受客观职业实践所制约，具有一定的时代局限性。随着图书馆员职业快速发展，新问题不断出现，人们的认识水平也在不断提高，新的更加深入的研究成果在不断形成，这些需要在进一步理论研究中得到吸收和补充。近期论著中，《图书馆伦理研究》是以图书馆机构为主体，而不是针对图书馆员主体进行研究；其他论著有的仅仅对图书馆员职业伦理有所涉及，或就图书馆员职业伦理的某方面内容进行深入的探讨，如"图书馆权利""职业精神""核心价值"等。我国学者沈光亮曾说："伦理学的内容体系是一个统一体，它包括伦理范畴、伦理层次、伦理原则、伦理规范、伦理关系等。图书馆伦理的内容体系是图书馆伦理研究领域的重要课题，也是图书馆伦理成果成熟的主要表现。图书馆伦理研究尚没有系统化，对图书馆伦理的内容体系的研究基本上处在空白状态。"① 时至今日，还未见就图书馆员职业伦理以及结合建设实践进行系统性

---

① 沈光亮：《我国图书馆伦理研究综述》，《情报杂志》2007 年第 4 期。

研究的专著，这也就是本书尝试性研究的动因。

第二节　研究的意义

涂尔干在《职业伦理与公民道德》一书中写道："职业伦理越发达，他们的作用越先进，群体职业自身的组织就越稳定、越合理。"①现代图书馆员职业的成熟，既表现在行业协会和组织的成立与运行、伦理规范的出台、专业教育体系的正规化等一系列因素的逐渐增多和完善，也体现在图书馆员职业价值视角从资源到技术再到用户，从资源建设到技术管理到知识服务，从物质到工具到人，这种由物质实体到技术中介再到受众主体的转变过程。当前，随着社会发展的进步，社会公众的知识权利、自由意识的增强，以及现代科学技术条件的助推，使得职业道德困境、伦理冲突日益复杂多样，图书馆员职业伦理建设研究的迫切性和必要性更为显著和迫切。

一　理论意义

本书的研究，力求在图书馆员职业伦理的系统性理论上有所突破。从纵向上，对图书馆员职业伦理的关系实体、精神内涵、伦理规范的层次与内容进行系统阐述；从横向上，分析了与图书馆员职业伦理规范相关的制度规范、法律规范及职业伦理文化的伦理道德功能与建设现状；从整体上，形成图书馆员职业伦理建设的纵横两维系统结构，为图书馆员职业伦理建设提供整体性理论框架和思维路径。

二　实践意义

理论研究的目的在于指导实践。本书研究的实践意义：一是促进各级各类图书馆建设主体明确和重视履行自己的职责，改善图书馆员职业伦理

---

① ［法］爱弥尔·涂尔干：《职业伦理与公民道德》，渠东、付德根译，上海人民出版社 2006 年版，第 7 页。

建设中的诸多不足，如建设主体责任不清、权利模糊、制度规范执行不力、工作缺乏长效机制等问题。二是促进图书馆员职业伦理相关制度、法规的制定与完善，加强职业伦理文化建设，为图书馆员职业伦理建设构建积极有利的环境氛围。三是为图书馆组织机构职业道德建设提供系统性方法，增强馆员职业信念、职业尊严、职业精神，从而有效提升职业道德水平，促进图书馆员职业伦理建设取得成效。四是为图书馆员建立正确的职业理念，提高自身职业道德素质提供内容全面、层次清晰的思路，从而提升为读者用户服务的水平，在职业活动中践行社会主义核心价值观，实现和谐服务，充分发挥图书馆员职业社会价值。

第三节　研究的基本思路与方法

一　基本思路

图书馆员职业伦理建设研究的大致脉络是由客观到主观、从职业理念认知到规范内容、从理论到建设实践的逻辑顺序展开，为图书馆员职业伦理建设构建理念—规范—行为的思维路径。基本思路是：首先对图书馆员职业伦理相关概念进行辨析，从而澄清图书馆员职业伦理概念及其含义，进而明确图书馆员职业伦理建设的主体、途径与意义。其次从认知上，对图书馆员职业伦理理念的基本方面进行探讨，主要包括图书馆员职业价值、职业责任与权利、职业精神。同时，分析图书馆员职业伦理的内容、功能作用及规范的内在层次结构，以及图书馆员职业准则内涵及建设现状。再次从职业伦理规范的环境氛围角度，研究探讨图书馆制度规范、法律规范与图书馆员职业伦理的关系及其建设现状，分析图书馆员职业伦理文化的功能作用及建设目标。最后从规范、管理、文化氛围三个角度提出图书馆员职业伦理系统性建设的建议。

二　主要方法

图书馆员职业伦理建设研究采用多种方法，主要包括：一是系统分析方法：运用系统的整体性、层次性、结构性、功能性理论方法，从纵向上探讨图书馆员职业伦理的层次内容、职业伦理规范的层次结构，从横向上探讨图书馆制度、法规、伦理文化与图书馆员职业伦理的相互关系以及它们的伦理道德功能。二是理论联系实际的方法：将职业伦理理论与当代信息网络时代特征和我国具体的社会历史条件相结合，分析和探讨图书馆员职业伦理建设现状、问题与建设途径。三是比较分析法：在图书馆员职业伦理准则、法规、制度规范建设方面，采取中外对比的方法，学习借鉴世界先进经验，寻找差距与问题，结合我国国情与建设现状，提出针对性的建议。四是调查研究法：通过抽样调查、实地走访、专家访谈，了解图书馆员职业伦理建设现状。与图书馆员、图书馆学会会员、图书馆馆长、读者等多方面相关人士交流意见和看法，帮助分析现实问题，探讨解决问题的办法与建议。五是文献研究法：搜集整理国内外有关图书馆员职业伦理研究的相关文献，掌握现有的研究成果、研究现状和职业伦理建设现状与问题的相关资料，为本书的研究提供理论基础、立论依据和解决问题的目标方向。

第二章

图书馆员职业伦理建设研究的基本问题

第一节　基本概念辨析

基本概念的界定是一个研究课题的逻辑起点或母体原理，决定着一个研究课题的研究对象、体系结构、学术特征和发展方向。① 所以，本书以图书馆员职业伦理相关概念的辨析为起点。

关于职业伦理，国内外学者的观点与表述不计其数，有职业精神说、职业伦理说、职业道德说、职业价值说、专业伦理说等多种类型。代表性的观点如：美国佛罗里达州立大学教授米切尔·贝里斯认为，职业伦理是由社会价值观、职业观、职业道德规范组成，其中职业道德规范又包括道德义务和职业许可等；② 我国学者王荣发认为"所谓职业伦理，顾名思义当为从事各种特殊或专门职业的工作者或'职业人'所应具备的行业道德，和他们所应遵循的基本职业伦理规范"③；李本森认为职业伦理也可以称为职业道德，属于专业伦理学或者应用伦理学的范畴，是某种职业或专业的从业人员以伦理自然律为基础，根据本行业的专业知识，经过逻辑推演而形成的；④ 康健认为"职业伦理是关于从事某种职业的群体或个人的一些总体性的价值要求"⑤；徐廷福认为专业伦理指"职业群体为更好地履行职业责任，

---

① 程焕文：《晚清图书馆学术思想史》，北京图书馆出版社 2004 年版，第 1 页。

② 参见 [美] M. 贝尔斯《职业伦理学》，郑文川等译，学苑出版社 1989 年版。

③ 王荣发主编：《现代职业伦理学》，华东理工大学出版社 2003 年版，序言。

④ 李本森：《法律职业伦理》，北京大学出版社 2005 年版，第 7 页。

⑤ 康健：《职业伦理与职业精神》，《光明日报》2000 年 6 月 6 日。

满足社会需要，维护职业声誉而制定的自我约束的行为规范———一套一致认可的伦理标准"①。总之，职业伦理是伦理在职业关系、职业活动中的体现，是职业人、职业集团或行业在职业领域、职业活动中所形成的应然关系与调节这种应然关系的伦理规范、价值和理念，是职场中指导行为的价值观、伦理原则和标准，以及将其内化而形成的伦理品格。可以说，职业伦理是基于某种社会或组织角色而承担的道德责任和义务，以及由此而形成的职业理性、情感、职业价值观、职业精神，是一系列行为标准规范，也是一种思考方式，更是一种职业追求。

在一般职业伦理概念的基础上，我国学者关于图书馆员职业伦理表述也有多种形式，代表性的观点如下。（1）付立宏提出，图书馆伦理是指图书馆人（即图书馆全体员工）在图书馆活动的全过程中完善自身素质和协调图书馆内外部利益关系的善恶价值取向，以及在行为上应遵循的伦理原则和道德规范、准则的总和。②（2）沈光亮提出："图书馆职业伦理就是图书馆管理服务领域中的角色伦理，是以图书馆为主体对图书馆管理的社会化角色的伦理原则和规范。"③（3）沙勇忠以"职业道德"的形式表述，即图书馆职业道德主要探讨职业环境下，职业的伦理价值、行为规范，职业服务的目的，职业人员与客户之间的关系，职业服务对社会大众造成的影响，职业人员在组织中的地位和角色等问题。④（4）李国新指出："图书馆员职业道德规范在国外常常被称为图书馆员伦理规范。"⑤（5）于良芝认为，图书馆职业伦理，或称图书馆职业道德，是图书馆职业将一般伦理学运用于图书馆职业实践而形成的，关于图书馆职业"是""非""善""恶"

---

① 徐廷福：《美国教师专业伦理建设及启示》，《比较教育研究》2005 年第 5 期。

② 付立宏、袁琳编著：《图书馆管理教程》，武汉大学出版社 2005 年版，第 187 页。

③ 沈光亮：《图书馆职业伦理制度化建设》，《图书馆建设》2005 年第 3 期。

④ 沙勇忠：《图书馆职业伦理研究》，《中国图书馆学报》2004 年第 4 期。

⑤ 张欣毅：《建设有中国特色的图书馆员职业道德规范——与北京大学信息管理系李国新教授的访谈录》，《图书馆理论与实践》2002 年第 6 期。

等根本问题的准则。①（6）中国图书馆学会制定的《中国图书馆员职业道德准则（试行）》，采用了"职业道德"的表述形式。（7）杨开荆提出："图书馆专业伦理，是指图书馆专业组织制定有关图书馆员伦理规范，使图书馆员在从事图书馆例行工作时，有一定的专业规范可以遵循。"②（8）我国台湾地区图书馆界也用"专业伦理"表述，如台湾图书馆学会研订的《图书馆员专业伦理守则》名称和台湾学者庄道明的专著《图书馆专业伦理》的题名表述形式。

从以上列举的代表性概念解释和表述形式看，图书馆员职业伦理意义上的概念表达可以归纳为三类：第一类是（1）—（2），将"图书馆员职业伦理"与"图书馆伦理""图书馆职业伦理"等同；第二类是（3）—（6），将"图书馆员职业伦理"与"图书馆职业伦理""图书馆员职业道德""图书馆职业道德"等同；第三类是（7）—（8），将"图书馆员职业伦理"与"图书馆专业伦理""图书馆员专业伦理"等同。下面对几个概念进行辨析，澄清图书馆员职业伦理概念③，为本书研究奠定基础。

以上三类表述形式都存在不准确的问题。以下观点主要引自作者所发表的文章。第一类概念表述存在的问题是将"图书馆"与"图书馆员"等同，不够准确。其实，这两者是两种主体，是一种包含与被包含关系。"图书馆人"与"图书馆员"表达是相同的含义，都是图书馆职业者。图书馆作为一种社会功能机构，其构成要素为馆藏文献、图书馆员、图书馆技法、馆舍与设备，图书馆员是其构成要素之一。图书馆伦理所指的主体是图书馆这种社会机构，甚至是行业，而图书馆员作为其主体之一，二者在职能价值、社会职责等方面有一致性，同时也存在差异。从组织机构社会分工角度研究讨论图书馆行业的伦理问题时，属于"图书馆伦理"范畴，而从图书馆内部探讨伦理

---

① 于良芝：《图书馆学导论》，科学出版社 2003 年版，第 167 页。

② 杨开荆、赵新力：《试论我国港、澳、台三地图书馆员专业伦理规范》，《图书情报工作》2004 年第 12 期。

③ 李清、马燕：《图书馆职业伦理范畴的概念及论域》，《新世纪图书馆》2015 年第 2 期。

问题时，使用"图书馆员职业伦理"更为贴切。

第二类概念表述存在的问题是将"道德"与"伦理"等同，从而将"图书馆员职业伦理"等同"图书馆员职业道德"。虽然"道德"与"伦理"在相当一部分文献表述中不作区分，但二者在哲学意义上和理论研究中是有较大差异的，图书馆职业伦理与图书馆职业道德在含义、范围、层次、论域等方面有诸多不同（见第七章第一节详细论述），应该区分使用。简言之，道德与伦理在西方的词源含义相同，都是指外在的风俗、习惯以及内在的品性、品德，因而说到底都是指人们应当如何的行为规范。而在中国，道德与伦理的词源含义却有所不同。比较而言，"关于道德的理论，可称伦理学，亦可称道德学。道德在现代语义学上侧重于道德实践，常用来讲道德行为和道德规范；伦理侧重于道德理论，是道德现象的抽象概括"①。而关于职业道德的理论研究自然也应归属于职业伦理学范畴。所以，在理论研究中，使用"图书馆员职业伦理"更具有概括性、全面性和本质性。

第三类概念表述存在的问题是将"职业"与"专业"等同。如果从英文"Profession"翻译，会出现这两种不同的译法。"Profession"的中文翻译为专门化职业，简称专业，但它在英语文化中的含义有两层：一是尤指教育和专门训练的法律、医学、教育等脑力劳动方面的专业和职业；二是指同行、同业（某一）职业界。②在我国的文化语境中，"专业"有三种含义：（1）（名词）高等学校的一个系里或中等专业学校里，根据科学分工或生产部门的分工把学业分成的门类；（2）（名词）产业部门中根据产品生产的不同过程而分成的各业务部门；（3）（形容词）专门从事的某种工作或职业。③在这三种含义中，"专业"作为产业部门中的业务部门一般不纳入伦理研究，而作为高校里学科门类或职业的理解较为普遍，所以需要对这二者加以区分。总之，从知识门类和学科角度探讨图书馆专业的伦理问题时，应该使

---

① 李水海主编：《世界伦理道德辞典》，陕西人民出版社1990年版，第1207页。
② 《朗文当代高级英语辞典》，朱原等译，商务印书馆1998年版，第1197页。
③ 中国社会科学院语言研究所词典编辑室编：《现代汉语词典》（第6版），商务印书馆2012年版，第1672页。

用"图书馆专业伦理"表述；而在研究图书馆职业范畴的伦理问题时，使用"图书馆员职业伦理"比较准确，而且"职业伦理"的译法比"专业伦理"更能反映真实意思，也较为普遍。

在以上概念对比、辨析基础上，笔者提出研究使用"图书馆员职业伦理"概念的两点理由。

从社会学的研究角度，"职业伦理"在经典社会学家那里就是一个主要关注对象，涂尔干和韦伯都是从社会转型的角度来研究职业伦理的。在此，他们所提的都是职业伦理，都是从职业变迁的角度来考虑问题。现阶段，我国正处于一个转型的社会时期，其中，职业的转型是一个重要内容。因此，提"图书馆职业伦理"更能反映图书馆员职业转型的目的和需要。同时，提"图书馆员职业伦理"也能反映职业发展、职业建设的需要，这不纯粹是转型时期的一个问题，而是对图书馆员职业发展的整个过程来说都是如此。

从国际视野看，国际图联《图书馆员及其他信息工作者的伦理准则（IFLA）》，《美国图书馆协会伦理守则》，日本图书馆协会《图书馆员伦理纲领》，《英国图书馆协会专业行为守则》，《瑞士图书馆馆员职业伦理》及德国《图书馆和信息职业伦理基本原则》等，这些名称里的"职业"和"伦理"都表明与"图书馆员"和"职业伦理"的指向一致。另外，我国学者赵亚兰、陆自荣也认为从"职业伦理"与现代化关系的角度、从强调制度规范约束作用的角度、从国际惯例的角度，建议图书馆研究中使用"职业伦理"。①

有学者说："一门学科最基本的概念往往是最难把握的，但是任何一个研究者都无法绕开它。"② 所以，以上对相关概念的辨析是图书馆员职业伦理建设研究的基础，有助于进一步对相关问题进行清晰梳理和探讨。同时，在对以上概念进行对比、辨析、澄清的基础上，笔

---

① 赵亚兰、陆自荣：《图书馆研究的"职业伦理"与"职业道德"使用分析——兼论〈中国图书馆员职业道德准则（试行）〉的概念使用》，《图书馆理论与实践》2007年第4期。

② 何元国：《亚里士多德的"德性"与孔子的"德"之比较》，《中国哲学史》2005年第3期。

者在此提出自己的观点：图书馆员职业伦理就是在图书馆员各种职业
关系基础上，以职业价值为导向，在长期的图书馆员职业活动中总结
提炼出来的，用以规范图书馆员职业活动和调整各种职业关系的基本
原则和规范的总和。

第二节　基本理论框架

本书以系统论思想为基础，认为图书馆员职业伦理包括职业伦理
关系（或秩序）、职业伦理理念（或称职业伦理意识）和职业伦理规
范三方面层次的内容。三者的层次结构分别是客观本体—主体意识—
主观形式，先后之间是逻辑生成与决定关系。同时，图书馆员职业伦
理文化、图书馆制度、图书馆法规与图书馆员职业伦理之间的关系是
紧密关联、相辅相成的，它们构成图书馆员职业伦理的环境氛围，是
图书馆员职业伦理建设重要的影响因素。

在图书馆员职业伦理系统中，职业伦理关系是一种伦理实体，具
有客观性、本体性，是职业责任、职业价值、职业规范等方面产生的
根基。伦理实体是康德提出的，他认为伦理实体"也就是按照彼此之
间权利平等和共享道德上善的成果的原则的那种联合"①。黑格尔发挥
了这一思想，主张伦理实体即伦理主体，深入研究了伦理性的实体和
个人之间的关系，并把伦理实体提升为伦理有机体。② 当代哲学家麦
金泰尔（Alasdair C. MacIntyre）、桑德尔（Michael J. Sandel）、泰勒
（Charles Taylor）、瓦尔策（Michael Walzer）等则进一步提出了伦理共
同体的理念。

伦理实体不仅是由伦理主体构成的一个有机的伦理结构，而且还
是具有主体性的伦理结构。伦理主体更加强调的是人性的个体自由和

---

① ［德］伊曼努尔·康德：《康德论上帝与宗教》，李秋零编译，中国人民大学出版社
2004 年版，第 452 页。

② ［德］黑格尔：《法哲学原理》，范杨、张企泰译，商务印书馆 1982 年版，第
165 页。

尊严，伦理实体更加强调人性的理性规则和秩序，二者在本质上是一致的。伦理实体是由伦理主体组成的有一定经济基础的合乎理性的自由的伦理秩序。伦理实体包括三个基本要素：伦理主体、客观伦理基础和主观伦理法则。① 根据这一理论，图书馆员职业伦理实体就是由图书馆员与各种相关主体组成的有机伦理结构，它是建立在一定经济基础之上的合乎理性的自由的职业伦理秩序。这种伦理实体结构不仅包括各种伦理主体，更包含着客观的职业伦理基础和主观伦理法则。伦理基础就是当代社会物质技术条件和社会制度、政权组织及结构等上层建筑，具体的如现代网络信息技术、社会主义初级阶段的经济状况、社会主义市场经济制度等基本的社会背景。伦理法则就是社会普遍的道德准则、国家的人权原则和公平正义法则、职业道德准则等，在我国包括历史传统中的一些优秀道德规范和当代社会国家倡导的核心价值体系、道德规范以及维护公平正义的法规制度。

图书馆员职业伦理关系实体包含着职业伦理规律、原理、规则，通过对它们进行分析、认识、总结、提炼，从职业伦理认知上形成职业理念，如职业价值观、职业责任与权利、职业精神等，作为职业道德行为的主观意识基础。图书馆员职业伦理规范是职业意识理念的具体化、标准化，旨在调节和维护职业伦理关系的健康、和谐、有序发展。图书馆员职业伦理由职业伦理关系—职业伦理理念—职业伦理规范组成，这三部分之间是决定与被决定、生成与被生成、包含与被包含的关系。图书馆员职业伦理以基本的职业伦理关系为客观基础，以职业伦理所蕴含的精神实质为核心，以具体的职业伦理规范为载体或表现形式，成为图书馆员职业活动的指南，保证图书馆员职业关系的健康发展。另外，图书馆制度、图书馆法规、职业伦理文化等又构成图书馆员职业伦理的环境因素，对其具有重要的影响。

一 图书馆员职业伦理的基本关系

图书馆员职业伦理的基本关系是职业伦理的根基，是必须首先要

---

① 任丑主编：《伦理学基础》，西南师范大学出版社 2011 年版，第 81—82 页。

明确的问题，这是由"伦理"的本义决定的。"伦"的本义为"辈"，有类、辈分、顺序、秩序等含义，引申为"人际关系"；"理"的本义为"治玉"，有分别、条理、道理、治理等意义，引申为整治和物的纹理，如修理、理发、木理、肌理，进而引申为规律和规则。"理"是事实如何的必然规律。"伦""理"二字合起来——"伦理"在中国的词源含义，就是人们的行为事实如何的规律及其应该如何的规范。可以看到，伦理既包含人际关系事实如何，又包含应该如何两方面。人际关系事实如何是一个客观性的本体问题，人际关系是什么、有哪些层次类型等，具有客观实体性，对它所蕴含的规律、道理、原理进行认识总结提炼，形成人们应该如何的规则规范，进而如何将其内化为个人的内在品格等，这些就是伦理学要关注、探讨、研究和解决的问题。"伦理"的意义表明，明确图书馆员职业伦理的基本关系是所有其他相关问题研究的根本和前提基础。

　　图书馆员职业伦理关系可以从多方面、多层次进行划分。从层次范围上看，主体既可以是集体，也可以是个体。图书馆员职业伦理关系存在于国家政府、社会、图书馆组织和图书馆员工等各种伦理主体之间，图书馆员职业伦理调节的范畴不仅限于道德调节的人与人、人与组织的关系，还包括组织与组织、组织与社会的关系。① 图书馆员职业伦理关系大致包括图书馆员与读者之间的服务关系、图书馆员之间的同事合作关系、图书馆员与领导之间的上下级配合协作关系、图书馆员与图书馆之间的权利与责任关系、图书馆员与政府社会之间的权利与责任关系，还可以进一步推广延伸到图书馆与图书馆之间的同盟协作关系、图书馆员职业与其他职业之间的联盟协作关系等。在这些关系中，主要的关系可以概括为图书馆员与读者之间、图书馆员相互之间、图书馆员与图书馆之间、图书馆员与社会之间的关系。其中，图书馆员与读者之间的关系是一切关系中最本质、最直接、最核心、最重要的关系，其他关系都是围绕这个关系而存在和展开，是为之服务的。

_____

① 谭恺：《图书馆伦理内涵研究》，《学理论》2010 年第 22 期。

图书馆员与读者用户的关系，就是图书馆员通过对人类社会发展历史中产生的各种精神文明成果包括各种知识文献资料，进行系统收集、选择、加工、保管、传递，对文献中的信息知识进行识别、挖掘、组织、分析、描述、整理、传递，为满足读者用户对知识信息、文化、教育、娱乐等多方面需要而提供服务。简言之，图书馆员职业就是以最大限度地促进人类知识的交流与利用为己任的职业。① 图书馆员因读者而存在，图书馆员的一切活动最终都是为了读者的需要与满意。服务与接受服务就是图书馆员与读者用户的关系。保证图书馆员与读者之间的健康、和谐、稳定关系是职业伦理建设研究的起点和归宿。

二　图书馆员职业伦理理念

对图书馆员职业伦理认知，形成理性认识，或者说职业理念意识。理念是一个哲学概念，指的是人们对于某一事物或现象的理性认识、理想追求及所持的思想观念或哲学观点。简言之，理念就是理论化、系统化的，具有相对稳定性和延续性的认识、理想和观念体系。正所谓知而后行，认识是实践的基础，思想认识决定行动，所以对职业理念从形成到认同是践行职业道德的精神基础。图书馆员职业理念最基本的表现就是职业价值观、职业责任感、职业精神、规范意识等。

图书馆员职业理念意识是一种认知状态，作为人的思想意识，它对图书馆员个体职业行为起着积极的引导与驱动作用。有这种精神力量的影响和支持，平凡普通的职业行为也会有不同的效果。当它贯穿在馆员的职业行为当中时，就表现为对职业责任的认同与担当，体现出独特的职业精神，从而保证自身职业价值的实现。同时，由此体现出馆员对职业的奉献、尊重与敬意，进而获得职业身份荣誉和情感体

---

① Jesse H. Shera, *The Foundations of Education for Librarianship*, Los Angeles: Becker and Hayes, 1972; Michael F. Winter, *The Culture and Control of Expertise: Toward a Sociological Understanding of Librarianship*, New York: Greenwood Press, 1988.

验，如韦伯所说，是"一种高度的身份荣誉意识"①。

三　图书馆员职业伦理规范

图书馆员职业伦理规范是职业伦理的表现形式和主要组成部分。关于伦理规范的意义，有人从学理上这样认为："唯规范伦理，提出规范，辨别是非，树立伦理行为标准，指引伦理行为的方向，所以规范伦理，是伦理学的核心，而是否有一套科学的规范体系，则又是规范伦理学的核心。"② 因此，职业伦理规范研究作为规范伦理学是职业伦理的重要部分，因为它能够给职业群体提供行动的具体指导。

图书馆员职业伦理规范包含内容、层次、原则、准则、制度等多方面内容。同时，职业伦理规范作为馆员自律规范（或者说非权力性规范），其功能作用的发挥程度，在很大程度上离不开良好的职业伦理文化氛围，也必须借助于外在的权力性规范，即法规、制度作为保障。因为要获得一个健康的职业秩序，仅有外在法律制度的强制或内在道德自律都是不够的，必须形成内外结合、软硬兼具的合力作用。所以，职业伦理文化、法规、制度都是图书馆员职业伦理规范建设研究需要给予关注的内容。

第三节　图书馆员职业伦理建设的主体、途径与意义

一　图书馆员职业伦理建设的主体

美国等世界发达国家的实践表明，各级图书馆协会在图书馆员职业伦理建设中发挥着非常重要的作用。图书馆员职业伦理建设主体包括各级政府主管部门、图书馆行业组织如图书馆协会（学会）等、图书馆机构及图书馆领导、图书馆员，以及拥有对服务评价监督权利的

---

① ［德］马克斯·韦伯：《学术与政治》，冯克利译，生活·读书·新知三联书店2005年版，第67页。

② 魏英敏主编：《新伦理学教程》，北京大学出版社2012年版，第3页。

读者用户等社会主体。在所有的建设主体中，图书馆行业组织和图书馆机构及其领导是主要的建设主体。

政府主管部门的主要职责是制定相关法律法规制度，为图书馆员职业伦理规范的有效实施提供保障。

图书馆行业组织，在中国主要的表现形式是图书馆学会，其主要职责是：（1）制定本国或本地区图书馆员伦理准则，宣传国内外相关准则，为规范图书馆员职业行为和读者用户进行监督评价提供标准依据。（2）组织开展本地区图书馆员职业道德教育活动，传达现代图书馆员职业理念，培养馆员的职业精神、职业责任和职业情感与信念，提高馆员职业道德水平和服务质量。（3）对本国或本地区图书馆机构及个体会员职业道德进行监管评估，奖励优秀，接受社会投诉，敦促处罚侵犯读者权益、道德失范等行为，保障会员承担职业责任，实现优质服务，树立良好职业形象。（4）组织开展图书馆员职业伦理相关问题的学术研究和研究成果鉴定、评奖，为服务读者最大化争取应有的职业权利，向政府制定相关制度、政策、法规建言献策，以促进图书馆员职业伦理的制度环境的健全与完善，同时，促进图书馆员道德理论水平的提升，为职业伦理建设实践提供理论支持。

图书馆机构的主要职责与上述图书馆协会（学会）组织的职责基本一致。所不同的是，图书馆机构及领导是最直接、最关键的建设主体，其职责重点就是对伦理准则的贯彻落实工作。其工作更具体、内容更丰富多样，如组织制定本馆的一系列服务规范并不断修订完善、宣传学习、组织讲座；开展服务培训、职业道德知识学习等；建立道德监管、考评机制，接受读者的监督并及时对意见反馈，开展读者满意度调查；营造良好的职业伦理文化氛围，等等。

图书馆员既是职业伦理建设的接受者，也是建设者，更是职业道德的落实者。一方面图书馆员可以从丰富的职业实践中，通过自身感受、体悟，获得直接的职业道德认知，进行自我修炼和完善；另一方面图书馆员要通过外在教育培训，领悟、掌握职业道德行为规范，树立现代图书馆员职业理念，将职业伦理的精神实质内化于心，形成自己内在的职业道德品格，自觉自愿地将道德规范落实到读者服务活动之中，塑造自己的职业形象。

二　图书馆员职业伦理建设的途径

图书馆员职业伦理建设的方式途径多式多样，就图书馆组织机构的建设工作来说，可简要概括为：组织统一部署；制定具体的道德服务规范；通过职业道德教育提高馆员的职业道德意识和自律能力；重视榜样的带动力量；建立道德监管评价机制；营造良好的伦理道德环境。

（一）组织统一部署

任何一项任务的落实，首先需要组织机构进行统一部署协调。图书馆员职业伦理建设的落实同样也需要图书馆组织机构进行统一协调。这就要求图书馆领导进行系统的设计，建立专门的机构，安排专人负责，在图书馆各部门之间进行协调、部署，负责道德相关事宜的处理。只有健全的机制，才能够为馆员履行职业道德提供充分的机会、动机和环境条件。

（二）制定具体的道德服务规范

古人说"不以规矩，不能成方圆"①，用来劝诫人们要自觉遵守准则条例法度。图书馆员职业伦理建设，需要以国内外职业伦理准则的基本原则为依据，根据本馆的现实情况，制定出具体的道德规范，为馆员行为活动提供切实可行的标准。有了行为标准，无论对于馆员的行为活动，还是领导实施管理，或者读者监督评判，都能够实现有法可依，有法可循，避免出现盲目、模糊、无所适从的现象。因此，图书馆员职业伦理规范的建立是职业道德建设首要的、基本的任务和工作内容。

（三）开展职业道德教育

图书馆员职业道德品格形成的主要途径就是通过外在的教育培训。图书馆员职业伦理观念产生的重要途径就是通过教育与引导，使其深刻认识职业的价值、责任与使命，掌握职业道德知识，明确道德

---

① 《孟子·离娄上》。

规范，增强职业服务意识，提高思想道德水平，培养道德自律能力。尽管人们有道德知识未必一定有道德行为，但如果对道德无知就更不可能有道德行为了，而人即使在无意识状态下做出一些道德行为，也不是一种自觉自愿的、理性的行为，因而没有持久性和稳定性。所以，职业道德教育是图书馆员职业品德形成的必要途径。道德品质包含道德认识、道德情感、道德意志、道德信念和道德习惯。所谓道德自律是指个人根据一定的道德标准、道德规律和内心信念构成自己行为的评价和约束力量。职业道德自律的过程实际上就是道德修养的过程、自我教育的过程，是依据职业道德原则和规范在道德意识和道德行为习惯等方面进行的自我改造、陶冶、锻炼和培养。自律以知为起点，以信念为中介，以情感为连接点，以意志为杠杆，最后实现从知到行的转化。要提高职业道德自律能力，就要坚持提高职业道德认识、培养职业道德情感、强化职业道德意志、坚定职业道德信念与付诸道德行为的整体统一性原则。

（四）树立道德榜样

图书馆员的伦理价值和原则是抽象的，需要通过馆员的各种具体道德行为活动体现出来。古人说："以人为镜，可以明得失。"[1] 对照先进模范很容易发现自己的不足和别人的长处，这样才能"择其善者而从之"。俗话说："火车跑得快，全凭车头带。"所以，榜样或模范的树立是图书馆员伦理建设的重要手段。职业伦理建设要取得全面成效，必须重视榜样的力量，树立道德榜样或典型示范，发挥其带动作用。榜样的作用一方面表现在领导身上，即图书馆领导通过自身的行为，以及在各种事务的决策和处理过程中，以身作则，身体力行，客观公正，始终如一，就是对职业伦理规范最好的诠释，它比任何单纯的说教效果更为有力。另一方面还表现在普通的道德模范馆员身上。由于图书馆员之间的职业道德水平参差不齐，每个人实现伦理价值目标的程度是不同的，职业道德建设必然要经历从少数人到多数人，最后到全体图书馆员的过程。树立道德模范，并给予荣誉与物质的奖

---

[1]　《旧唐书·魏徵传》。

励，就为馆员群体树立了学习努力的标准和方向，能够激励馆员见贤思齐的心理趋势，激发其履行职业道德的积极性。

（五）建立道德监管评价机制

道德评价，是指在道德活动中，人们根据职业道德规范体系，通过舆论、内心信念、传统习惯等方式，对有关道德主体的行为进行是非善恶的价值判断。道德评价是规范职业行为、协调职业活动中的各种人际关系和维护职业秩序的重要方式，是道德建设的内在机制。道德评价作用主要表现在：一是图书馆员职业伦理原则和道德规范发生作用的"杠杆"；二是裁判图书馆员行为与品质的"道德法庭"；三是培养图书馆员道德品质的重要手段；四是营造良好图书馆道德氛围的有力工具。

职业道德自律需要伦理主体的自我修炼，同时也离不开有力的外在监督管理。外在监督能够产生心理威慑作用，抑制和约束不道德行为。在道德评价与监督的基础上，道德赏罚机制的作用也较为有效。道德赏罚既是对馆员个人利益和价值追求的认可或肯定，也是对倡导职业道德奉献、否定道德失范的一种制度保障。监督是一种事中控制，赏罚则属于事后评价，二者配合运用，则收效更佳。

（六）营造良好的伦理道德环境

法国人本管理思想家罗伯特·欧文说："人是环境的产物。"马克思也说："人创造环境，同样，环境也创造人。"[①] 人不能脱离环境而存在，环境与人是互动的，人可以改变环境，环境也可以改变人。一个人的价值取向、认知标准和道德品质是在风气和氛围的熏陶及社会关系的综合作用下形成的。图书馆员职业道德品质的形成离不开职业伦理文化这种大环境的影响和熏陶。图书馆员职业道德建设如果没有良好的、先进的伦理文化作为支持，就失去了优秀道德品质形成和发挥的"土壤"。所以，职业伦理文化建设应该在精神、物质、制度、管理、行为、思维习惯等诸多方面为馆员构建有利于道德建设的环境，增强伦理文化对馆员的感染力。如建立馆训、馆徽，塑造馆员科学的价值观，培育职业精神，建立合理的规章

---

① 《马克思恩格斯选集》第 1 卷，人民出版社 1995 年版，第 92 页。

制度，开展丰富多彩的文化活动以加强馆员的凝聚力、向心力，时时处处创造"以读者为中心"的服务文化和服务环境，从而体现"以人为本"的图书馆员职业伦理文化理念。

三　图书馆员职业伦理建设的意义

图书馆员职业伦理建设是具有建设责任的各种主体，如馆员个体、图书馆组织机构、图书馆行业组织和社会，为引导、建构、转变、巩固、提升图书馆员的职业伦理道德水平而对其施加的文化影响，其目的在于形成健康的图书馆员职业人格，优化、激发馆员职业实践能力，支持图书馆员职业集团保持与读者、社会之间的和谐的关系。图书馆员职业伦理建设就是通过传达职业理念、确立职业精神和规范职业行为，提高服务水平。从职业伦理的层次内容看，其目标任务就是将职业伦理理念转化为馆员职业道德意志，通过遵循职业伦理规范的约束与引导，落实到职业活动中，赢得服务对象的满意，实现和谐服务。图书馆员职业伦理建设的意义是：（1）图书馆员职业伦理产生于职业服务关系，贯穿和体现着图书馆职业的职责与权利、职业价值与职业精神等，图书馆员职业伦理建设通过制定准则规范，将这些思想精神理念渗透其中，使之条文化、具体化，为馆员的职业实践提供标准和指引。（2）通过宣传学习职业伦理精神内涵，为馆员建立职业价值理念，缓解职业危机感、职业倦怠、职业伦理冲突和职业实践困惑。（3）通过职业道德教育，促进图书馆员树立"以读者为中心"的服务宗旨，提升职业道德素质与职业技能及知识服务水平，提升职业核心竞争力，充分发挥职业社会价值，落实社会主义核心价值观，实现和谐服务。从宏观上说，职业伦理建设通过全面提高馆员的素质，规范馆员的职业行为，树立图书馆员的良好形象，有利于图书馆事业可持续发展。同时，馆员职业道德水平的提高有助于团队协作，维护知识自由、服务平等，促进知识传播，实现资源共享，提高国民精神文化素质，提升国家软实力，推进社会主义和谐社会的建设，从而履行图书馆员的社会责任与使命，实现图书馆员职业价值。

第三章

图书馆员职业价值

第一节　图书馆员职业价值观

　　价值是在实践活动中建立起来的，以主体尺度为尺度的一种客观的主客体关系，是客体的存在及其性质是否与主体本性、目的和需要等相一致、相适合、相接近的关系。① 事实认识在于探求事物的属性和运动规律，价值认识聚焦于人，它关注人的需要，强调在事实认识的基础之上，寻求事物的属性与人的需要之间的价值关系。只有对价值关系进行揭示，才能显现出认识的目的与意义，即根据人的实际需要，对认识的客体对象加以改造利用，使之满足主体的具体要求。根据马克思主义价值论思想，价值并不等同于有价值的事物自身，而是取决于人们对于客体认识的结果。任何有价值的东西若不为人们所了解、所利用，就无法实现其价值。②

　　职业价值是人们对职业的认识和态度以及对职业目标的追求和向往，也是职业对于主体的意义。职业价值体现了职业的属性、功能对于主体需要的满足关系，通过付出职业劳动得到社会普遍认可的一种物质、文化和精神的度量。③ 图书馆员的职业价值是满足社会公众对信息资源的需求，促进信息知识的交流与利用，促进人的自由发展，

---

　　① 孙伟平：《价值定义略论》，《湖南师范大学社会科学学报》1997 年第 4 期。

　　② 陈洪澜：《图书馆学理论创新的几个跨学科问题》，载刘兹恒、张久珍主编《图书馆学理论的使命与担当——第六次全国图书馆学基础理论研讨会论文集》，国家图书馆出版社 2011 年版，第 159—169 页。

　　③ 顾雪英：《职业价值结构初探》，《心理学探新》2001 年第 1 期。

并履行传承文明，传播文化的社会历史使命。图书馆员职业价值是职业立足的基础，反映职业角色在社会分工中的本质，体现图书馆员职业的属性。① 由此可知，认识图书馆员的职业价值具有重要的意义和深远的影响。正确的职业价值观能够正确引导图书馆员的职业价值取向和职业行为方式，也是职业伦理的核心。

"价值取向"是价值哲学中的一个重要范畴，是指特定主体在处理各种矛盾、冲突、关系时，基于自己的价值观所持有的基本价值立场、价值态度以及所表现出来的基本价值倾向，并由其决定、支配主体的价值选择。图书馆员若有明确的职业价值取向，就能够树立起对国家、社会和读者用户高度负责的职业责任感，并将其内化为一种精神追求，关注国家和民族的发展需要，在工作岗位上发挥自己的积极主动性，通过优质高效的服务，使图书馆真正能够成为一种提升民族智力的知识源泉。社会公民若有明确的图书馆价值取向，就会喜欢图书馆、学会充分利用图书馆，同时也会爱护图书馆，自觉地支持图书馆的发展。总之，图书馆员的职业价值是图书馆员追求的理想与目标，是图书馆员需要坚守的原则与教义，这些理想与原则具有丰富的内容，构成了图书馆员的职业价值体系。这个价值体系虽然具有相对的长期性和稳定性，但同时也会随着时代的变化而不断充实和完善。

一　图书馆员职业价值观

什么是价值观？价值观是指个人对客观事物及对自己的行为结果的意义、作用、效果和重要性的总体评价和看法，是对什么是好的、是应该的等是非问题的总看法，或者说是人们判断客观存在的标准、准则与原则等。价值观是推动并指引一个人采取决定和行动的原则、标准，是个性心理结构的核心因素之一，它使人的行为带有稳定的倾向性。② 职业价值观是人们对待职业选择、职业生活、职业等级等与工作有关的事物的一种总体认识和价值判断，是在职业生活中表现出

---

① 申传斌：《关于构建我国图书馆职业核心价值的思考》，《重庆工商大学学报》（自然科学版）2015 年第 1 期。

② 何光辉：《有效职业伦理教育模式研究》，上海三联书店 2009 年版，第 36 页。

来的一种比较稳定的职业价值取向，它反映了一个人对职业的基本信念和态度。职业价值观为人们的职业生存和发展提供基本的方向和行动指南，影响着人们职业发展中的职业情感、工作态度和劳动成绩效果高低，影响着人们对职业理想、职业方向和职业目标的确定，决定着个体的职业生涯发展情况。从某种意义上说，有什么样的职业价值观就会有什么样的职业人生。[1]

在学者们的观点中，关于图书馆员职业价值，是以"图书馆价值""图书馆员"或"图书馆人"等术语表达出来的。由于图书馆的价值功能依赖于图书馆工作者来实现，因而图书馆的功能价值与图书馆员职业价值及使命是同一核心问题的两个层次的表达。图书馆作为知识信息中心的价值，依靠的是图书馆职业者发挥"知识信息服务"价值来实现。因此，印度图书馆学家阮冈纳赞说："你的责任是提供图书馆服务，服务是你的天职。"[2] 美国图书馆学家谢拉则指出图书馆员职业的使命是"连接人类知识记录和它的需求者"[3]。我国学者于鸣镝指出："图书馆人干的是服务，想的是服务，探索的仍是'服务规律'。总而言之，离开服务，就没有图书馆。"[4] 图书馆在任何时候都要把服务作为自己办馆的唯一宗旨，作为图书馆人的行动指南。"当他们不能完成既定任务和自己的使命时，社会就有可能、也一定会将他们抛弃"[5]，在图书馆员的职业精神空间里面，应该以服务充实之。

大英图书馆在 2005 年发布的题为"重新定义图书馆"的三年（2006—2008 年）战略规划中强调，大英图书馆的目的是"架设获取世界知识的通道"，使命为"帮助人民为丰富生活而提供知识"，由此

---

① 杨柳、沈楚：《现代职业文化简论》，浙江大学出版社 2014 年版，第 220 页。

② ［印］阮冈纳赞：《图书馆学五定律》，夏云等译，书目文献出版社 1988 年版，第 64 页。

③ Jesse H. Shera, *The Foundations of Education for Librarianship*, Los Angeles: Becker and Hayes, 1972, p. 1470.

④ 于鸣镝：《读懂图书馆——试评胡氏定义》，《图书馆学研究》2003 年第 7 期。

⑤ Jesse H. Shera, *The Foundations of Education for Librarianship*, Los Angeles: Becker and Hayes, 1972, p. 1470.

鲜明地举起了图书馆员为社会提供知识服务的大旗。基于此，Finks
认为图书馆员职业价值包括"服务价值（为用户提供信息服务）、工
作价值（保存历史记录的使命）、哲学价值（中立、真理的追求）、
民主价值（知识自由、表达自由）、阅读与图书"①。中国图书馆学会
颁布的《图书馆服务宣言》开宗明义："图书馆是通向知识之门，它
通过系统收集、保存与组织文献信息，实现传播知识，传承文明的社
会功能。""图书馆是通向知识之门"② 一语，出自联合国教科文组织
1994 年颁布的《公共图书馆宣言》第一节标题——"A gateway to
knowledge"③。《图书馆服务宣言》以此开篇，表明中国图书馆学会与
IFLA 的基本理念一脉相承。它既点明了图书馆的社会功能，也向社会
表明图书馆员的职业使命与价值，即图书馆员职业是以满足人的知识
信息需求为使命的职业。

　　当代图书馆员应更加清醒地认识自己的职业使命与价值：实现和
保障公民文化权利、缩小社会信息鸿沟。图书馆员不仅要发扬埋头苦
干的精神，尊重读者用户的知识信息需求，提供自由、平等和满意的
服务，而且要把保障公民获取信息的权利放在首要的位置，站在读者
用户的立场上，自觉维护他们应有的获取信息的权利。当他们正常的
权益受到损害的时候，当他们需要信息帮助的时候，图书馆员应该以
高度的职业责任感，自觉地捍卫他们的权益，满足他们的需求，从而
实现职业价值。

　　当前应树立什么样的职业价值观？党的十八大报告明确提出要
"倡导富强、民主、文明、和谐，倡导自由、平等、公正、法制，倡
导爱国、敬业、诚信、友善，积极培育和践行社会主义核心价值观"。
职业价值观作为社会主义核心价值观在职业领域的具体体现，是图书
馆职业者基本的行为导向、行动准则和精神动力。培育职业价值观必

---

　　① Lee W. Finks, "What Do We Stand for? Values without Shame", *American Libraries*,
Vol. 20, No. 4, April 1989.

　　② 中国图书馆学会：《图书馆服务宣言》，《中国图书馆学报》2008 年第 6 期。

　　③ IFLA/UNESCO, "Public Library Manifesto 1994", (http: //archive. ifla. org/VII/s8/
unesco/eng. htm).

须将社会主义核心价值观融入其中，使全体社会成员"爱国、敬业、诚信、友善"的个人价值观在图书馆事业中得到践行，把培育、提炼、形成职业价值观作为根本任务，体现图书馆员职业的时代精神、职业责任和职业特色。同时，我们还倡导树立义利统一的职业价值观、集体主义的价值观、创新创业的价值观。①

二　图书馆员职业价值观的概念、内涵、类型与意义

图书馆员职业价值观是图书馆员对自己职业进行评价的标准、准则与原则等。图书馆员职业价值观是图书馆员职业经过长期的发展和积累所形成的、被该职业所普遍认可的价值观。随着时代的变迁和图书馆事业的不断发展壮大，图书馆员职业价值观也随着图书馆价值与职能的变迁而演变。在初期，图书馆作为一种社会文化机构，所承担的主要是搜集、整理、保存和传承文献的基本职能。随着时代的发展和社会的进步，图书馆不再仅仅是一个保存人类公共记忆的知识容器，又产生出了许多新职能和使命，比如，图书馆成为没有围墙的大学、文化中心、市民活动的"第三空间"、知识交流的平台和枢纽、提升国民素质的公共智力源泉、知识创新以及知识再生产的原材料和无尽资源等。所以，图书馆员职业职能也从保存文献向加工整序文献、传递文献、提取文献信息知识、信息知识服务、文化传播、读者用户培训等不断演变和拓展，相应地，图书馆员职业的价值越来越丰富多样。现代图书馆事业被时代赋予了更多的价值期许，关于图书馆员职业价值观也产生了多种划分标准和认识观点。如 ALA 主席芭芭拉·福特从美国图书馆协会制定的职业伦理法则中概括出维护知识自由、保护用户隐私、尊重知识产权等，作为图书馆员的职业价值。1997 年李·希斯尔（Lee Hisle）在美国大学与研究图书馆协会（AC-RL）的会议上，将服务价值、推进教育、公平使用等作为图书馆价值

---

① 李海滨、陆卫平：《社会主义核心价值观对职业价值观的塑造》，《人民论坛》2014年第 4 期。

的重要组成部分。① 我国学者于良芝认为图书馆职业的主要价值观包括：注重服务和人文关怀；尊重理性、知识、真理，尊重对知识和真理的追求；热爱图书、倡导阅读；主张社会成员享有使用图书馆服务的平等权利；倡导合作和技术创新；倡导宽容、公正等。②

　　从科学与人文两个方面，还可将图书馆员职业价值观分为科学价值观和人文价值观两类。科学价值观是指图书馆员职业对图书馆现象和社会所持的科学型判断标准或者对科学现象所持的态度，包括图书馆员职业应该坚持现代主义思潮，如尊重理性和知识，坚信真理的存在；倡导科学技术的创新，秉持科学精神，创新图书馆服务和图书馆员职业的理论知识；提倡构建阅读社会等。人文价值观是图书馆员职业以人文的标准和原则，即以平等、自由和人权作为判断是非的准绳，判断图书馆员职业的各类问题和现象，包括注重人文关怀，坚持任何人可以平等、自由地使用图书馆，坚持图书馆及馆员应该关注社会弱势群体的信息和知识需求等。

　　总之，对图书馆员职业价值观的重视与确立非常必要。职业行为本质上是一种以价值导引为目的的社会行为，图书馆员自觉、积极的职业行为来自其正确的职业价值目标，而正确的职业价值目标的建立，有赖于对职业价值的全面而准确的理解。所以图书馆员职业价值观的意义就是：（1）使馆员达到职业认同。对图书馆员职业价值的认同，是图书馆员素质和能力充分发挥的原动力，是提高职业核心竞争力的认识基础，是图书馆工作和研究不断创新的源泉。无论是新入职还是工作多年的图书馆员都可能存在职业迷茫问题。所以，如果图书馆员明确了职业价值，就能够清醒地认识和正确理解自己的职业，理性地从业，缓解甚至消除某些由外因引发的心理失衡和落差，而且，图书馆员深刻理解了图书馆员职业内涵，还可以增强职业操守和职业认同。（2）提高馆员工作成效。有基本的职业价值的认知与认同，能够增强图书馆员职业自豪感和荣誉感，为图书馆员的工作实践注入热

---

　　① 　W. Lee Hisle, "Facing the New Millennium: Values for the Electronic Information Age", *College and Research Libraries*, Vol. 58, No. 2, January 1998.

　　② 　于良芝：《图书馆学导论》，科学出版社 2003 年版，第 197—200 页。

情和动力，由此也才能为读者提供满意服务。（3）为图书馆员获取正常的社会地位。如果对图书馆员的作用没有形成正确的认识，图书馆员职业的价值一直没有得到社会公众的广泛了解和肯定，图书馆员就不能获得正常的社会地位和经济地位以及职业尊严。所以，图书馆、图书馆行业组织以及图书馆员应当充分向媒体和公众传播图书馆员职业的价值。另外，图书馆员拥有了清晰的职业价值理念，才能更好地满足用户的需求，更好地为社会提供服务，使社会公众能够认识到图书馆员为其提供知识服务、文化教育服务的真正价值所在，并给予更高的评价，由此图书馆员才有可能赢得社会的尊重与认可。

三　图书馆员职业价值观与职业道德的关系

图书馆员职业价值观与职业道德的关系主要表现在以下方面。

（一）职业价值观是图书馆员发展的决定性因素

职业价值观是图书馆员看待和评价自己职业的内在价值问题的基本观点，来自对职业客观必然性的认识与把握。有什么样的价值观，就有什么样的行为态度和方式。只有建立在正确认识基础上才能形成合理的行为准则规范，并发挥出积极的调节、引导作用。首先，图书馆员只有树立正确的职业价值观，在实践活动中通过与读者之间的互动，满足读者需要，才能体现其社会价值。其次，图书馆员正确职业价值观的树立和发展，是与不断前进的社会实践相结合，通过不断加强自我修养，改造自我世界观、人生观，塑造职业品行，提升职业精神境界的过程。馆员的职业价值观受道德理念支配，馆员对本职工作的满意度和自我价值的认同，所选择的工作目标与崇尚的职业生活方式，又反映着当代图书馆员的职业价值观。馆员职业生涯中的敬业程度、职业责任心既是职业道德价值体系的体现，也决定是否能为社会创造出自己的职业价值。最后，图书馆员职业精神承载着强烈的主观需求和明确的价值取向，这些构成图书馆员实践活动的内在尺度，规定着图书馆员职业活动的价值目的。

（二）图书馆员职业道德反映其职业价值观

职业道德的作用一方面是支配馆员在实际工作中对待职业的敬业

程度、责任心与态度。馆员有职业荣誉感，能够正视自我存在的价值，才能够发挥自己的潜能，创造出更大的工作成绩，通过优良的服务而受到应有的重视和尊重，从"有为"达到"有位"的效果。职业道德的作用另一方面是反映馆员的职业价值观。只有建立在正确的职业价值观基础上，馆员才会重视和培养自己的职业道德，用过硬的职业技能认真踏实地对待工作，兢兢业业，以服务读者为宗旨，真诚友善地对待读者，实现其职业价值目标。

（三）图书馆员职业观是职业精神的基础

图书馆员开始从事图书馆事业，就承担起了一定的社会责任，并在工作中逐渐对图书馆员职业产生全面的认识，包括职业关系、价值、责任、使命、伦理规范等，进而促进其对基本的职业义务和具体的岗位义务的自觉，这种自觉逐步形成职业道德，升华为职业精神。图书馆员职业精神的发挥必须以职业价值意识的觉醒为前提，以职业价值观的支配为起点。而职业价值观则产生于其对图书馆员职业社会价值与使命的认同，表现为忠于职守的职业道德，渗透着职业精神。总之，图书馆员职业价值观、图书馆员职业道德、图书馆员职业精神三者是相互渗透、相辅相成的，职业价值观则是职业道德与职业精神的根基。[①]

第二节 图书馆员职业核心价值

一 图书馆员职业核心价值的概念与内涵

图书馆员职业核心价值是指职业价值体系中，最能代表图书馆员职业的意义和作用，对该职业的形成、发展、变化起决定作用的那些价值，[②]它使该职业与其他社会职业根本区别开来，是图书馆员职业为社会和公众认可的根本原因。图书馆员职业的核心价值表达了图书

---

① 王惠英、祁瑞：《图书馆员职业价值观、职业道德、职业精神的内在联系》，《职业教育研究》2013 年第 9 期。

② 宋显彪：《试论图书馆员职业的核心价值》，《图书馆杂志》2002 年第 9 期。

馆员的职业信念，对社会表明了图书馆员职业的责任与使命，并能促进我国图书馆与国际图书馆事业发展接轨，因而是支持图书馆员职业存在并发展的基石。

图书馆员职业核心价值与职业伦理之间存在密切的关系。图书馆员职业伦理是职业基本价值观的一种声明，并且其中包含了职业核心价值观这一重要内容，它是图书馆员建立职业基本价值观的重要途径，在职业活动中遇到两难问题时职业伦理准则就是选择和决策的指南，能够唤醒馆员的职业良知与责任心。所以说，图书馆员职业核心价值是制定职业伦理规范的方针和指南，而职业伦理规范是贯彻表达职业核心价值的一种方式，伦理准则是履行核心价值观的有力体现。

图书馆员职业伦理随着社会伦理的变化而变化，最终与社会发展保持一致，其发展变化趋势在社会转型时期更为活跃。社会的发展赋予各个时代图书馆员不同的价值与使命，使图书馆员职业伦理的发展变化紧紧植根于职业的发展变化，正如阮冈纳赞指出的：图书馆是一个生长着的有机体。的确，"图书馆"是一个不断生成的"独特本体"，在复杂曲折的社会历史变化中始终保持着某种变化性和统一性，而不变的是图书馆及其职业的基本价值功能，其最根本的使命永远都是为了"社会和个人的自由、繁荣与发展"，变化的则是各个时代的核心价值功能。而不同的价值主体及其在不同的历史阶段，其对图书馆核心价值的认识是不同的，或者说，各个国家、民族、组织、社会主体等，因自身发展历史水平和社会需要的侧重点不同，会确立其各自的图书馆核心价值，因而关于图书馆员职业核心价值的观点及文件表述很多，各不相同。

从世界范围看，国际图联和联合国教科文组织发布的《公共图书馆宣言》规定，图书馆要为着实现"社会和个人的自由、繁荣与发展"① 这一基本的人类价值而奋斗，这也是图书馆员永恒的价值表达。作为职业理想，它激励着一代又一代图书馆员。从 1998 年 ALA 制定

---

① IFLA/UNESCO, "Public Library Manifesto 1994", (http://archive. ifla. org/VII/s8/ unesco/eng. htm) .

的图书馆职业伦理法则中提炼出维护知识自由、保护用户隐私、尊重知识产权等①，可以被认为是图书馆员的核心价值。美国前图书馆协会主席迈克尔·戈尔曼（Michael Gorman，又译为米切尔·戈曼）是图书馆核心价值问题最活跃的研究者，他认为研究核心价值有助于图书馆员树立职业信念，克服信心危机，提高图书馆员的自信心，给图书馆员以判断标准并提供讨论的基础。他提出的核心价值主要包括八个方面，即管理、服务、信息自由、平等获取、隐私、素养与学习、理性主义及民主。

美国图书馆协会经过多年工作，于 2004 年 6 月明确了图书馆员职业核心价值的内容：使用、隐私权、民主、多样性、教育与终生学习、知识自由、保存、公共利益、专业能力、服务、社会责任。② 这些词汇是对图书馆员工作和职业特性的高度概括，反映了图书馆员为读者和社会所做的全部工作，尽管被认为范围广泛，包容全面，太过粗泛，难以凸显"核心"的内涵，不是图书馆员职业的核心价值，③ 但毕竟代表了一种观点。我国学者通过对国外图书馆和图书馆协会声明的"核心价值"内容进行统计和分析，归纳出核心价值关键词句文本中出现最多的核心词汇：服务、信息、职业、获取、自由、学习、社区、多样性和资源等，认为这些代表了现今世界图书馆核心价值的基本理念。④

在我国语境下，学者宋显彪于 2002 年首次提出图书馆员职业核心价值这一概念，并认为保存人类文明成果供用户使用、联结用户与思想、保证用户自由平等获取信息及继续教育与终身教育四方面内容构成了图书馆员职业的核心价值。⑤ 蒋永福认为图书馆员职业核心价值就是维护公民的知识自由权利，且必须坚持公益、服务及自由存取

①　Barbara J. Ford, "ALA President's Message: Visions, Values, and Opportunities", A-merican Libraries, Vol. 29, No. 1, January 1998.

②　转引自俞传正《图书馆核心价值的历史解读》，《图书与情报》2007 年第 3 期。

③　宋显彪：《再论图书馆员职业的核心价值》，《图书馆杂志》2007 年第 6 期。

④　肖珊、范并思：《"图书馆核心价值"调查与分析》，《图书与情报》2007 年第3期。

⑤　宋显彪：《试论图书馆员职业的核心价值》，《图书馆杂志》2002 年第 9 期。

原则。① 他后来提出适合中国语境的图书馆核心价值"1+4模型",即以文化权利为主范畴,保存与共享、促进阅读、平等服务、包容与民主为辅助范畴的核心价值体系,主、辅范畴之间没有隶属关系和重要性程度区别。② 我国香港大学图书馆将"知识自由""人人享有""学习、科研及终身学习"等作为该馆核心价值体系的重要内容,并发布了一系列与之相匹配的规划及措施。③

　　每个地域图书馆界所确立的核心价值,都必然是该地域社会的政治价值观、经济价值观、文化价值观、意识形态价值观、伦理价值观乃至个人价值观反映在图书馆领域中的产物。这也反映出谢拉提出的"图书馆是社会的图书馆"④ 的论断。所以,图书馆员职业核心价值是一个不断完善、持续发展、与时俱进、增值及有机成长的体系,会随着社会环境、用户服务需求、图书馆生存与发展需求、社会及服务主客体的价值观等因素的影响而发生变化。比较而言,国外图书馆界就图书馆员职业核心价值的认知在服务、取用平等、知识自由、保存人类遗产、社会教育等方面基本上是一致的,国内则主要统一在读者、服务、知识自由、平等、公益性等方面。⑤

　　虽然各个时期、不同地域图书馆界的核心价值之间存在着客观的差异,但其中也存在着比较普适的、主流性的核心价值范畴,如"平等获取""服务""知识自由""保存""教育""支持民主"等。这说明图书馆核心价值是一种"同中有异"又"异中有同"的价值领域。尽管图书馆界对核心价值的认识众说纷纭,但这并不妨碍业界达成普遍的共识,即确立核心价值、发挥核心价值的职业"基石"作

---

　　① 蒋永福:《维护知识自由:图书馆职业的核心价值》,《图书馆》2003年第6期。

　　② 蒋永福:《图书馆核心价值及其中国语境表述》,《国家图书馆学刊》2008年第2期。

　　③ 香港大学图书馆:Hong Kong Library Policy(http://lib.hku.hk/general/policy.html)。

　　④ 参见[美]杰西·H.谢拉《图书馆学引论》,张沙丽译,兰州大学出版社1986年版。

　　⑤ 刘磊、王浩:《图书馆核心价值研究——基于儒家思想的实证分析》,载刘兹恒、张久珍主编《图书馆学理论的使命与担当——第六次全国图书馆学基础理论研讨会论文集》,国家图书馆出版社2011年版,第135页。

用。无论如何，必须明白，没有图书馆员职业的核心价值，图书馆员就不能称为一个职业。图书馆员职业核心价值是凝聚图书馆员信念的力量，是区别于其他职业的标志。

二　图书馆员职业核心价值的内容

（一）图书馆员职业核心价值的内容

图书馆员职业核心价值的内容概括起来有两点。

1. 保存人类全部文献信息资源

在人类历史发展中新思想、新文化、新知识不断产生，保存和继承这些文献信息资源的机构就是图书馆，而从事这些工作的人就是图书馆员。为了实现对文献信息资源传承而进行长期性的保存工作，这一核心价值正是图书馆和图书馆员职业产生、存在和发展的根本基础。

2. 保证读者用户自由、平等、便利地获取信息

图书馆员应当为每个用户提供自由、平等、便利的文献信息服务和获取机会。不论用户的目的是学术研究、继续教育，还是娱乐休闲，也不论用户的年龄、性别、种族、阶层、性取向。或者说，图书馆员应当力所能及地帮助用户获得相关文献信息，而不应对任何用户及用户需求持有偏见。正如前 ALA 主席迈克尔·戈尔曼所说，"我们的专业是启蒙的孩子，是理性的孩子。归根结底，图书馆代表人类通过知识与信息的获取而不断改善自身，所以应该没有任何栅栏横放其间，阻碍他们的道路"[1]。图书馆是实现知识自由的最佳场所和最有力的社会保障制度，它"存在的核心价值就在于它能够满足人类的保障知识自由权利的需要"[2]，这也应看作是对图书馆员职业核心价值的表达。[3]

（二）图书馆员职业核心价值的具体内容

当代图书馆员职业核心价值的主要内容表现在以下几方面。

---

[1]　参见俞传正《图书馆核心价值的历史解读》，《图书与情报》2007 年第 3 期。

[2]　蒋永福、李集：《知识自由与图书馆制度——关于图书馆的制度视角研究》，《图书馆建设》2004 年第 1 期。

[3]　宋显彪：《再论图书馆员职业的核心价值》，《图书馆杂志》2007 年第 6 期。

1. 保存知识

保存人类信息知识文化记录是图书馆员职业存在的基础和使命。图书馆员应该充分利用现代信息技术设备提供的工具，对文献信息资源精心选择、组织、保存，生产提炼出二次、三次文献，优化馆藏结构，并实现对知识内容的长期保存和维护。

2. 平等利用

图书馆属于公共文化服务机构，所以，图书馆用户可以平等、方便地访问和利用图书馆的资源，享受相应的服务。不论服务方式方法和技术如何改变，都应该被所有图书馆用户容易、公平地取用。为此就必须重视读者用户信息素养教育，不应因为技术的提高而对弱势群体构成使用门槛或阻碍，造成信息不平等，出现信息鸿沟。

3. 教育和引领学习

随着当代图书馆电子信息资源和网络信息资源的不断增多，读者用户面临更多的问题是电子信息资源的迅速获取和有效利用，这使馆员对读者的培训教育更为必要。图书馆员对读者用户教育应从"图书馆利用教育"向"信息知识能力教育"方向发展，从传统的图书馆利用教育向更高层次的信息知识素养教育拓展。读者教育的主要目标将致力于提高读者在现代信息环境中获取和利用信息的能力，辨别和选择信息的能力，促进其利用图书馆的效果与效率的提高。图书馆员应该通过各种方式和方法提高全民知识素养，引导用户学习，帮助他们具备必要的信息素养和学习能力，成为独立的终身学习者，能够获得继续教育和终身教育。

4. 尊重隐私

现代社会，读者用户在图书馆有自由存取、自由阅读的权利。读者阅读行为过程作为个人隐私的一部分应该得到保护，而不被监视、任意公开、泄漏。图书馆员应尊重与保护用户这种隐私，在当事人不知情或未征得其同意的情况下，均不得任意公开或提供给其他人。

5. 倡导宽容

宽容被国外许多图书馆列为核心价值的重要组成部分。伟大的科学家爱因斯坦认为，宽容就是对那些习惯、信仰、趣味与自己相异的人的品质、观点和行动给予恰如其分的评价。图书馆员应该尊重所有人的差异性与个性，承认和容忍不同观点、不同信仰的人们，尊重用户的理解与选择，不歧视，不干涉。图书馆员对待读者宽容，是作为服务者和教育者的本分，并不是图书馆给予读者的一种施舍，尤其对那些无意过失、潜意识犯错误和初犯错误的读者，应以宽容的态度对其进行教育和劝导，而不应随意训斥或惩罚。另外，在工作关系中，宽容是友谊与和谐的基础。宽容意味着图书馆员之间应持尊敬、谦恭的态度对待彼此，并对自己的行为负责。

6. 合理使用

数字环境给著作权人、图书馆、读者用户带来了利益的变化，也出现了相关知识产权保护的问题。图书馆员必须遵守合理使用制度，遵守知识产权法，充分利用其中的"合理使用"条款来开展各项工作，保证图书馆工作在法律制定框架下进行。

7. 传播文化

图书馆是一个保存文化和传播文化的机构，图书馆员不仅要保存和传承历史文化，展现现代文化，还应促进多样性文化的自由交流与发展。同时，优良的图书馆员精神文化和行为文化也能够对全社会积极健康的文化发挥引领和示范作用。

8. 知识服务

社会的发展赋予各个时代图书馆员不同的任务和使命，也不断为图书馆员拓展着职业价值发挥的空间。人类社会发展至今，为当代图书馆事业提供了前所未有的物质技术条件，图书馆已从过去的文献中心转变成知识中心、学习中心和文化中心三大中心于一体的场所。随着人们精神文化的丰富与知识需要水准的提高，图书馆员的当代价值也随之有了新的内容，即知识重组、知识挖掘与再生产、知识服务。长期以来，图书馆员担负着保存人类文化遗产、开展社会教育、传递科学信息、开发智力资源、提供文化娱乐等主要的社会职能。现代图书馆员的社会职能中，收藏、保存人类文化遗产的传统职能依然存在，同时将更加强化并向为全社会提供知识信息咨询服务的深层次职能转变。因为读者需要专业化、个性化、精准化、定制化的服务，所以，馆员就必须对知识进行二次、三次加工或挖掘，实现知识再生产，满足读者及社会的需要。①

第三节　图书馆员职业终极价值

价值是多方面、多层次的，不同时代的价值主体也有各自的历史使命和主要价值取向。价值主体的客观需求和利益的变化，决定着图书馆及图书馆员职业价值内容的变化，使图书馆员职业价值受制于时代的发展要求。只有在人类社会历史发展到一定程度，社会日益进步，人类的知识文化需求越来越多样化、层次越来越高，图书馆及图书馆员的职业价值与职能也随之更加丰富多样，高层次价值逐渐凸显之时，图书馆员职业的价值能力才能随之得到激发和开掘，提升也更为迫切。在这个时候，图书馆员职业的终极价值就会引起越来越多的关注和重视。当代社会，图书馆员职业的终极价值已到了需要备受关注的阶段，它也是提升图书馆员职业社会地位、引领图书馆员职业发展的风向标。

一　图书馆员职业终极价值的含义

终极的意思是最终，最后。"最后"，既可理解为"最高"之意，也可理解为"最根本"之意。"终极价值"是"最后的价值"的缩略语。终极价值就是最终的、最后的价值，也是最高层次的价值。终极价值，也就是"至好"或"至善"。②从人类主体需要的层次看，最终价值也就是满足人类最高层次的需要。所以，明确图书馆员职业的终极价值，就要站得高、看得远、想得深且落得实。根据马斯洛关于人的需求层次理论，人的需求分为生理需求、安全需求、归属与爱的需求、尊重需求和自我实现需求五类，依次由较低层次到较高层次排

---

① 盛小平、刘泳洁：《我国图书馆职业核心价值研究》，《图书馆杂志》2008年第4期。

② 韩东屏：《论终极价值》，《河北学刊》2013年第1期。

列。自我实现就是人的自由状态。目前看来，通过图书馆员职业独特的社会职能以促进每个人的全面而自由的发展，进而实现每个人的生命价值和意义似乎可以作为图书馆员职业的终极价值。"每个人的全面而自由的发展"的终极价值也是马克思主义核心价值观。

国际图联和联合国教科文组织 1994 年发布的《公共图书馆宣言》指出，图书馆要为着实现"社会和个人的自由、繁荣与发展"① 这一基本的人类价值而奋斗，这不仅是图书馆及图书馆员职业永恒的核心价值，也是终极价值，它作为图书馆员的奋斗目标和终极信仰，激励着图书馆员矢志不移、持之以恒地为这一理想而努力前行。图书馆是"通向知识之门"。《公共图书馆宣言》声明："自由、繁荣以及社会与个人的发展是人类根本价值的体现。人类根本价值的实现取决于智者在社会中行使民主权利和发挥积极作用能力的提高。人们对社会以及民主发展的建设性参与，取决于人们所受良好教育和存取知识、思想、文化和信息的自由开放程度。"虽然图书馆及图书馆员职业的具体价值追求随着时代的变迁不断地在发生变化，也因所处的国家、地区、社会状况和民众需求现状等而存在差异，但在终极意义的价值追求上始终如一，即图书馆员职业要为着实现社会的进步和个人的全面、自由发展而努力。这是无论身处哪个时代的、哪种形态的图书馆员职业都应自觉或不自觉地努力的方向。②

之所以如此定位图书馆员职业的终极价值，依据有两方面：人是一种精神存在，人类需要知识，更需要智慧，追求自由是人类的本质；图书馆员职业的产生与存在就是为人类提供知识、文化、智慧服务，促进人类全面发展，走向自由。

首先，自由是人之本性。它是人类最普遍的、最内在性的一种追求与祈望，不可侵犯，不可剥夺。按照古典自由主义的观点，人是以幸福或快乐为最高指望的动物，尽管每个人对幸福或快乐的感受与评价不同，但都有一个共同的祈求，那就是个人自由理想的最大实现。

---

① IFLA/UNESCO, "Public Library Manifesto 1994", (http://archive.ifla.org/VII/s8/unesco/eng.htm).

② 程焕文：《图书馆的价值与使命》，《图书馆杂志》2013 年第 3 期。

所以，给人以自由，就等于给人以幸福或快乐的希望，① 在知识论的意义上，可以说"人是知识的存在"，必须通过不断的知识进步来获得自由和解放。② 再从价值论意义上说，人类用户利用图书馆的活动是来求索知识，而求索知识的最终目的是获得"智慧"以解决自己的生存与发展问题。人类在长期社会实践中，就是靠不断获取知识、运用知识直至拥有智慧，才使动物的人，变成自然的人、社会的人、知识的人、理性的人、智慧的人、自由的人。所以求索知识的最终效果是真正形成至上智慧。概言之，提升智慧水平是人类用户求索知识的终极价值目标。

其次，文献知识是人类文明的结晶。文献知识作为人类文明的结晶，不仅承载着知识，更蕴含着智慧。图书馆员运用聪明才智将文献知识信息及其所蕴含的智慧普及传递给用户及社会各个领域，才能实现其终极价值。所以，图书馆员不仅是知识服务者，更应是追求智慧的促进者。图书馆员的文献服务、信息服务、知识服务、智慧服务都只是手段，"转知成识—转识成智—转智成慧"，即"转知成慧"③，才应该是其终极价值目标。

二　图书馆员职业终极价值的实现途径

实现图书馆员职业的终极价值，就是通过知识服务，促进读者"转知成慧"，实现自由全面的发展。为此，首先需要明白什么是知识，什么是智慧，知识与智慧的关系。

《现代汉语词典》对知识的解释是：人们在社会实践中所获得的认识和经验的总结。④《中国大百科全书·教育》中这样对知识解释："所谓知识，就它反映的内容而言，是客观事物的属性与联系的反映，

---

① 蒋永福：《当代中国图书馆人最缺什么?》，《图书馆》2004 年第 2 期。

② 胡军：《知识论》，北京大学出版社 2006 年版，第 1—12 页。

③ 熊伟：《当代图书馆学基础理论的客观知识本体论转向》，《图书馆杂志》2011 年第 12 期。

④ 中国社会科学院语言研究所词典编辑室编：《现代汉语词典》（第 6 版），商务印书馆 2012 年版，第 1668 页。

是客观世界在人脑中的主观映射。就它的反映活动形式而言，有时表现为主体对事物的感性知觉或表象，属于感性知识，有时表现为关于事物的概念或规律，属于理性知识。"从本体论讲，"知识是对于可见事物与事实的描述与解释，智慧则是对价值与意义的洞见与直观……以价值为目标的智慧是内在的、主观的；而以事实为对象的认识则是外在的、客观的"①。

《现代汉语词典》对智慧的解释是"辨析判断、发明创造的能力"②。这表明"智慧"是一种认识与解决问题的优秀能力。从构成要素上看，"智慧"的基本内容是"智能"与"慧觉"的有机统一。其中，"智能"的本质是针对特定问题和目的而有效获得信息和处理信息，形成求解复杂问题的结构和策略，从而成功地达到目的的能力，通常表现为"方法"的选择；"慧觉"的本质是在大量事实判断和价值判断的基础上，发现问题价值目标的模式和边界，通常表现为"德性"的确定。从形成机制上看，"智慧"的基本结构是运用"智能"手段达成"慧觉"目标，即"运智达慧"。《朗文当代高级英语辞典》给智慧的定义是："指在与生活和品行有关的问题方面正确判断的能力；指在手段和目的的选择中判断的圆满性；指实践事物的圆满性；指知识，尤其是高级、抽象的知识。"③综上所述，可以把"智慧"进一步理解为人类合规律性与合目的性相统一的融会贯通能力，是理性自由活动以及理性与非理性的协调发展的积极成果。这也正是人类达至自由的境界。

关于知识与智慧的关系，冯友兰从认识论的角度对知识与智慧做了这样的区分：知识就表达而言，是由命题分别地加以断定，分别地做出肯定或否定的判断，并以语句分别地加以陈述；就所知而言，则是把对象区分为一件件的事实、一条条的定理，以把握事实和条理之间的联系。因此，知识所注重的是有分别的领域，它可以用名言来把

---

①　安希孟：《智慧与知识》，《现代哲学》1999 年第 3 期。

②　中国社会科学院语言研究所词典编辑室：《现代汉语词典》（第 6 版），商务印书馆 2012 年第 6 版，第 1681 页。

③　参见《朗文当代高级英语辞典》，朱原等译，商务印书馆 1998 年版。

握，也就是说，知识是有分别的"名言之域"，它所把握的是具体的事实与道理；智慧所把握的是有关宇宙人生的根本原理，它的目标是求穷通，亦即穷究宇宙万物的第一因和人生的最高境界，属于"超名言之域"。对知识与智慧的关系这样理解：知识与智慧具有同一性，知识是智慧形成的基础与媒介，而智慧则是知识的一种高级表现形式。而且，智慧以探求事物、人生第一因和最高境界为目的，以期获得人的自由全面发展。智慧源于知识，又高于知识；知识是智慧的基础，智慧是知识的升华。二者是本末、体用的关系。

知识与智慧的关系表明，图书馆员职业必须以"转知成慧"为价值目标，才能实现其终极价值。图书馆员的职业追求仅停留在满足人类用户"获取知识"的层面是远远不够的，还有待解决的服务问题是帮助人类用户从获得"知识"，直至能够转化为解决自己生存与发展问题的能力，生成智慧，即"转知成慧"。

从哲学角度说，"转知成慧"是人的"类本质"属性的反映，是人类追求自由、自觉和解放的需要，是人类主体性和自我超越性在实践活动中不断发展的必然结果，是人在认识和实践过程之中所达成的主体与客体、主观与客观、个人与他人、个人与环境之间的"交互性"和"转化性"，是主体将客观的、外在的、他人的、情境的知识转化为个体自身的理性智慧、价值智慧和实践智慧的过程。人的主体性实践离不开知识，没有知识的累积、发展和创新，就没有人类的文明与进步，人类知识的每一次重大飞跃，每一次智慧的提升，都是对于现实知识世界的否定和超越。在社会实践基础上，人类用户通过知识检索、知识搜索与知识探索等活动，把所得所知的客观知识精华历经"转化知识成为见识""转化见识成为智能""转化智能成为智慧"三个环节而实现其求索知识的最终目的——生成智慧。"转知成慧"这一价值使命，不仅是图书馆员职业价值理性与工具理性、知识与价值、手段与目的相统一的强调"应然"的理论使命，也是如何致力于协同人类用户培育其最迫切需要的创新知识、驾驭知识与运用知识能力的强调"果然"的实践使命。

从图书馆广义本体范式角度，也可以对图书馆员职业的终极价值阐释为"帮助人类用户享有可能知识生活，促进人类社会每个人的全面发展"①。从服务用户过程看，图书馆员职业作为用户知识需求的嵌入者、客观知识的关联者、用户知识过程的协同者和公共服务方式上的启发者的职能价值定位，旨在引导人类用户将知识转化为智慧，促进用户的个体主体性和独立人格的发展，使他们能成为社会实践的主体。陶冶用户的情操、启迪用户的心灵，使用户能够充分利用自己的智慧获得更高的自由度，更好地服务于社会，使人类社会更加文明、和谐、昌盛。② 具体来说，知识服务通过知识内容的开发、组织、传递、共享、导航，来达到用户满意的目标，同时，帮助和促进用户对文献中蕴含的智慧的开发、挖掘，使知识实现转化、升华、飞跃，使知识与人的内心、思维、心灵碰撞，产生智慧火花，达到智慧水平的提升。正如怀特海所强调的："智慧是掌握知识的方式。它涉及知识的处理，确定有关问题是知识的选择以及运用知识使我们的直觉经验更有价值。这种对知识的掌握便是智慧，是可以获得的最本质的自由。"③

　　为落实"转知成慧"这一价值使命，图书馆员还必须智慧地服务，或者说用智慧服务。智慧可以是一种精神、一种蓬勃的风貌，也可以是坦率的思想交流、真诚的微笑与问候、适宜的言谈举止……甚至是一段给人以启迪的标语和具有人文气息、诗情画意的环境等。因此，馆员在服务中，智慧不但可以贯通到文献服务、信息服务、知识服务、智能服务等各个环节当中去，而且还可以渗透在图书馆管理、图书馆制度、图书馆伦理规范、图书馆文化等各个领域。④ 在当代中国语境下，具体地说，免费开放、加强对弱势群体的服务、开展社会

① 熊伟：《当代图书馆学基础理论的客观知识本体论转向》，《图书馆杂志》2011 第12 期。

② 黄幼菲：《公共智慧服务、知识自由与转知成慧》，《图书与情报》2012 年第 1 期。

③ ［英］怀特海：《教育的目的》，徐汝舟译，生活·读书·新知三联书店 2002 年版，第 54 页。

④ 刘亚玲：《转识成智——知识社会现代图书馆服务的制高点》，《图书情报工作网刊》2012 年第 5 期。

教育和开展各种促进阅读的活动，就是"保证知识自由和促进个人、社会发展"。2008 年杭州市图书馆馆长褚树青，在面对有的读者反对乞丐入馆时，回答说："我无权拒绝他们入内读书，但您有权利选择换个区域。"而他对乞丐的唯一要求就是把手洗干净再阅读。这种态度和处理方式不仅体现了现代图书馆服务理念，维护了公民的图书馆权利和知识自由，反映了图书馆平等服务原则，爱护资源的责任意识，还有对待读者冲突的完美解决方式，透射着浓浓的人文关怀情愫，更重要的是，闪耀着"智慧服务"的光芒。

总之，当代图书馆员应以"公共智慧服务"作为价值定位，加快推动当前的图书馆员角色从参考馆员依次向"信息专员""知识顾问""智能专家""智慧专家"角色转变，提升智慧服务水平。[1]

① 熊伟：《充分发挥图书情报机构的专业智库功能——以陕西省图书情报界专家参与宝鸡市公共图书馆服务体系制度设计课题研究为例》，《当代图书馆》2013 年第 1 期。

第四章

图书馆员职业责任与权利

第一节　图书馆员职业责任

一　图书馆员职业责任的含义、层次与内容

（一）图书馆员职业责任的含义

《现代汉语词典》对"责任"的解释有两种：一是"分内应做的事"；二是"做不好分内应做的事，因而应该承担的过失"。[①] 据此可以这样理解，责任包含着"应当"和"纠责"两层意思，都是针对特定的行为主体。或者说，责任就是"指由一个人的资格（包括作为人的资格和作为角色的资格）所赋予、并与此相适应的从事某些活动、完成某些任务以及承担相应后果的法律的与道德的要求"[②]。责任不仅是一种外在的契约式的行为规范，而且是一种能影响意志、驱动行为的内在精神力量。[③] 责任意识是人格的精神之骨。高度的责任心是创造性劳动和高尚行为的内在动力。人正是透过自己对职业和社会的责任和贡献，才具有无可替代的尊严。只有履行自己的职业责任和社会责任，做出有益的贡献，才能真正实现人生的价值。

每一种职业都有它自己的生活或服务对象，都有各自活动的环

---

① 中国社会科学院语言研究所词典编辑室编：《现代汉语词典》（第6版），商务印书馆2012年版，第1627页。

② 沈晓阳：《论责任的内涵、根据、原则》，《重庆师院学报》（哲学社会科学版）2002年第1期。

③ 沈光亮：《图书馆伦理责任》，《图书与情报》2006年第3期。

境、内容和方式，都承担着不同的社会责任。国内外图书馆组织的文件及知名学者在不同的时期，从不同的角度和侧面都表达了有关图书馆员职业责任的思想观点，分别发挥着自己的引导作用。

1997 年国际图联（IFLA）设立了"社会责任讨论组"（Social Responsibilities Discussion Group，SRDG），主题是"在国家之间及一国之内，正在加剧的信息富有者与信息缺乏者之间的鸿沟"。2000 年，IFLA 又提出引起关注的另一主题是"平等获取图书馆的文献信息和平等使用图书馆的各项设施"①。SRDG 认为，在信息日益成为一种重要资源的今天，图书馆作为信息中心，有责任在消除或消减信息使用的贫富差距上有所作为，这也是图书馆员的责任。

《图书馆员及其他信息工作者的伦理准则（IFLA）》认为，图书馆员主要应履行以下的社会责任：致力于社会的发展、文化与经济福利的提升；通过信息服务及其他行动支持少数民族和移民融入社会，并充分保护其语言及信息；在确保不影响其他人群信息权利的前提下，特别注意向弱势群体提供平等服务；通过课程、讲座、辅导等方法，提高信息素养，促进信息合乎道德与法律的利用。②

联合国教科文组织颁布的《公共图书馆宣言》认为："公共图书馆是传播教育、文化和信息的一支有生力量，是促使人们寻找和平和精神幸福的基本资源。""公共图书馆是地区的信息中心，它向用户迅速提供各种知识和信息。"③ 该宣言把公共图书馆的社会使命细分为 12 项。综合来看，该宣言认为图书馆的社会责任主要是知识信息传播和公众教育两大部分。

美国、日本等国的图书馆协会颁布的一系列文件均对图书馆的社会职责和功能作了明确表述。1969 年美国图书馆协会（ALA）设立

---

① The International Federation of Library Associations and Institutions（http://www.Ifla.org/VII/dg/srdg/index.html）.

② 国际图书馆协会联合会：《图书馆员及其他信息工作者的伦理准则（IFLA）》，朱强、束漫译，2012 年 8 月（http：//www.ifla.org/files/assets/faife/codesofethics/chinesecode-ofethicsfull.pdf）。

③ 联合国教科文组织：《公共图书馆宣言》，《图书馆学刊》1996 年第 6 期。

了"社会责任圆桌会议"（Social Responsibilities Round Table，SRRT），并明确提出："图书馆与图书馆员必须了解和帮助解决社会问题及社会不公正，以实现其为公共利益服务和维护民主的使命。"[①] 可见，SRRT 将关注的重点放在了信息平等获取、人权、环境、性别、战争与和平等社会问题方面，认为图书馆和图书馆员应该为解决社会问题和消除社会不公平做出努力。不仅如此，ALA 于 2004 年把"社会责任"列入其认定的图书馆核心价值范畴体系。[②]

中国图书馆学会发布的《图书馆服务宣言》中指出："现代图书馆秉承对全社会开放的理念，承担实现和保障公民文化权利、缩小社会信息鸿沟的使命。"这是对图书馆及馆员社会责任的高度概括，其具体要求就是对社会开放，保障公民文化权益，以人为本，实行无区别服务。而《中国图书馆员职业道德准则（试行）》中对图书馆员的责任要求更为具体，如"确立职业理念，履行社会责任"，"适应时代需求，勇于开拓创新"。这两句体现的是对职业观念和职业责任的要求，并且包含着理念的逻辑先在性，即只有树立正确的职业理念，才能真正体会职业的责任感，从而为这一职责努力奋斗。"爱护文献资源、规范职业行为"强调了图书馆员职责的重要性，明确了图书馆员的基本职业职责。[③] 爱护文献的目的在于更好地利用文献，这样才能实现文献的价值。珍惜爱护文献信息资源是对图书馆员最基本的要求，"规范职业行为"则强调了图书馆员的职务活动必须合法、规范，不得以违规的方式收集、提供和传输文献信息资源，不得利用职务之便从事损害图书馆机构和读者、谋取私人利益的活动，否则，最终都会损坏图书馆员的社会形象，阻碍图书馆事业的发展。

我国著名学者于良芝认为："图书馆的社会责任包括图书馆对自身行为的社会效果的责任（例如，以信息自由的名义拒绝对儿童接触的网上信息进行审查，由此产生的后果就是图书馆不得不考虑的社会

---

① 韩宇：《关于图书馆社会责任的调查与思考》，《图书馆建设》2010 年第 7 期。

② 俞传正、阳国华：《核心价值：我们共同的基石》，《图书馆建设》2007 年第 3 期。

③ 中国图书馆学会：《中国图书馆员职业道德准则（试行）》，北京图书馆出版社 2003 年版，第 1 页。

责任），也包括图书馆通过自己的活动积极影响社会问题的责任（例如通过平等服务影响性别和种族歧视的责任）。"① 陈力行认为图书馆社会责任是指图书馆作为公益组织，在承担保存信息资料、传播文化知识等基本的社会职能的同时，从图书馆的长远利益和社会公众利益出发，自觉、主动地采取各种符合社会目标和公众利益、适合社会预期变化的社会性行动方案，帮助解决社会问题，为社会发展做出积极贡献。② 这些对图书馆的社会责任表达，也同样适用于图书馆员。

图书馆的社会责任自然也包含了图书馆员的社会责任，由此不难进一步理解图书馆员的社会责任。传播文化，传承文明，保障知识与信息的自由流通和广泛普及就是图书馆及图书馆员应该承担的社会责任和社会义务。因为社会有需求，公众有需求，图书馆员就必须要履行自己的职责，以满足这种需求。曾子曰："士不可以不弘毅，任重而道远。仁以为己任，不亦重乎？死而后已，不亦远乎？"③ 明代先贤顾炎武说："天下兴亡，匹夫有责。"图书馆员作为社会的一分子和社会分工的职能群体，应该继承和践行古人这种对社会责任担当的思想传统。社会责任意识反映社会和时代的精神风貌，体现馆员个体的胸怀与人格境界。如果图书馆员能从承担社会责任，履行社会职责和义务方面真正提高认识，行为上就会更加自觉、积极主动，全心全意为读者用户服务。

（二）图书馆员职业责任的层次

图书馆员职业责任具有二重性。图书馆员职业责任体系包含法律责任、伦理责任两方面。④

所谓法律责任，就是以法规的形式予以规范的社会或行业责任。法律责任表现为，要求行为主体必须对责任的认识和行为的强制遵照，是社会责任的最低要求，是人们在社会活动中必须遵照的行为准绳。如果责任主体仅仅承担法律的责任，说明其对自己的角色要求只

---

①　范并思、于良芝：《如何理解"图书馆社会责任研究"》，《图书馆建设》2010 年第 7 期。

②　陈力行：《试论图书馆的社会责任》，《四川图书馆学报》2012 年第 5 期。

③　《论语·泰伯》。

④　陈力行：《试论图书馆的社会责任》，《四川图书馆学报》2012 年第 5 期。

是达到了最基本水平，或者说最低要求，难以保障工作热情、自觉性、主动性、创造性、持久性，也很难获得他人的信任，难以保证职业中各种伦理关系的温馨和谐。

所谓伦理责任是以道德情感和主体行为为基础，依靠精神上的自制力，主动对主体行为过错承担不利后果。伦理是依靠社会舆论、传统习俗和人们内心的信念来维系的，表现为善恶对立的心理意识、原则规范和行为活动的总和。所以说，伦理责任取决于主体的责任意识和道德修养。① 伦理责任表现为行为主体对责任的自觉认识和行为上的自愿选择，是法律责任在主体层面上的意志反映。只有当法律责任上升到伦理责任后，责任主体才能自觉持久地履行社会责任。②

职业伦理责任是图书馆员职业伦理价值取向的核心，也是职业伦理的核心部分。正确的职业观念是图书馆员职业伦理建设的前提，而图书馆员职业观念是由其对图书馆所承担的责任的认识和理解水平决定的，这是正确的图书馆员职业伦理价值取向形成的基础，也是图书馆员个体良好的职业道德形成的前提。当图书馆员个体对伦理责任予以正确的认识、理解和评价时，才能按照职业伦理规则去履行伦理职责。图书馆员职业伦理责任就是图书馆员在职业活动中所应承担的道德义务及违反道德义务应承担的后果，承担后果的方式是道德评价、伦理纠错、伦理问责等。因此，清楚地认识和理解图书馆员的职业伦理责任是非常必要的。

图书馆员职业伦理责任，具体来说，就是要确保自身的职业行为符合职业理念的要求，如确保提供平等服务，维护社会的信息公平，尽量保证读者用户获取知识信息的自由选择，为弱势群体提供特殊服务、体现人文关怀，等等。③ 图书馆员职业伦理责任其核心在于其行为与价值取向应有利于社会文化教育的进步，这种职业责任属性主要是一种为他的义务性责任，具有单向性，不以某种权利的获得为前提。同时，又是一种资格性义务，只有具备图书馆员的身份，才具有

① 杨德军、邵宜倩：《论公共管理中的道德责任与义务》，《世纪桥》2004 年第 3 期。

② 沈光亮：《图书馆伦理责任》，《图书与情报》2006 年第 3 期。

③ 蒋永福、佟馨：《图书馆社会责任研究》，《情报资料工作》2011 年第 4 期。

义务履行的资格。①

　　另外，图书馆员职业伦理责任属于为他责任。这意味着，在馆员与读者关系上，读者具有优先性，馆员应主动承担起为读者用户的责任，而且馆员在"尽己之责"时，是单向度的道德倾向，不具有互惠性，不能指望读者或同事给予任何回报，因而是超功利性的。② 这种为他伦理责任在一些国家的职业伦理准则中也得到明确规定，如《英国图书馆协会专业行为守则》第6条规定"本会会员必须尽其最大能力履行对雇主的契约。但是当大众的利益或专业的声誉与雇主狭窄的利益发生冲突时，假若两者间的差异无法获得协调，则大众的利益与维护专业的标准必须优先考虑"③，《美国图书馆协会伦理守则》也规定"不能牺牲图书馆的读者、同事或任职机构的权益，而为自己谋取私人的利益"④。

　　图书馆员职业责任具有不同的层次和内容，也有多种角度的划分。笔者认同的观点是，图书馆员职业伦理责任包括人本伦理责任、公共伦理责任、资源伦理责任三个层次。⑤ 人本伦理责任是指，图书馆员在从事信息服务过程中，一切行为都要以人为核心，以人为出发点和归宿；尊重人，理解人，为读者提供人性化服务。公共伦理责任，一是始终围绕读者的需要提供信息资源服务，把图书馆员职业的核心放在维护公民接受知识的自由权和平等权上，具体体现为对待读者一视同仁，平等相待；二是图书馆员作为传承人类文明的使者，必须保证知识的平等性，不应因个人的信仰、偏见因素而对某类知识限制收藏。资源伦理责任就是要求图书馆员合理搜集资源、收藏资源、整理资源、优化资源、管理资源、节约资源，减少浪费，积极促进图

---

　　① 郑江艳、类延村：《图书馆员伦理的认知与建构》，《图书馆学研究》2010年第1期。

　　② 蒋永福：《论图书馆员伦理——基于责任伦理和为他责任的思考》，《大学图书馆学报》2009年第3期。

　　③ 《英国图书馆协会专业行为守则》，载中国图书馆学会《中国图书馆员职业道德准则（试行）》，北京图书馆出版社2003年版，第41页。

　　④ 《美国图书馆协会伦理守则》，载中国图书馆学会《中国图书馆员职业道德准则（试行）》，北京图书馆出版社2003年版，第39页。

　　⑤ 肖卫红：《图书馆伦理责任及其实现》，《图书馆》2009年第5期。

书馆之间的横向联系，实现资源共享，努力使资源利用最大化。通过履行资源伦理责任实现图书馆可持续发展，推动社会经济文化发展。图书馆员职业伦理责任的三个层次内容既有所区别，又相辅相成，其中任何一个方面伦理责任的缺失，势必影响其他方面伦理责任的实现。

（三）图书馆员职业责任的内容

图书馆员职业伦理责任内容主要表现在以下几方面。

1. 尊重读者人格

公开、平等、守信、尊重是人际交往的基本社会秩序和客观要求。图书馆员在实际工作中，应多听取读者的需要和建议，充分给予读者知情权和发言权。在图书馆服务过程中，对待读者一视同仁，平等公正，真诚守信。隐私权是公民个人生活不受他人非法干涉或擅自公开的权利，是控制有关自己信息的权利。尊重隐私权意味着对他人正当行为的尊重，尊重个人的自主、自由。当代网络信息技术在图书馆的广泛应用，大大增加了读者隐私被采集和公开的可能性，对个人的自由和尊严形成了潜在的威胁。所以，图书馆员必须履行职业责任，应有保护读者隐私权的意识，尽可能采取措施维护读者的隐私权，使读者隐私不被泄露。

2. 培养读者信息素养

图书馆是文献信息中心，是知识的海洋。现代图书馆还是融纸质、电子、网络等各种资源于一体的复合型图书馆。读者要找到自己所需的资源，必须具备一定的信息素养，有一定的图书情报检索知识技能。有些读者信息素养缺乏，信息查寻知识和技能欠缺，独立获取信息的能力较低，严重地制约了读者信息获取效果。图书馆员都有责任为读者介绍和讲解情报检索知识，帮助读者了解和掌握有关信息资源的检索途径、获得方式、道德规范等，提高读者的信息素养和信息获取能力，从而促进其公平地利用图书馆资源，消除信息鸿沟，推动公共文化平等利用。

3. 提高资源利用效果

合理利用信息资源，组织管理信息资源、节约开支、减少浪费是图书馆员的伦理责任。印度图书馆学之父阮冈纳赞曾提出"每本书有其读者，每个读者有其书"。著名的图书馆学家麦尔维尔·杜威（Melvil Dewav）也提出"三最"原则，即"用最低的成本，以最好的书刊为最多的读者服务"①。这些原则不仅仅是服务原则、业务原则，也是资源利用原则，在当今时代依然有指导意义。首先，图书馆员在对待各种资源的处理上，尽可能全面、准确、系统，优化馆藏资源，为读者提供和推送健康、有序、有利用价值的资源。其次，图书馆之间应加强馆际合作，实现社会信息资源共享，充分发挥资源的利用效率。

图书馆员职业伦理责任简单地说就是致力于社会文献信息知识服务，促进社会进步和人的发展。就其具体内容来说，一是遵守有关文献信息收集、整理、加工、保护、传递、服务的有关法律、法规和政策；二是遵守有关公共伦理和图书馆相关伦理规范。图书馆伦理责任在职业行为上表现在以下三个方面：（1）快速高效。图书馆员对读者的各种需求做出及时快速的反应，尽可能及时满足。（2）胜任工作。图书馆员要努力提高个人职业技能和道德修养，树立正确的职业伦理价值取向，遵守职业伦理规范，为读者提供满意的服务。（3）主动负责。图书馆员在职业行为中要明确自己的岗位职责的相关法律法规，依法办事，并主动接受监督；图书馆员对自己的行为结果负责，对不当行为承担责任，接受赔偿和相关处罚。

二 图书馆员职业伦理责任的功能

图书馆员职业伦理责任在职业活动中具有重要的功能作用，具体表现在以下几方面。

（一）提高图书馆员素质

职业伦理责任有利于提高图书馆员的素质，使馆员之间形成良好的心理契约，激发他们工作积极性，以提高图书馆内部的凝聚力和工作效率。如果图书馆员都能确立本行业的伦理责任观念，并将之转变为内心的信念、良心、义务和荣誉感，形成高度的伦理觉悟和精神境

---

① A Z：《杜威的"三最"原则·"三 R"原则》，《图书馆学刊》1982 年第 3 期。

界，就能深刻地认识到"以人为本，服务至上"的服务原则，刻苦钻研专业技术，提高业务能力和工作水平，兢兢业业地工作，为读者提供满意的服务。

（二）促进社会和谐

图书馆员职业伦理责任有利于落实社会主义核心价值观，促进社会主义精神文明建设，构建和谐社会。图书馆员职业伦理责任在职业活动中的感染力不可低估，正面的感染对社会的影响将产生积极的效益，反面的感染则将会起到消极的作用。所以，图书馆员职业伦理责任使馆员在自己的职业活动中能履行职业义务，创造和谐服务，树立良好的图书馆员职业形象，并对读者发挥影响、带动、教育作用。这就为促进社会主义精神文明的发展和构建和谐社会做出了贡献。

（三）实现资源共建共享

图书馆员职业伦理责任有利于实现资源共建共享。随着社会的发展，信息技术的进步，人们对知识信息的需求量越来越大，要求也越来越高，单凭一个图书馆难以满足读者的需求。计算机和互联网技术的飞速发展，为图书馆开展资源共建、共知、共享创造了有利条件，也为图书馆员的服务构建了广阔的发展空间和平台。"以最低的成本用最好的书刊为最多的读者服务"，在这种理念指导下，图书馆之间应加强横向联系，实现资源共建共享，也就是为国家和社会节约资源，避免重复建设，减少浪费，通过彰显当代低碳环保的图书馆行业绿色文化，创造图书馆行业的生态文明，走图书馆绿色发展之路。

第二节　图书馆员职业权利

一　图书馆员职业权利的含义

权利是"公民或法人依法行使的权力和享受的利益"①。进一步

---

① 中国社会科学院语言研究所词典编辑室编：《现代汉语词典》（第6版），商务印书馆2012年版，第1075页。

说，权利就是社会共同体内由社会习俗、公共舆论、道德原则、法律等认定为合理、正当的利益、资格和自由，它具有社会性、普遍性、公共性、严肃性、利益性、历史性和发展性等。有人说，权利是一种责任，是某框架内责任的行使。"权利"，实质上就是一种自由空间、自由权利。图书馆员职业权利，有人称作图书馆权利，如李国新认为"是图书馆员职业集团为完成自身所承担的社会职责所必须拥有的自由空间和职务权利"①；白君礼认为"是图书馆人（包括个人或集体）以相对自由的作为或不作为的方式，获得知识自由和信息自由，达到引导人们心理体验而必须拥有的权利"②；而范并思则认为"图书馆权利是社会立场和馆员立场两种权利的统一，即以保障公民信息权利为目标维护图书馆人的职业权利，它包括维护图书馆职业价值、职业尊严和职业权益"③，这是因为现代图书馆是"社会基于知识自由的保障需要而选择的一种制度产品"④，其目的是通过它来保障公民由生存权、受教育权、思想自由权、休息权等宪法权利派生而来的知识和信息的获得权、接受权、利用权的实现。如果图书馆员没有完成社会职责所必需的权利，公民的权利便无法得到保障，这样，图书馆员便失去了在社会分工中存在的必要和价值，社会便不需要动用公共资金来养育这一公共产品及职业群体。

图书馆员作为一种职业，有其特定的职业责任，其职业权利正是履行职业责任的保证。可以说图书馆员的职业权利是由履行职业责任而决定和衍生出来的，因此行使职权就是履行职责。权利因责任而来，责任因权利而生，二者是一个统一体。⑤正如黑格尔在《法哲学原理》中指出的：个人负有多少义务，就享有多少权利，他享有多少

---

① 李国新：《图书馆权利的定位、实现与维护》，《图书馆建设》2005年第1期。
② 白君礼：《图书馆权利中的几个基本问题浅谈》，《图书情报工作》2006年第2期。
③ 范并思：《论图书馆人的权利意识》，《图书馆建设》2005年第2期。
④ 蒋永福、李集：《知识自由与图书馆制度——关于图书馆的制度视角研究》，《图书馆建设》2004年第1期。
⑤ 彭前卫：《图书馆权利与责任的整体性思考》，《图书馆杂志》2007年第12期。

权利，也就负有多少义务；伦理性东西，就是权利与义务的统一。[①]

图书馆员职业权利防范和制约的，是来自个人、组织、团体、社会的对图书馆员履行社会职责而进行的正当职业行为的干扰、限制或妨碍；追求和保障的是实现全体公民知识和信息获取、接受、利用等权利。正因为如此，图书馆员对自身权利的集团性确认，被认为是对其服务对象发出的誓约，对全体公民所宣示的自觉意志。图书馆员职业权利从根本上说是维护利用者的权利，而不是图书馆的某种特权或利益。它其实是一种"权利的权利"。

二　图书馆员职业权利的内容

权利作为个人或组织的权力和权益，是个人或组织对国家的一种要求和国家对个人或组织的承诺。[②] 对图书馆员职业权利形成集团性共识并加以成文化确认，就是图书馆员职业权利规范。图书馆员职业权利表现在资源收集和采选、资源提供和利用、与读者的关系、保护图书馆财产几个方面。[③]

（一）资源收集和采选

图书馆员拥有依据所在馆的性质、功能确定采选方针并自主采购资源的权利。采选方针不受其他因素干扰，实现成文化、公开化，这实际上是在采选方针制约下的资源选择权。（1）自主采购权的实现需要有必要的资金保障。按照现代图书馆"谁设置，谁投入"的运营原则，图书馆的设置主体是图书馆经费投入的法定义务人。当经费短缺严重影响了图书馆采选方针的全面落实时，图书馆及馆员有权利对设置者加以敦促，甚至有权利将事实真相公之于众，以求得社会的、舆论的声援。（2）资源选择权不能被用于谋取个人或团体利益。在市场经济环境下，图书馆及馆员个人兴趣、采访采购环节中的许多因素都有可能使图书馆的资源选择权受利益、政绩、兴趣所驱动，需要特别注意防范和抵制。（3）资源选择权不能异化为审查排除权。图书馆员

---

① 参见［德］黑格尔《法哲学原理》，范扬、张企泰译，商务印书馆1982年版。
② 燕辉、常安：《论作为消极权利的图书馆自由》，《图书馆》2013年第3期。
③ 李国新：《图书馆权利的定位、实现与维护》，《图书馆建设》2005年第1期。

所收集的资源，必须顾及能够反映当前和过去各种思想、流派的多样化的观点和主张，注意避免以"保护读者"出发，剥夺读者认知自由权利。

（二）资源提供和利用

图书馆及工作人员具有以下权利：最大限度地开放馆藏、提供利用；根据各个馆自身的性质、功能设定主要服务对象；制衡私权膨胀，促进知识和信息传播的社会效益最大化。

所谓最大限度地开放馆藏、提供利用，是基于充分考虑我国的图书馆资源紧缺、图书馆服务缺口甚大的问题。之所以要强调这一权利，主要是针对来自社会、组织、团体、个人的对图书馆资料公开范围的干涉和限制。日本的图书馆权利规范有类似的表述："所有的图书馆资料，原则上都应该提供给国民自由利用。"① 图书馆与最大限度地开放馆藏、提供利用相伴随，图书馆也具有对某些资料限制提供的权利。依据国际惯例并结合我国现实，属于限制提供的资料有：违反现行宪法与其他法律的资料、涉及国家安全和国家秘密的资料、业已成为文物的资料原件、侵犯人权和个人隐私的资料、被法律判定为淫秽出版物的资料、捐赠和托管的资料中捐赠者或委托者拒绝公开的非公开出版的资料。

图书馆及工作人员有对某些资料限制提供的权利，但没有超越业务规程废弃或销毁资料的权利，也有权拒绝来自任何方面的、超越业务规程的废弃或损毁任何馆藏资料的要求。因为图书馆还肩负着保存文化遗产的责任。

从一个国家图书馆事业整体来说，它的目标是形成完整的文献信息资源保障体系和完善的图书馆服务系统，以满足社会民众对文献信息需求。这个体系和系统由众多的不同类型、不同规模、不同性质、不同功能的单个图书馆构成。为了使全社会的图书馆资源使用效益最大化，使图书馆服务有基本的质量保证，图书馆及工作人员具有根据

---

① 日本图书馆协会图书馆自由委员会：《图书馆自由宣言（1979 年改订）解说》，2004 年，第 2 条第 1 款。

本馆的性质、功能设定主要服务对象的权利。这种"设定"的主要依据只能是图书馆的性质、功能，同时还应具有最大限度的"柔性"；对利用者来说，图书馆及工作人员行使这种权利不能被认为是对利用者的区别性、歧视性对待，因为公民拥有平等地利用图书馆的权利，原本就是相对于整个社会的图书馆资源而言的。

图书馆及工作人员的行为活动与知识产权保护关系密切。知识产权保护本身体现的就是促进文献信息传播、促进科学文化发展和保护作者权益的价值二重性，两者有不同的利益主体，有不同的利益诉求。立法调整的目的，就是要使矛盾的双方处于和谐状态，相互制约，相互促进。图书馆承担的社会职责，决定了图书馆员是"无传播就无权利"理念的忠实信奉者、积极实践者。[①] 图书馆员以促进知识信息的公平、通畅、合法的社会性传播为己任，其职业活动需要尊重知识产权，更追求知识和信息传播社会效益的最大化。在知识产权保护问题上，图书馆员必须代表利用者的利益和呼声，维护公共利益，制衡私权膨胀。

（三）与读者的关系

图书馆及工作人员具有为读者保守秘密的权利。"为利用者保守秘密"这一现代图书馆服务的国际性观念"标志着我们正在进入一个权利的时代"。[②] 为读者保守秘密，从图书馆内部的职业规范说，是图书馆员的一种职业责任和义务，从图书馆和外部的关系说，就属于一种职业权利。第三者试图通过图书馆获悉读者的个人信息、读者利用图书馆的资源的具体信息时，图书馆及工作人员应该具有不合作、拒绝提供的权利，除非有法律依据或出具强制性获得的法律文书。

为读者保守秘密最主要的法理依据有两点。一是现代社会的国家宪法普遍确认并实行保障公民思想自由、表现自由、认知自由的原则。为读者保守秘密，从制度上解除了读者利用图书馆的后顾之忧，可以充分保障公众自由利用图书馆、自由接受知识服务和知识权利的

---

① 吴汉东：《著作权合理使用制度研究》，中国政法大学出版社1996年版，第1页。

② 程亚男：《走向权利的时代：读者权利百年演变》，《图书馆》2004年第3期。

实现。二是现代社会普遍认可并尊重公民的个人隐私权，公务活动一般实行"个人信息个人控制"的原则。图书馆作为一个公共机构，拥有不向第三者提供通过业务工作获得的读者个人信息的权利。在我国现行有效的法律规章中可以找到"为读者保守秘密"相关依据，如1993年国务院颁布的《国家公务员暂行条例》第2章第6条第6款规定，公务员履行"保守国家秘密和工作秘密"①的义务。随着国民权利意识的日益增强和图书馆员职业活动内容的不断深入，为读者保守秘密的问题会日益复杂和频发，图书馆员保守读者秘密的权利将会变得越来越重要。

（四）保护图书馆财产

图书馆财产是图书馆服务的客观物质基础，保护图书馆财产是图书馆员的重大职责。因此，图书馆员拥有保护图书馆财产的权利。它具体包括：爱护图书馆环境，珍惜图书文献和馆内设备；严格按照操作规程使用各种仪器设备，保持文献资料的完整，不损毁、不丢失；有权要求读者爱护图书馆公共物品设施，维护公共秩序；敦促读者按时归还所借文献资料、设备等，并对破坏图书馆财产的侵权人进行教育、罚款、提出赔偿，从而确保图书馆财产发挥服务功能。②

为了保障职业责任正常履行，图书馆员还应该具有如下职业权利：（1）工作权。图书馆员有权按照自己岗位的职责范围进行工作，执行相关制度，处理相关事宜。任何人都无权随意剥夺图书馆员的工作权利。（2）安全权。图书馆员有权要求图书馆提供安全的工作条件以保障人身安全和健康。（3）学习科研权。为保证服务读者的质量，提高服务满意度，图书馆员必须不断提高专业能力，因而拥有学习的权利，包括参加各种培训、学历教育及自学。开展学术科研活动，图书馆应为其活动提供必要的条件。（4）合法利益获取权。图书馆员在完成好自己工作任务的前提下，有权获取相应的工资福利待遇。图书馆员有权申报专业技术职称、有权参加各种选举和评选活动。（5）参

---

① 国务院：《国家公务员暂行条例》，1993年8月（http://www.law-lib.com/law/law_view.asp？id=9731）。

② 唐泽霜：《解读图书馆职业权利》，《图书馆》2007年第3期。

与管理权。图书馆员有权参与图书馆的民主管理，对图书馆决策提出质疑，对图书馆领导层监督，从而保证图书馆管理决策民主、科学、合理、公平。（6）申诉权。图书馆员有权为自己所受到的处罚，而向图书馆领导和上级主管部门提出申诉，维护自身的正当权益。①

切实维护好图书馆员的权利，是图书馆实行科学化、民主化管理的重要基础，是图书馆尊重人权的具体体现，它有利于充分调动图书馆员的积极性，以保证图书馆的各项任务顺利完成，最终达到促进读者服务工作的目的。②

三　图书馆员职业权利的规范

从世界范围看，关于图书馆员权利规范，发达国家的图书馆协会制定的馆员权利规范最主要的有两个：一是图书馆权利宣言；二是图书馆员职业伦理规范。按照一般的规律，权利规范的制定先于职业伦理规范的制定。因为图书馆员个人在职务活动中应该具有什么样的职业操守、行为准则，是由图书馆所承担的社会责任以及为完成社会责任必须具有的统一的观念和行为派生而来的，图书馆员职业伦理以图书馆的权利、义务、责任为基础。"权利规范和伦理规范是二位一体、表里相应的关系。"③ 如果说法律只能设定伦理底线，那么，自律规范就应该追求较高的境界，它应该对从业人员和社会公众有一种引导作用、启迪作用。但自律规范同样不能超越社会发展水平，不能与现行有效的法律相抵触。联合国教科文组织（UNESCO）与国际图联（IF-LA）于 1994 年共同制定并颁布的《公共图书馆宣言》所阐述的民众图书馆权利思想大致包括四个方面：人类社会的基本价值、公共图书馆的基本社会价值、人人享有平等利用图书馆的权利、人人享有自由利用图书馆的权利。IFLA 信息自由利用与表达自由委员会（以下简

---

① 王沥：《"图书馆权利"的两重性研究》，《图书馆学刊》2006 年第 5 期。

② 李国新：《图书馆权利的定位、实现与维护》，《图书馆建设》2005 年第 1 期。

③ 日本图书馆协会图书馆员问题调查委员会编：《图书馆员伦理纲领解说（增补版）》，日本图书馆协会 2002 年版，第 11 页，转引自李国新《图书馆权利的定位、实现与维护》，《图书馆建设》2005 年第 1 期。

称 IFLA/FAIFE）于 1999 年制定的《关于图书馆和知识自由权的声明》中确认图书馆活动中的一条基本原则："图书馆在获取、加工和传播信息方面拥有自由权，并抵制任何专制行为。"

下面以美国、日本为例，介绍其图书馆权利宣言关于图书馆员职业权利规定。

美国图书馆协会 1996 最新修订的《图书馆权利宣言》的要点包括：图书馆提供所有人关心、需要的图书及其他图书馆资料；图书馆资料不能根据作者的出身、经历或见解不同而受到排除；图书馆提供当今和过去反映各种观点的资料和信息，不能由于信仰和观点的不同对图书馆资料加以排斥或禁止；图书馆为完成提供信息、启迪思想的责任而抵制审查；图书馆与一切抵抗压制表现自由、思想自由的个人、团体合作；图书馆不能因为利用者的出身、年龄、经历、观点的不同而拒绝或限制其利用图书馆的个人权利；图书馆在公平的基础上向利用者提供设施、场地。①

日本图书馆协会 1979 年修订《图书馆自由宣言》的核心内容只有四条：图书馆具有收集资料的自由；图书馆具有提供资料的自由；图书馆为利用者保守秘密；图书馆反对一切检查。②

从美国、日本所形成的图书馆权利观念和规范可以看到，图书馆员职业权利，就是所谓图书馆权利，是图书馆员职业集团为完成自身所承担的社会职责所必须拥有的自由空间和职务权利。

关于中国图书馆员职业权利规范。图书馆员权利规范说到底是自律规范，而不是法律。国外学者称其为"准法律"，或"行业自主性、自律性规范"③。综观世界现代图书馆运动所形成的经验和做法，自律规范由行业协会主持制定并向社会公布。在我国目前的发展阶段，图书馆保守读者秘密的权利基本上还是一种"原则性"的权利。中国图

---

① 美国图书馆协会：《图书馆权利宣言》（日文本），参见日本图书馆协会图书馆自由委员会《图书馆自由宣言（1979 年改订）解说》，2004 年，第 97—98 页。

② 日本图书馆协会图书馆自由委员会：《图书馆自由宣言（1979 年改订）解说》，2004 年，第 5—46 页。

③ 日本图书馆协会：《图书馆法规基准总览》，1992 年，第 9 页。

书馆事业发展到现在，读者的权利意识在觉醒，图书馆员的观念在改变，由观念碰撞所引发的冲突和纠纷时有发生。因此，图书馆员职业权利的界定、确立、保障和实现已成为一个迫切需要解决的问题。然而在中国，至今并没有出现有中国特色的图书馆权利规范，或者说，公民的宪法权利通过图书馆实现的途径和方法还不明晰。

从必要性上说，图书馆员职业权利的实现需要有《图书馆权利宣言》和《图书馆员职业伦理规范》等的共同保障。《图书馆权利宣言》强调图书馆员的权利，以维护读者在图书馆的权利。如果图书馆员在职业活动中受到外界权力、舆论、金钱的压力或干扰使职业权利得不到保障，就无法正常保证公众使用图书馆的权利。《图书馆权利宣言》不是仅仅规定读者的权利，而是将它与图书馆员行使管理职权的权利联系到了一起。① 发展图书馆事业，需要有图书馆权利作保障，而只有图书馆事业发展了、普及了，才能从根本上建立起一个完整的、彻底的信息公平的保障机制。

---

① 范并思：《权利、读者权利和图书馆权利》，《图书馆》2013 年第 2 期。

第五章

图书馆员职业精神

《现代汉语词典》对"精神"有两种解释：一是"精神是指人的意识、思维活动和一般心理状况""宗旨"；二是"表现出来的活力""活跃""英俊"。[①] 第一种解释往往与意识、思想、观念、理念等作为同义；第二种解释主要是表达人的精神状态。职业精神包含以上两方面的含义，但更多集中在前一种意思上，即"精神"主要指意识、思想、观念、理念。

人是精神性动物，人的精神观念决定和支配行动。精神是人的意识、思维活动和自觉的心理状态，包括情绪、意志、良心等。人生活在世界上是需要物质的，没有物质就不能生存。但人是要有精神的，这是人与动物的本质区别。在一定条件下，精神能发挥决定性的作用。如果一个人没有精神，或者一个人的精神始终不是最重要的话，那么，这样的人要么是行尸走肉，要么就是某种低级动物。[②]

人类社会发展的历史表明，职业生活是一个历史范畴。所谓职业，就是人们由于社会分工和生产内部的劳动分工，而长期从事的具有专门业务和特定职责，并以此作为主要生活来源的社会活动。人们在一定的职业生活中积极能动、创造性地表现自己，就形成了一定的职业精神。[③] 正如德国著名社会学家马克斯·韦伯提出并验证的一个著名的文化人假设：透过任何一项事业的表现可以在其背后发现一种

---

① 中国社会科学院语言研究所词典编辑室编：《现代汉语词典》（第 6 版），商务印书馆 2012 年版，第 686 页。

② 程焕文：《图书馆精神始终是最重要的——答黄俊贵先生》，《图书情报知识》2006 年第 2 期。

③ 王伟：《论职业精神》，2004 年 6 月，光明网（http：//www. gmw. cn/03pindao/lilun/2004－06/30/content_ 50580. htm）。

无形的、支撑这一事业的时代精神力量；这种以社会精神气质为表现的时代精神，与特定社会文化背景有着某种内在的渊源关系；在一定条件下，这种精神力量决定着这项事业的成败。① 职业精神是在职业活动中逐步形成发展的，反映职业特征的一种心理和素质。职业精神是职业利益和职业责任的高度概括，对具体的职业行为具有指导意义。不同职业对从业者的要求也各不相同，各种职业组织为了维护自身利益和职业尊严，通过制定规章制度、伦理准则来宣扬职业精神，规划职业愿景，满足社会对该职业的要求和期许。而且，职业精神是在一定社会环境影响下，基于一定的专业技术水平所反映出的、群体的、特有的价值观和精神风貌，它具有显著的职业特色和时代精神。因此可以说，职业精神是职业各种意识现象处于深沉而相对稳定的方面，是职业者心理意识中作为内核的、灵魂的、起支撑作用的东西。图书馆的服务工作需要图书馆员职业伦理规范，也需要图书馆员的自觉践行，还需要图书馆员的专业素质与职业技能，更为根本的需要就是职业精神，职业精神对图书馆员职业行为具有支配和驱动作用。

第一节　图书馆员职业精神概念与含义

一　图书馆员职业精神的概念

图书馆员职业精神在我国学术界还有"图书馆职业精神"和"图书馆精神"两种表述形式，在以下的表述中视为同一意义。我国图书馆学者对图书馆员职业精神的理解与阐释具有历史性、时代性和前沿性。如肖希明提出，图书馆职业精神是图书馆从业人员基于图书馆职业所赋予的使命的要求，在长期职业实践中形成的思想观念和行为方式。它是图书馆这个职业所秉承的价值观，是一种对职业的信念和追

---

① 转引自田晓钢《人文精神是图书馆文化的精髓》，《内蒙古科技与经济》2005 年第8 期。

求，是没有外力约束的人的心灵世界的展现。①图书馆员职业精神鲜明地表现为这一职业特有的精神传统和从业者特定的心理品格，在某种程度上折射出图书馆人的精神风貌和思想行为，是职业发展的灵魂。可以说，职业精神是图书馆员积极进取的行动指南，也是读者享受到阅读权利的保障，因而是图书馆事业可持续发展的内在动力和精神支柱。他还指出，图书馆职业精神在内容上，体现着图书馆职业的使命，以及图书馆职业责任、职业行为上的精神要求。图书馆职业精神在表达形式上，体现图书馆职业化活动特点。图书馆职业精神在调节范围上，一是体现图书馆职业内部的关系，二是调整图书馆从业人员与其所接触的对象的关系。黄俊贵指出："图书馆职业精神是图书馆职业道德与传统民族精神、时代精神的结合。"图书馆职业精神是指图书馆职业的信念和追求，这不仅包括现代图书馆职业的先驱（如杜威、爱德华兹）所秉承的理想主义和人文主义信念，也包括新一代图书馆员所倡导的信息平等、互助合作、技术创新精神。②在职业精神上，"图书馆"一词象征着崇尚理性、注重服务和人文关爱等精神，这些职业精神是图书馆学和图书馆职业向相关学科和职业的重要输出③。王子舟认为，图书馆职业精神是在一定历史环境下由图书馆人形成的一种职业信念与价值追求。这种职业信念与价值追求可以感召同侪与他人，让人们认识到自己在某些方面所具有的潜能和优秀品质，同时也是指导馆员行为的基本信念。④

在图书馆界，流行着"为人找书，为书找人""读者第一，服务至上""以读者为中心"等行业信条和格言，这些最简单普通的话语可谓是对职业精神的反映和阐释。它是在长期实践中形成的概括图书馆员职业信念与价值追求的形象表达。在国外未必能找到准确的与图

①　肖希明：《论图书馆职业精神》，《图书馆论坛》2004 年第 6 期。

②　David Owen, "An Idealist's Charter for Public Libraries", *New Library World*, Vol. 96, No. 3, June 1995. 转引自于良芝《图书馆学导论》，科学出版社 2003 年版，前言第 vi 页。

③　Jack Kessler, *Internet Digital Libraries: the International Dimension*, Boston: Artech House, 1996. 转引自于良芝《图书馆学导论》，科学出版社 2003 年版，第 146 页。

④　王子舟、吴汉华：《图书馆职业的发展前景》，《中国图书馆学报》2008 年第 2 期。

书馆员职业精神对应的表述，但却体现在众多图书馆学家的思想言论中。如美国图书馆学家杜威提出的"以最低的成本最好的图书，为最多的读者服务"的"三最"原则和"在适当的时间，为适当的读者，提供适当的图书"的"三 R"原则，印度图书馆学之父阮冈纳赞提出的"图书馆学五定律"，革命导师列宁提出的图书馆要"方便读者""吸引读者""满足读者对图书的一切要求"等，这些通俗话语，深刻体现着对图书馆员职业价值使命的坚定、理想实践状态的追求，也反映了近现代图书馆员工作的本质，在其职业发展中发挥着精神指引作用。随着时代的发展，图书馆员职业精神也不断被融入新的内容，得到富有时代特征的阐释，如美国学者米切尔·戈曼曾提出具有强烈时代感的"图书馆新五定律"：（1）图书馆服务于人类文化；（2）掌握各种知识传播方式；（3）明智地采用科学技术提高服务质量；（4）确保知识的自由存取；（5）尊重过去，开创未来。[1] 这些体现了图书馆员职业精神的最高价值，为现代图书馆员职业精神重建提供了一种导向。

二　图书馆员职业精神的含义

从理论上概括，图书馆员职业精神可以通过公共图书馆精神反映出来。公共图书馆精神包括"自由""平等""民主"三层内容。具体是：第一，公共图书馆有获取和提供文献信息之自由，可以简称为"自由"之价值；第二，为任何人提供平等的、非歧视性的服务，可以简称为"平等"之价值；第三，原则上为任何人提供免费的服务，可以称为"民主"之价值。自由是图书馆精神最基本的内容，是平等与民主两个内容的基础，平等是自由基础上的平等。这三者是图书馆精神的本质内涵，是公共图书馆一切行为和活动的基石。图书馆精神的这些核心内涵，在联合国教科文组织（UNESCO）的《公共图书馆宣言》中最具代表性："社会和个人的自由、繁荣与发展是人的基本

---

① Michael Gorman, "Five New Laws of Librarianship", *American Libraries*, Vol.26, No.8, September 1995.

价值。""公共图书馆应不分年龄、种族、性别、宗教、国籍、语言或社会地位,向所有的人提供平等的服务。"

在我国,不同时代不同地区的图书馆人也许具有不同的职业精神,被概括出不同的内容,但它们在实质上是一样的,有许多共性。[1]这种共同的职业精神是中国图书馆事业发展和图书馆人成长的精神支柱、内在动力和最宝贵的精神财富,是中国图书馆事业建设和发展的永恒的不朽的精髓。[2]我国早期图书馆前辈沈祖荣先生以"智慧与服务"作为"文华图专"的校训,概括为"热爱祖国、任事忠诚、已立立人",其中内含的图书馆员职业精神,激励和培养了一大批具有"智慧与服务"精神且享誉海内外的图书馆人才。当代图书馆学家程焕文,继承"智慧与服务"理念,并以此作为中山大学图书馆的馆训。他认为,通过优质服务获得更高的社会地位,而不断迸发出的智慧之光则是创造优质服务的灵感源泉。他对馆训释义如下:"智慧与服务乃知行合一之完美,二者相辅相成,相得益彰,不可分离。崇尚科学、追求真理、自强不息是智慧之要义,忠诚事业、淡泊名利、牺牲奉献是服务之旨趣。智慧是知识技能之结晶,服务是人生价值之升华。智慧因服务而无穷无尽,服务以智慧而光彩照人。"

程焕文通过对近现代许多致力于图书馆事业的历史人物总结与分析,认为中国图书馆事业能够有今天的辉煌,是因为其中凝聚着一种图书馆精神。它包括"强烈的民族自尊、自信与自强精神;强烈的自爱、自豪与牺牲精神;大胆吸收、探索、改革与创新精神;读者至上精神;嗜书如命精神"[3]。之后,他将图书馆精神归纳为"爱国、爱馆、爱人、爱书"[4]8个字。这是迄今为止对"图书馆精神"的最精练的概括和总结。"爱"饱含着深厚的情感和无限的忠诚,如果没有

---

① 程焕文:《跨越时空的图书馆精神——"三位一体"与"三维一体"的韦棣华女士、沈祖荣先生和裘开明先生》,《中国图书馆学报》2002年第5期。

② 林明:《沈祖荣与图书馆精神——读〈中国图书馆学教育之父——沈祖荣评传〉有感》,《图书馆学研究》1998年第6期。

③ 程焕文:《论"图书馆精神"》,《黑龙江图书馆》1988年第4期。

④ 程焕文:《图书馆人与图书馆精神》,《中国图书馆学报》1992年第2期。

这样的人文情愫作为前提，一个人也就难以成为真正的图书馆人。所以，"爱国、爱馆、爱书、爱人"是最高尚的图书馆事业精神。这种事业精神正是无数的优秀图书馆历史人物身上闪耀着的光辉和在当今优秀的图书馆人物身上可以感知和发现的灵魂。① 程焕文在《图书馆人与图书馆精神》中对"四爱"的当代内涵做了如下解释。②

"爱国"就是对祖国忠诚和热爱。它是中华民族的优秀传统和民族精神。近一个世纪以来，图书馆界前辈之所以能够毫不犹豫回国，毅然投身于振兴中华的洪流之中，取得令人称誉的业绩，就是因为他们有着"国家兴亡，匹夫有责"的强烈的民族自尊、自信与自强精神。这种精神是每个图书馆人必须具备和发扬的。爱国是一个前提，只有爱国的人才会爱馆、爱书、爱人。今天，图书馆员的爱国，就是首先要认识到图书馆是每一个人终身学习的场所，是整个社会教育的最重要的组成部分之一，要把它作为自己的责任，运用到具体实践中去，把提高整个民族的文化素质，提高国家文化软实力作为图书馆的一项任务，这样才能把爱国主义教育落到实处。

"爱馆"就是忠诚和热爱图书馆事业。它包括强烈的职业自爱与自豪精神和服务与牺牲精神。许多图书馆界前辈都把图书馆事业看作是一项崇高的事业，并以此为莫大的幸福和荣耀。他们从不计较图书馆社会地位的低微，更不计较个人利益的得失，始终把图书馆工作看作是提高国民素质、振奋民族精神，最终富国强民的一项事业，并为此献出了自己的毕生精力。这种精神是我们每个图书馆人所应该具备的基本的职业精神。爱馆，其中最重要的两个字是忠诚，对图书馆事业的忠诚。因为只有忠诚，才会去奉献、去牺牲，才会从很细微之处做起。再就是有一种从事这种事业的荣誉感。真正的图书馆从业人员，就是忠诚于这个事业，时刻想着事业，甚至以馆为家。

"爱人"包含两层意思。一是热爱读者，树立读者第一的思想，努力争取读者、尊重读者，把服务读者的工作看作是图书馆员赖以生

---

① 程焕文：《实在的图书馆精神与图书馆精神的实在——〈论图书馆精神〉自序》，《大学图书馆学报》2006 年第 4 期。

② 程焕文：《图书馆人与图书馆精神》，《中国图书馆学报》1992 年第 2 期。

存和发展的至高无上的工作。正如杜定友先生所言，"可爱的读者，凡是要阅读书报的人，都是可爱的"；只要"到图书馆的人"，"无老无幼，无贵无贱，都一体欢迎，毫无歧视"。① 今天我们提倡的"一切为了读者"，和"为人找书，为书找人"，正是这种精神的体现。爱图书馆的读者，就要知道如何尊重读者的人格，尊重他们的权益，铭记图书馆员的责任，把读者当作朋友去看待。二是热爱图书馆人。就图书馆领导而言，就是要起模范带头作用，尊重人才，爱护人才，保护人才，任人唯贤；就图书馆员而言，就是要待人友善，以和为贵，宽厚包容，相互学习，相互帮助，以人际和谐氛围促进图书馆工作效率的提高。

"爱书"是我国的文人学者和古代藏书家的宝贵传统。一个世纪以来，图书馆界的前辈继承和发扬了这一传统。他们爱书如命，穷年搜讨，历尽艰辛，但又从不据为己有、秘不示人。战乱年代他们冒着生命危险抢救和保护祖国的文化典籍，逝世后又毫不保留地将藏书捐献给国家。他们谱写了一曲又一曲可歌可泣的爱书故事。这种精神是每个图书馆员所应该具备的基本精神。爱书是判断一个人能不能成为一名合格的图书馆员的最基本的条件。爱书是对科学、对知识的敬畏，一个爱书的民族才是一个有希望的民族、一个会兴旺发达的民族。古人在看书时，先要沐浴，然后再熏香，表示自己的虔诚，然后正襟危坐，小心翼翼地翻看书籍。这就是对书的崇敬和热爱，因为书是知识信息的载体，爱书体现了对知识的敬畏，对智慧的热爱，对职业的崇尚。爱书在当今的意义更为宽泛，应该是珍爱各种文献信息资源。

第二节　图书馆员职业精神的当代阐释

时代的发展为当代图书馆员职业精神赋予了新的内涵，需要结合

---

① 参见程焕文《魂兮归来——杜定友先生的图书馆精神》，2008 年 12 月，新浪博客（http：//blog. sina. com. cn/s/blog_ 4978019f0100bivx. html）。

现实予以新的阐释，以引导图书馆员职业实践。以肖希明在《论图书馆职业精神》①中对当代图书馆员职业精神的概括为基础，进一步总结出如下几个方面。

一　尊重理性，崇尚价值

理性是对事实和经验做出判断、推理的思维形式，是与感觉、感知、经验等相对的概念。②理性是人认识世界，创造人类生活的主体能动力量，是人独有的自觉意识和能力。图书馆是人类理性的产物。价值理性主要表现为追求图书馆终极的价值目标，研究如何在图书馆的现实活动中，用"人的尺度"去引导、把握"物的尺度"，重视用情感的、道德的、审美的价值观和人性化的技术手段来指导图书馆员的职业活动。进入20世纪以后，一代又一代图书馆员都把对理性和知识的崇尚视作职业的基本精神。我们倡导图书馆员职业精神，就是要尊重理性，追求真理，以科学精神、科学态度，寻求图书馆员职业工具理性与价值理性的融合。既要肯定图书馆员职业工具性、技术性的一面，又不能把技术问题作为图书馆员职业活动的全部内容。要积极运用先进的科学技术来提高图书馆工作效率，而它的终极目的，则是最大限度地满足人的知识信息需求。

二　以人为本，服务至上

图书馆员职业从根本上说是以满足人的知识信息需求为使命的职业。因此，"人"是图书馆员职业活动的出发点和归宿。图书馆员职业的核心价值观念就是以人为本，具体地说，就是要以满足人的知识需求，实现人的价值，追求人的发展，体现人文关怀，创造美与和谐作为图书馆员职业活动的根本宗旨。在图书馆，以人为本首先就是以读者为本，为读者服务。因此，服务至上是图书馆员"以人为本"的职业精神的最具体和最直接的体现。"服务是贯穿图书馆发展的主线，

---

①　肖希明：《论图书馆职业精神》，《图书馆论坛》2004年第6期。

②　于良芝：《图书馆学导论》，科学出版社2003年版，第198页。

是图书馆的核心价值观。"① 这种核心价值观，应该内化为图书馆员的心理需求，不仅要使服务走向常态化、规范化，而且要做到主动服务，用心服务，创新服务，卓越服务，形成一种全新的服务文化。

三　贯彻知识平等原则

平等获取知识的理念是现代图书馆员职业从文艺复兴和启蒙运动所秉承的重要思想。获取知识与信息是每一个公民的基本权利，缩小信息鸿沟，实现公平和正义是和谐社会的基础和保障。图书馆员职业先驱在推进公共图书馆事业的过程中始终强调公民使用图书馆的平等权利，如杜威说"让每个灵魂拥有免费的学校教育和免费的图书馆服务"②，爱德华兹提出让"最穷和最富的学生拥有同样的条件去尽情满足求知的欲望、合理的追求"③。图书馆员职业固有的平等理念不仅得到一代代图书馆员的继承，而且被进一步发扬和深化并实践着。当前我国政府大力推动公共文化服务体系建设，加强公共文化服务普遍均等、免费、开放，对弱势群体获取知识信息的机会和能力加强关注，就是实实在在的贯彻行动。当代图书馆员应更加清醒地认识自己的职业使命：实现和保障公民文化权利，促进社会缩小信息鸿沟。要把保障公民获取信息的权利放在首要的位置，站在用户和读者的立场上，自觉维护他们应有的获取信息的权利。只有平等、自由地利用图书馆这一理念得到共识并根植在图书馆员职业活动当中，中国图书馆事业才会进入真正的发展时期。

四　追求知识资源利用最大化

追求知识资源利用最大化是图书馆员职业与生俱来并代代相传的精神特征。因为坚信知识就是力量，图书馆员职业先驱们在提出图书

---

① 程亚男：《再论图书馆服务》，《中国图书馆学报》2002 年第 4 期。

② Dewey, cited in Robert F. Nardini, "A Search for Meaning: American Library Metaphors 1876-1926", *Library Quarterly*, Vol. 71, No. 2, April 2001.

③ Alistair Black, *A New History of the English Public Library: Social and Intellectual Contexts, 1850-1914*, London: Leicester University Press, 1996, p. 93.

馆员职业精神的同时就强调图书馆应该最大限度地传播知识资源。19世纪杜威提出的"三最"原则所代表的职业精神，经过现代图书馆员的不懈实践，逐渐打造了一系列鲜明的图书馆员职业品格。20世纪以后，知识的最大利用原则得到更广泛的认同，并发展为"每本书有其读者"的职业法则。当今21世纪所倡导的资源共享理念，正是这种追求知识资源的最大利用，以充分发挥图书馆文献资源作用的精神的继续和延伸。同时，知识资源的最大利用也契合了习近平总书记提出的"全面节约和高效利用资源，树立节约集约循环利用的资源观"的理念，符合"坚持绿色发展理念，实施绿色发展战略，走文明发展新路"①的建设目标，也是生态文明理念在图书馆员职业活动中的具体落实。

五　与时俱进，开拓创新

图书馆伴随着以现代电子计算机和通信技术为核心的信息技术而迅速发展。当代图书馆员的服务观念、服务内容、服务方式、服务手段等，都发生了革命性的变化，也对图书馆员职业提出了更高的要求。当代图书馆服务必须以专业化的图书馆员为基础，才能保证服务质量，满足读者专业化的文献信息服务。印度著名图书馆学家阮冈纳赞说过，"图书馆成败的关键还在于图书馆的工作者"，所以，图书馆员必须转变旧观念，树立新思想，扬弃旧方法，采用新技术，改革旧秩序，建立新机制，概言之，就是与时俱进，不断创新，这是当代图书馆员职业精神不可或缺的重要内容。这就意味着图书馆从业人员要有强烈的开拓意识和创造精神，不安于现状，不墨守成规，不断学习新知识、新技术，接受新事物，解决新问题，不断开拓服务领域，保持职业立于不败之地。

六　敬业乐业，矢志不渝

敬业乐业，是从业者对自己所从事的职业的尊敬和热爱，这是敬

---

① 《习近平谈"十三五"五大发展理念之三：绿色发展篇》，2015年11月12日，人民网（http：//cpc.people.com.cn/xuexi/n/2015/1112/c385474-27806216.html）。

业精神的基本内涵。敬业本质上是一种文化精神，是从业者希望通过自己的职业实践，去实现自身的文化价值和职业伦理观念。图书馆员职业精神所要求的敬业，承载着强烈的主观需求和明确的价值取向，这种主观需求和价值取向构成图书馆员实践活动的内在尺度，规定着图书馆员职业实践活动的价值目标。从事图书馆员职业活动，既是对社会承担职责和义务，又是对自我价值的肯定和完善。当代社会人们的价值观呈现多元化，但敬业乐业的职业精神需要图书馆员坚守和发扬光大，更需要图书馆员有对知识、图书、资源、图书馆价值的坚定信念，有献身于图书馆事业的使命感和责任感。

七 交流协作，联盟共享

当代网络信息社会，图书馆员的服务已经不能仅靠单打独斗来完成，单个人或机构的力量已经显得力不从心，必须进行团队协作，联盟共享，互相交流与配合来共同实现服务目标。团结就是力量，合作才能共赢。图书馆员在服务内容、服务方式等方面加强交流与合作，不仅能够充分发挥内外部资源、技术资源、人力资源的价值，实现资源共享，还能够营造和谐的工作氛围，提高为读者服务的效率。

第三节　图书馆员职业精神的伦理意义

图书馆员职业精神，无论是程焕文所概括的"爱国、爱馆、爱书、爱人"的图书馆精神，还是范并思所总结的"能指引图书馆人科学地发展图书馆事业，使图书馆人敢于维护自己的职业尊严、职业道德，以及职业权利和职业利益，激励图书馆人为事业发展奉献自己的专业才能与智慧的图书馆精神"，其本质上都应该属于图书馆权利和职业伦理的范畴。[1] 因此可以说，职业精神是职业使命、职业责任、

---

① 老槐也博客：《馆长视野中的图书馆精神》，2005 年 1 月 13 日，http://oldhuai.bo-kee.com/545347.html。

职业纪律、职业态度、职业情感、职业作风等相互作用而形成的一种核心价值观。

一　图书馆员职业精神具有伦理特性

（一）图书馆员职业精神鲜明地体现着职业使命、职业责任和职业行为上的精神要求

图书馆员职业是一项具有专门业务和特定职责的社会活动，同时它也承担着特定的社会使命。现代图书馆的使命包括保存知识记录和保证知识继承的使命、教育使命、情报传递使命、促进社会和谐、包容和平等的使命。[①] 正是这种使命感驱使着图书馆员献身职业，忠于职守，一切以读者为中心开展工作。

（二）图书馆员职业精神体现着职业活动的特点

职业精神与社会精神之间的关系，是特殊与一般、个性与共性的关系。社会精神寓于职业精神之中，职业精神体现或包含着社会精神。各种不同职业对于从业者的精神要求又总是从本职业的活动的内容和方式出发，适应于本职业活动的客观环境和具体条件。"爱国、爱馆、爱书、爱人"，这种图书馆员职业精神的表达形式，既体现了社会精神原则，也具有图书馆员职业活动的特点，与职业活动的性质、使命、环境和条件相适应。同时，这种职业精神一方面使社会的精神原则"职业化"，另一方面又使个人精神"成熟化"，被图书馆员理解、掌握和内化于心，形成职业信仰，并贯彻在职业活动中。

（三）图书馆员职业精神具有调节作用

图书馆员职业精神主要调节两方面的关系：一是职业内部的关系。图书馆员职业精神要起到一种凝聚人心，培育图书馆员正确的人生观、职业观和价值观，形成共同的职业理想和信念，以及导向性的职业心理和职业习惯的作用。二是要调整图书馆员与其所接触的对象的关系，也就是图书馆员与读者、用户之间的关系。图书馆员职业精神为社会树立了良好的职业形象，满足了读者、用户对图书馆员职业

---

① 于良芝：《图书馆学导论》，科学出版社 2003 年版，第 189 页。

的要求，也对社会的进步精神文化具有范导作用。①

二　图书馆员职业精神是职业理想境界

图书馆员职业精神是由该职业的使命要求所赋予的具有职业特点的价值追求。这个职业的存在能够为社会和谐进步、个人自主发展以及全社会文明程度的提高，提供广泛而丰富的知识文化等多维空间，从而使图书馆员为其默默奉献，甘为人梯，并为之感到骄傲与自豪。这样一种对职业价值的崇高追求，凝聚为一种精神，寓于整个图书馆活动之中。其表现形式包括两个方面：宏观方面是理念、制度的建立，表现为一种广义的责任；微观方面是建立在职业理念、制度基础上的由职业价值所激发的馆员的自觉行为，表现为一种狭义的责任。这两者理性的融合，构成职业理想价值的内涵。这种职业理想价值的外化，正是图书馆员职业精神的应然性所在。②

图书馆员职业价值属于图书馆员为之奋斗的理想，而图书馆员职业精神则属于信仰范畴，也是图书馆员职业价值观念的重要组成部分。职业价值取向决定了图书馆员的精神追求，而职业精神则时刻体现着职业价值诉求，二者最终都归于实践，指引着图书馆员工作实践的方向和目标。职业价值和职业精神相互融通，紧密关联，彼此影响和指引。所以，在信息与网络时代，图书馆员需要以更大的智慧和勇气来维护这种精神，促进职业发展。职业精神作为每个图书馆员心中的信念与航标，是职业规范的基础，是凝聚职业开拓创新的精神力量，也是图书馆事业得以生存、发展的原动力。

三　图书馆员职业精神促使职业道德由知到行

图书馆员职业精神的作用逻辑是促使职业道德由知到行。职业精神是职业道德规范的实质内涵，职业道德规范则是职业精神的表达形

---

① 肖希明：《论图书馆职业精神》，《图书馆论坛》2004 年第 6 期。

② 蒋小耘：《基于图书馆职业精神构建的理性思考》，《图书馆理论与实践》2007 年第 1 期。

式，职业道德从对职业伦理理念认知到内化为职业品格意志，再落实到职业道德行为，都受职业精神的支配与驱动。具体来说，图书馆员职业精神从职业意识、职业自信、职业信念到职业信仰，这是一个循序渐进的、从价值心理到价值观念，再到伦理原则，最后落实到职业行为的过程。它属于图书馆人的一种信仰，高于一般意义上的价值意识，是一种比较理性化的、科学化的价值意识内容。但相对于理想而言，它的内容要更为具体一些，体现着图书馆员的价值取向和追求。

图书馆员的职业意识，首先就是要对这个职业保持尊重与敬意，按马克斯·韦伯的说法就是"一种高度的身份荣誉意识"①，即由对职业的尊重与敬意而获得的身份荣誉。如果没有这种意识，可怕的腐败和丑陋习气，将给这个团体造成致命的威胁。这种身份荣誉意识首先来自主观上对图书馆员职业的社会使命的认同，并把这种认同内化为个体图书馆员的使命感和责任感，从而进一步形成并持续滋养对自己职业的一份尊重与敬意。

图书馆员的职业意识，其次来自专业知识的训练，作为专门化的职业，图书馆员职业的背后是一个专业化的知识体系，这才使得在其服务的取向、集体的取向和服务于公众的承诺方面区别于其他的职业。在这样的专业化训练中，由于知识传统、技术传统和职业伦理意识的传递，实际上也在潜移默化中传递了职业中那些值得敬畏的价值观。这种职业意识的影响力在于，它对个人职业行为起着积极的引导与驱动作用。哪怕是在一些看起来十分平凡的职业行为中，有了这种精神力量的支持，会有完全不同的效果。②于是，经职业精神改造的图书馆员专业队伍是信息领域一支特殊的力量：它服务于特定的社会目标而不是自身的经济利益，它优先考虑读者的方便而不是自己的方便，它关注知识带给个人和社会的改善，而不仅仅是它在经济学意义上的有用性。这使图书馆员职业对信息市场力量形成天然制衡，从而

---

① ［德］马克斯·韦伯：《学术与政治》，冯克利译，生活·读书·新知三联书店1998年版，第68页。

② 李超平：《建立什么样的图书馆职业精神》，《图书馆杂志》2005年第5期。

弥补市场带来的消极后果，维护公众利益。①

从职业精神的这种作用逻辑看，职业精神是职业伦理的理念层，是职业道德规范的主线和灵魂，是职业实践活动的内在动力。职业道德是职业精神的一种外在表现，职业精神是职业道德的一种升华，一种境界，乃至一种信仰。职业道德要求图书馆员应当珍惜自己的岗位，干好本职工作；职业精神则要求图书馆员把对自己工作的热爱，转化为对读者的热爱，并由此而焕发出超越工作岗位条件、薪酬的人性价值之光。②

一个民族、一个国家，如果没有自己的精神支柱，就等于没有灵魂，就会失去凝聚力和生命力。同样，图书馆员职业精神是图书馆文化的核心和灵魂，是图书馆从业者的精神支柱，是促进图书馆发展的根本动力。图书馆事业缺乏职业精神的指导，就难以生存和发展。图书馆没有高素质的具有职业精神的图书馆员，即使有再好的环境、再先进的设备，也不会发挥任何作用、产生任何社会价值。所以，支撑和推动图书馆现代化进程的根本动力是图书馆员的职业精神和价值观念。特别是在当今多元化时代，这种支撑作用显得更为重要。图书馆员职业精神的活力能够转化成强大的精神力量，转化成实践的活力、建设的活力、改革的活力。图书馆员的职业精神能够维系图书馆事业在各种复杂的社会环境中沿着正确的道路发展，能够支撑图书馆员不计个人得失地向社会提供高水平的信息知识服务。没有这样一种职业精神，图书馆事业将难以为继。

---

① 于良芝：《未完成的现代性：谈信息时代的图书馆职业精神》，《图书馆杂志》2005年第 4 期。

② 程焕文、周旖：《迈向图书馆行业自律时代——关于图书馆职业道德与图书馆权利的几点思考》，《国家图书馆学刊》2006 年第 3 期。

第六章

图书馆员职业伦理的内容与功能作用

第一节 图书馆员职业伦理精神

图书馆员职业伦理精神是职业伦理内容的核心。因为职业伦理主体的主体性凝结为伦理精神，或者说，透过道德范畴、道德规范、道德原则等道德现象，背后的实质就是伦理精神。所以，伦理精神是职业伦理主体所共有的基本特质和普遍要素。自由精神和理性精神是伦理精神的两大基本要素，它们之间虽然存在矛盾，但却相辅相成地构成一种道德互补的张力，共同形成了人类的伦理精神之两翼。从这个意义讲，图书馆员职业伦理精神实质上就是由自由精神和理性精神共同构成的一种超越精神。

一　自由精神

自由精神是一以贯之地追求个体自由的伦理精神。个体自由的根本在于个体的精神自由，即自由意志。人都具有超出自己原先受到限制的东西而趋于无限的一种自由的渴求，因而人的行动是受自己自由决定的目的性的支配，这种目的并不限于以往既定的知识范围，而完全可以是为了发现和发明、为了享受思维的乐趣，甚至为了达到超越一切具体知识之上的"对思维的思维"，即自我意识本身。所以，获得人权、人格和尊严的尊重是人的普遍性需要，为自由而自由的伦理精神也就生成了，而对人权、人格的认可和尊重就是普遍的伦理规则，尊重人权、人格和尊严的职业伦理也源于此。图书馆员职业伦理精神，就是尊重和维护人的知识自由、知识文化教育权利，就是通过知识、信息、文化等服务，帮助读者用户个人超越自己，获得自由与发展。

二　理性精神

人是一种理性动物，人是一种理性存在物。人对自由的追求要通过理性的方式来实现，而理性是要通过语言和逻辑来表达和追求自由的。理性的本质是对普遍性的追求以及对规律的追求。追求规律的过程，就是寻找规律，然后遵循规律、尊重规律、利用规律，为此，就要将规律主观形式化，这在社会领域就是用语言表达的社会活动中的法则、规则制度。海德格尔说"语言是存在的家"，其实就是表达了"理性是自由的家"。守规守法就是在维护或保护个人最大可能的自由，如孟德斯鸠说，"自由就是做法律所许可的事情的权利；如果一个公民能够做法律所禁止的事情，他就不再有自由了，因为其他的人也同样会有这个权利"[①]。自由是对必然的认识和遵守，一旦没有法或有法不依，人们就将陷入豺狼般的自然野蛮状态，每个人的自由都必然会遭到威胁。所以，尊重规范、法律、秩序就是人性的基本需要和要求。《世界人权宣言》的订立正是人类理性精神的权威性、国际性的表达与规定，而图书馆员职业伦理就是这种自由精神在图书馆领域的行业化、专业化、具体化。因而，对准则、法规的追求、尊重、遵循，就是通过平等服务、公平服务、人性化服务，体现图书馆员职业理性精神，根本上，还是对人的知识自由、知识权利的尊重和保护。

三　超越精神

自由是理性的自由，理性是自由的理性。自由具有逻辑上自身一贯的普遍性意志的特点，意志具有彻底的自由自决的实践力量。虽然这两者（个别性的自由和普遍性的理性）也时常发生分裂和冲突，但分裂双方都不能不同时包含有对方的因素，只是比例和主次地位不

---

① ［法］孟德斯鸠：《论法的精神》，张雁深译，商务印书馆 1963 年版，第 154 页。

同。完全无理性的自由和完全无自由的理性是不可设想的。正因如此，自由和理性的每次分裂对抗之后，实际上都进一步扩大了双方融合的基础。这就是一种对实用经验现象的超越精神。超越精神最具体的体现就是科学精神，包括自然科学精神和人文社会科学精神。没有科学精神，就不可能有科学的追求和发展，只能在自然状态中重复自己的生存方式，或者墨守成规，维持现状，不可能有新突破，没有发展。① 对于图书馆员职业而言，就是要使从业者从自然的人，转化为社会的人，再转化为图书馆职业的人，通过培养其职业价值观、职业道德、职业信念、职业理想、职业精神、职业技能，使其成长为具有职业人格和职业精神的图书馆员。馆员具备了职业品格，才可能具备职业伦理精神，在知识文献信息服务的职业生涯中，具有不断提升自我的愿望，从而不断否定自我、不断超越自我、不断发展自我，通过精益求精和锐意进取的努力，提升知识服务质量，在成就读者用户的自由与发展中不断走向自身职业自由。

第二节　图书馆员职业伦理的内容

从词源含义看，伦理与道德虽然都是指人际行为应该如何的规范，但伦理包含着伦理关系的秩序、道理、规律、原理，是一种理性的社会存在，相比而言，道德的应然性更强，具有性情特征，② 强调"德"的含义，"心理""内心""精神"等主观性、主体性。也就是说，伦理包含人际行为事实如何的规律以及应该如何的规范，而道德仅指人际行为应该如何的规范。③ 由此可以认为，图书馆员职业伦理与职业道德的区别在于，前者告诉人们伦理规范的原理、道理、规律的内容有什么、是什么，后者在于告诉人们应该如何做，应该达到什

---

① 参见任丑主编《伦理学基础》，西南师范大学出版社 2011 年版，第 71—74 页。

② 尧新瑜：《"伦理"与"道德"概念的三重比较义》，《伦理学研究》2006 年第 4 期。

③ 王海明：《伦理学原理》，北京大学出版社 2001 年版，第 105 页。

么样的主观意识状态和主体现实状态。这种状态具体表现在图书馆员职业伦理内容的诸多方面，可简要归纳为职业意识、职业态度、职业责任、职业良知、职业技能、职业纪律和职业作风等。由于人的行为总是受意识支配的，因而不论是构建职业道德关系还是进行职业道德实践，都要以职业意识为前提。职业意识以职业认知为前提，由此树立职业理想，产生职业良知、职业责任与义务感和荣誉感，进而培养职业精神，通过敬业爱岗、自律守规、自强自立形成职业作风。

一　职业意识

职业意识包括职业认同、职业信念与职业理想。职业认同是指图书馆员对自己职业的肯定性评价。它除了来自社会对该职业正向评价的作用外，主要是个人兴趣、爱好、志向、追求的作用。这不仅有物质因素，更含有精神因素。图书馆员对自己职业的认同决定其职业信念。

职业信念是指图书馆员在对自己所从事的职业有了一定认识的基础上在图书馆工作价值和社会意义方面所持有的态度。[①] 图书馆员职业认同感蕴含着一种精神力量，是对事业的尊重与热爱，追求与实践着人生价值的升华。职业信念具有综合性、稳定性和持久性的特点，它是职业认识、职业感情和职业意志的有机统一，是促使职业认识转化为职业行为的内在动力。当馆员形成坚定的职业信念后就能自主地、自觉地、持久地、全面地根据自己的信念选择应该之行为，表现出愿意为事业勤奋努力工作，甘为人梯，明确自己所在图书馆的工作任务、工作地位和意义，努力培养自己对本职工作的高度责任感、使命感和事业心，以主人翁的精神在工作中兢兢业业，默默无闻，忠于职守。

职业理想是图书馆员在职业生涯中形成的、对从事图书馆员职业目标的向往和追求，它是馆员做好本职工作的精神支柱，也是个人实现其人生价值的精神动力。馆员的职业理想之所以高于现实，就是因为个人对职业现状的不满足，力图通过理想的塑造与追求，为自己确

---

① 袁金菲：《图书馆员的职业信念初探》，《图书馆研究与工作》2006 年第 1 期。

立更高的奋斗目标，从而超越现实。因此，图书馆员职业理想对现实职业生涯有引导作用，同时，又在一定条件下转化为新的现实。职业理想的实现需要通过馆员的职业实践，付诸辛勤的努力。馆员具备了崇高的职业理想和奋斗目标，就能在任何困难面前充满信心和勇气，迎难而上，在职业生涯中做出更大的成就，实现自己的人生价值。

二　职业良知

职业良知是图书馆员对职业、职业责任和职业价值目标的正确认识，是他们职业生活中是非之心的集中表现，其基本要求是实事求是、客观真实，是其所是、非其所非。职业良知内化为馆员的职业信念、情感、习惯和道德判断力，进而形成特殊的自我监督、自我审视、自我把持、自我评价的一种道德能力，也就是对是非善恶的内在洞悉力。它敏锐地表达出馆员在职业道德上的满意或不满意的感受，因而成为馆员个人最灵敏的内在道德向导。职业良知常常表现为自我反省、自我谴责、自我纠错，即常言所说的"良知发现"。馆员基于职业良知而对职业道德的践履，其动机无须依赖于外部奖惩，而是由精神发展的内在需求所支撑，因而对馆员的行为取向具有顽强的支配力。在职业良心的驱使下，馆员能够自觉地按照职业道德的要求，做出合乎理想的审慎的选择。在某种意义上，职业良心的发展及其成熟程度，意味着个人职业道德所能达到的水准。

三　职业责任

责任意识是职业道德活动的思想基础和前提，职业责任是职业道德行为的出发点，也是实现职业理想的基本动力。图书馆员的职业责任是在职业活动中对读者和社会的责任，具体体现和落实在岗位责任中。馆员在特定的职业岗位工作，就直接承担着一定的职业责任，并同图书馆员职业的利益紧密地联系在一起，且明确依照职业及岗位来区分自己的社会角色，这就是责任担当。具体来说，就是严格遵守职业规则行事。在实际工作中，不能够违反操作规程，并对于产生的后果承担责任，同时也应注重各岗位之间的团结协作。在某项具体工作中，每个岗位都有自己特定的职责，也有自己相应的权利要求，即体现为责、权、利三者的有机结合，但在责、权、利三个要素中，职业责任是第一位的因素。倡导职业责任有利于增强馆员的职业使命感。如果馆员有着很强的职业责任感，就能够在无人监督的情况下，自觉自愿地履行自己的职业职责，正确处理个人、集体、图书馆组织、国家和社会利益之间的关系，从而保证读者权益不受侵犯、剥夺或伤害。

四　职业荣誉

职业荣誉是他人或社会按照特定的职业道德准则，对职业行为所做的善恶、是非评价以及由此引起的深刻内心体验。这种内心体验是外在评价所引发的自我评价，即荣誉感。职业荣誉作为巨大的精神力量，对职业群体或个人的发展和职业生涯的完善有积极影响。图书馆员的职业荣誉感的强弱，体现着职业理想和职业态度。职业荣誉对馆员所做的道德评价，有助于督促他们时刻关心自己职业行为的社会效果，敢于对自己职业行为的后果承担道德责任。同时，职业荣誉感能够激发馆员时刻为读者用户着想，竭力以良好的道德行为和效果，来争取读者和社会给予的善的评价，获得自己应得的正当荣誉。在职业生涯中，馆员追求荣誉、避免耻辱，表明他们具有明确的职业荣誉观，这能够强化馆员的知耻与自尊意识，激发内在良知的巨大力量，同违背良知的行为斗争。无论是馆员个人还是整个职业群体，努力争取自己应得的职业荣誉，避免各种耻辱的产生，都是职业道德理想和现实诉求，也是追求积极向上的重要标志。

五　职业精神

职业精神则是图书馆员这个职业所秉承的价值观，是一种对职业的信念和追求，是没有外力约束的人的心灵世界的展现。图书馆员职业精神，是图书馆员职业道德的内核，对培育良好的职业道德具有高屋建瓴式的指导作用。职业道德一般是以某种条文的形式来指导和规范图书馆员实践行为，体现为一种外力的约束，而职业道德规范是图书馆员职业精神的实践方式，只有深刻领悟了图书馆员职业精神，才能自觉地恪守职业道德。否则，图书馆员职业精神将无从谈起。只有站在图书馆员职业精神这个思想意识高度上，才能正确理解新时代图书馆员职业道德所应承担的职责和使命。所以，现代图书馆员职业精神是构建当代图书馆员职业道德规范体系的精髓。

六　职业纪律

纪律是一种行为规范。倘若没有相应的纪律，任何社会活动形式都不会存在。[①] 图书馆员职业纪律就是馆员职业活动中的行为规范。一般来说，职业纪律表现为行业秩序、职责要求、规章制度等。职业纪律作为图书馆员职业对馆员群体行为的调控手段，产生于图书馆员职业长期的工作、服务实践过程，通过相应的规章制度或行为规范落实，要求馆员严格遵守或执行。职业纪律对馆员行为的调节，既是对个人利益的维护，也是对图书馆事业整体利益的维护，个人利益和职业整体利益在本质上是统一的。对个体馆员违背职业纪律行为的制裁，也是为了维护馆员群体的共同利益。要求图书馆员在职业生活中遵守职业秩序和纪律，也是充分调动他们的积极性和主动性，正确处理馆员、图书馆与社会各方利益关系的有效途径。馆员只有对职业纪律有充分认识，且主动遵守纪律，才能做到将职业纪律内化为道德自觉。因而，职业纪律也是馆员职业伦理的重要组成部分。

七　职业技能

职业技能指图书馆员职业的专业知识和技术水平。它包括馆员的实际操作能力、业务处理能力、技术技能以及图书馆学基础理论知识等。仅有良好的职业道德愿望或理想是不够的，馆员职业技能是职业道德的重要组成部分。馆员能否有效地履行职业道德规范，既需要职业良心、职业责任和职业荣誉，根本上还取决于职业技能。中国传统

---

① ［法］爱弥尔·涂尔干：《职业伦理与公民道德》，渠东、付德根译，上海人民出版社 2006 年版，第 13 页。

儒家所说的"德"是以"才"为前提的，即"无无才之德"。也就是说，一个平庸之人是谈不上"德"的。另外，有了"德"，一个人的"才"才能更好地发挥。"德"与"才"不能截然分开，二者相互促进、相得益彰。技能胜职便是德，技不胜职是无德。① 如果没有扎实的职业技能，就无法完成本职工作。无论馆员对读者用户服务态度多周到，服务层次和质量不提升，仍然难以获得读者对服务的满意度，进而有损职业尊严和社会地位。甚至在某种意义上，馆员职业技能的高低、优劣，乃是馆员能否有效履行职业道德、职业责任的先决条件。当今时代，科学技术发展迅速，新的技术手段和设备层出不穷，图书馆员职业活动中的技术含量越来越高，对馆员良好技能的要求十分必要和迫切。所以，馆员职业道德要求德才兼备，图书馆事业才能持续发展。人是构成图书馆系统诸要素中最活泼、最积极、起决定作用的因素，正如英国图书馆学家哈里森所说，即便是世界一流的图书馆，如果没有能够充分挖掘馆藏优势、讲究效率和训练有素的工作人员，就难以提供广泛有效的读者服务。

八　职业作风

所谓作风，就是个人在生活或实践中形成的习惯性态度和行为倾向。这种态度和行为倾向表现在职业生活中，就是职业作风。图书馆员职业作风是个人经过长久职业历练的结晶，是具有持久性、稳定性和一贯性的品质。职业作风是职业道德评价的重要内容，具有深刻的职业道德意义。良好的职业作风，有助于馆员相互影响、相互教育、相互监督、相互熏陶，形成良好的职业舆论和风尚，从而使符合职业道德要求的思想、品质、行为发扬光大，使不符合职业道德要求的思想、品质、行为受到抵制，把新入职者迅速锻炼成有良好职业道德的图书馆员，使在职的图书馆员继续保持优良的职业道德传统。

---

① 李春秋主编：《职业与职业道德》，青岛出版社 1997 年版，第 11 页。

第三节　图书馆员职业伦理的功能与作用

图书馆员职业伦理的功能是指职业伦理作为一个有着特殊结构的伦理系统，在调节职业相关主体的相互联系与相互作用上的能力。职业伦理的功能是多方面的，随着社会的发展，职业伦理关系日趋复杂，职业伦理的功能也在不断扩展。图书馆员职业伦理的功能，概括地说就是：协调图书馆与其他职业部门的关系及图书馆内部的关系；提高人们对图书馆员职业性质职能的认识；加强人们对图书馆工作意义的理解和体会；督促馆员实现自我教育、自我提高。具体来说，在当代职业活动中，图书馆员职业伦理的功能分为基本功能和管理功能两大类。

一　图书馆员职业伦理的基本功能

图书馆员职业伦理的基本功能包括职业认识功能、职业主体确证功能、职业关系调节功能、职业教育功能、职业辩护功能。

（一）职业认识功能

所谓职业认识功能，是指职业伦理反映图书馆员职业伦理关系、提供图书馆员善恶标准。图书馆员职业伦理反映馆员与馆员、馆员与读者社会之间的服务关系，提供图书馆事业现实状况的信息，显示现实图书馆事业的生命力和历史趋势，展望和预测图书馆的发展未来，从而为馆员指出职业的价值方向，提供职业道德选择的知识。职业伦理认识具有评价性质，它向馆员提供的不仅是职业伦理关系本身的知识，而且还是馆员与读者社会的价值关系。它的认识成果以道德标准、道德判断、道德理想等形式表现出来，并在这些认识成果的基础上，用善与恶、正当与不正当、正义与非正义、公平与不公平、对与不对、应该与不应该等范畴来对馆员的道德活动进行评价。

（二）职业主体确证功能

所谓职业主体确证功能，是指图书馆员需要通过道德追求的方式来确证自身存在的价值，达到自我实现的目的。人类在漫长的历史发展中总是在不断地确证着自身。社会实践是人得以成为主体的方式，人类依据自身具有的理性和文化能动地选择自己的行为，过一种有尊严的生活。正是这种有尊严、有道德的生活使人把自己与动物区别开来，并真正感受到自身存在的价值。图书馆员职业伦理就是馆员为自己确立规范，并进行自我约束、自觉的调节，其目的是职业健康发展，从而确证图书馆员职业的尊严，确立在社会中的职业地位。同时，职业伦理是馆员自我完善的精神力量。馆员通过对职业伦理规范的认同和内化，不断提高自身的自我约束、自我控制能力，从而表现自己内在的本质力量，使个人职业生涯积极、健康、全面地发展。

（三）职业关系调节功能

所谓职业关系调节功能，是指伦理规范协调馆员与读者、同事、上下级之间关系的能力。调节功能是职业伦理最重要的功能，它通过评价、命令、教育、指导、示范、激励、沟通等方式来协调图书馆员职业各种关系和活动，注重于唤起他们的知耻之心，培养他们的道德责任感和善恶评价能力，因而不具有国家强制性，属于社会"软调控"的范畴。职业伦理的调节功能具有经常性、广泛性、层次性等特点。职业伦理存在于馆员职业生活的所有领域，渗透于馆员的思想和行为之中，指导他们在职业活动中面对各种冲突矛盾时做出正确的道德抉择。

（四）职业教育功能

所谓职业教育功能，是指职业伦理可以通过评价、激励等方式，营造社会舆论，形成职业风尚，树立职业道德榜样，塑造职业理想人格，以感化图书馆员，激励职业道德行为，培养职业道德品质。职业伦理通过社会舆论的方式对善行给予赞赏，对恶行予以贬斥，营造健康的职业道德环境和风气，从而对馆员职业道德行为和品质产生影响。道德教育功能的发挥，可以唤起馆员职业道德的自觉性和积极性，推动他们自觉地按照图书馆员职业所倡导的准则和规范来调节各种关系。因此，道德教育功能是道德调节功能得以发挥作用的基础；同时，道德教育功能又只能在道德调节过程中实现，二者相辅相成。

（五）职业辩护功能

所谓职业辩护功能，是指职业伦理具有对图书馆员职业中的事物、现象、规章制度等的合理性进行道德辩护和论证的能力。图书馆员职业伦理常常是以其特有的善恶标准、基本原则为整个行业和社会所普遍接受和认同，因而能够作为某种现存职业秩序的合理性、正当性论证的根本依据，并通过相应的社会舆论去赞扬褒奖有利于巩固这种秩序的思想和行为，谴责和贬斥不合理秩序的思想和行为，通过职业良心、义务和荣辱观念，维护合理职业秩序，并获得道义上的支持。例如，图书馆属于公共文化服务机构，馆藏资源的公共、公益、公开性，已经为全世界所承认。所以我国改革开放初期曾经出现的办证收费、服务乱收费、读者划分等级等乱象，产生不良影响较大的如"国图事件""苏图事件""信师事件"，严重违背了图书馆服务免费、普遍均等基本原则，受到社会的强烈质疑，也引起了图书馆业界的反省和纠错，最终将图书馆服务重新纳入职业伦理原则之下。

二　图书馆员职业伦理的管理功能

图书馆员职业伦理的管理功能包括凝聚功能、导向功能、操作功能和激励功能。[1]

（一）凝聚功能

一个图书馆要生存和发展就必须具有凝聚力。图书馆员共同的职业道德意识可以通过馆员之间的传递和感染，在潜移默化中建立起一种友好的同事关系、团结的集体氛围，改善个人与个人、个人与图书馆、图书馆与社会的相互关系。职业伦理规范和道德情感还可使图书馆员的思想情感和行为相互协调一致，在"以读者为中心"和"服务至上"的根本宗旨指引下，形成一种强大的向心力，把他们凝聚在共同的工作目标之下，各尽其责。

（二）导向功能

职业伦理活动旨在调整"现有"和"应有"的关系。"应有"作

---

① 付立宏、袁琳编著：《图书馆管理教程》，武汉大学出版社 2005 年版，第 203—207 页。

为"应当"关系，转化为人们的风俗习惯，积淀为人们的心理结构，以潜移默化的方式影响着人们的价值追求和活动目的，引导着人们从"现有"发展到"应有"，实现职业价值。"应当"表现为秩序、公理、要求、关系和意识，是联系职业生活、维持职业存在的必要纽带。对图书馆员来说，"应当"作为追求的一种理想，不仅具有某种强制规范性，而且具有效用性和方向性。一方面，职业伦理"应当"表现为对图书馆员个体行为的规范和约束；另一方面，职业伦理常以要求、理想的形式，为图书馆员的生涯指明方向，具有导向功能。职业伦理理想以过去的伦理认识成果为基础，形成一个充满人的意志、情感和愿望的伦理实践"蓝图"。它推动和鼓舞图书馆员怀着信心、目标坚定地将其变为现实。这正如恩格斯说的："推动人去从事活动的一切都要通过人的头脑……外部世界对人的影响表现在人的头脑中，反映在人的头脑中；成为感觉、思想、动机、意志，总之，成为'理想的意图'，并且通过这种形态变成'理想的力量'。"①

（三）操作功能

任何一种职业伦理都有其自身的伦理规范体系。规范就是"约定俗成或明文规定的标准"②；规范就是"标准；范式"③。可见，规范就是标准，它具有极强的可操作性。图书馆员职业伦理在调整图书馆人与人之间的关系时起着准则的作用，即规定人们哪些可以做，哪些不可以做，哪些应该做，哪些不应该做。通过职业伦理规范，使图书馆道德管理、社会监督与评价有法可依，有章可循。

（四）激励功能

职业伦理总是体现职业群体的共同利益、习俗和传统，成为衡量职业行为的标准，如果违背了它就会受到舆论的谴责；反之，如果模范地遵守它，就会得到大家的称赞。这种通过善恶评价所造成的社会

---

① 《马克思恩格斯选集》第4卷，人民出版社1972年版，第228页。

② 中国社会科学院语言研究所词典编辑室编：《现代汉语词典》（第6版），商务印书馆2012年版，第489页。

③ 辞海编辑委员会：《辞海》（1999年版缩印本），上海辞书出版社2000年版，第1743页。

舆论和良心意识，一方面，能使人们形成明确的善恶评价标准，对人们的行为具有导向作用，不仅能够支配和决定人们的行为方向，而且能引导职业群体向着预定的目标前进。另一方面，它能使组织培育人们一种扬善抑恶、慕正压邪的情感和坚定信心，以及道德责任感和顽强意志，从而激发出极大的工作热情和开拓进取的积极性、创造性。同理，职业伦理的力量使图书馆员认识到自己在图书馆中所处的地位和责任，强烈地感受到自己的职业和工作的社会意义，从而以真正主人翁的姿态做好自己的岗位工作。这种道德力量是图书馆最宝贵的财富，是推动图书馆发展的强大精神力量，是图书馆提高管理效益，实现既定目标的取之不尽、用之不竭的力量源泉。

三　图书馆员职业伦理的作用

从本质上说，图书馆员职业伦理体现的是各种主体之间的关系，它涉及的主体是多种多样的。其核心是馆员与读者用户之间的服务与被服务的关系，其他关系都是围绕这一核心而存在的。职业伦理规范最直接、最核心的作用就是调节馆员与读者用户之间的关系，对其他关系的调节是为之服务的。

（一）调节馆员与读者用户之间的关系

馆员与读者的关系是图书馆员职业一切活动的根基和出发点，其他一切关系都是围绕馆员如何为读者用户提供方便、快捷、优质的服务而展开。馆员与读者的和谐服务关系，要求馆员奉行"读者第一，服务至上"原则，尊重读者的权益，从读者需要出发，以读者满意为宗旨。

（二）调节馆员之间的关系

这里，图书馆员包括图书馆工作人员及领导、部门管理者。在图书馆员的职业活动中，需要处理各种不同的职业关系，如新老同事之间、同一部门内部和不同部门之间、领导与馆员之间、部门管理者与下属之间、领导与部门管理者之间、领导者之间等多种人际关系。这些交往关系虽然各有不同特点，但是对图书馆或某个部门的发展都是重要的，都涉及职业本身的利益需要及满足，其共同的目标都是读者服务最大化、最优化。因此需要利用职业伦理规范加以调节和引导。所以，总的原则是相互尊重和信任，加强沟通，在利益面前，个人服从集体，部门服从全馆，眼前服从长远。馆员之间本着"己所不欲，勿施于人"的原则，真诚相待、团结合作、宽容大度、谦让的原则，实现关系的和谐与默契，增强馆员对职业的满意度和整体凝聚力。上下级之间是相互支持、相互信任、互助互利。馆员对馆领导的工作给予必要的支持服从，馆领导对馆员的工作给予关心和肯定。由于职业分工和职责要求的不同，彼此之间应对对方的职责特点多理解和体谅，减少相互之间发生误会和矛盾的可能。在共同的职业目标下，有效地履行各自的岗位责任，能够促进图书馆员与读者的服务关系和谐，从而有利于图书馆事业整体发展，共同完成职业使命。

（三）调节职业与馆员之间的关系

图书馆员职业与馆员之间的关系，乃是职业活动中其他一切关系的基础，它不仅影响和制约其他关系，而且决定着图书馆事业的生存和发展。图书馆任何职业活动都不能没有馆员的参与，同样，脱离职业的馆员也是不存在的。在职业与馆员之间的关系中，图书馆事业始终处于主导和支配地位，馆员处于从属和被支配的地位。所以，二者的关系能否以及如何协调，关键在于图书馆事业能否始终为馆员着想，公平公正地为馆员的权利责任提供保障，给馆员以主人翁的责任感和使命感。图书馆员也应当处处维护自己职业的整体利益，维护图书馆事业的整体形象，这样才能促进二者关系的和谐发展。图书馆职业伦理的调节作用由此显示出来。

第七章

图书馆员职业伦理规范的层次结构

依据系统论的思想，作为一个系统，总是一个由若干部分组成的等级、层次结构。① 系统的总体功能是由其各组成部分及系统结构共同决定的，不是其各个组成部分功能的简单总和，它具有各组成部分所没有的功能。以此为指导，本书认为，图书馆员职业伦理是由职业伦理—职业道德—职业礼仪三个层次构成的一个有机功能系统，而且这个系统内部的层次结构功能关系，是由伦理、道德、礼仪这三者之间的关系所决定的。

第一节 图书馆员职业伦理的内在结构

图书馆员职业伦理的层次结构是由伦理、道德、礼仪三者之间的层次关系决定的。所以，首先需要对三者的含义、特征及关系进行分析。

一 伦理、道德、礼仪的含义及其关系

伦理与道德的词源含义，在东方和西方有所不同。西方的伦理与道德都是指人们应当如何的行为规范，而在中国二者则有所不同。《说文解字》解释："伦，辈也。"据此可引申为人际关系、秩序。"理，治玉也。"可引申为整治和物的纹理，进而引申为规律和规则。"理"是指基于人伦社会关系及社会秩序的规则、理论以及理性的解

---

① 魏英敏主编：《新伦理学教程》，北京大学出版社 2012 年版，第 166—167 页。

释。总之，从中国的词源含义讲，伦理是人际关系事实如何的规律及其应该如何的规范。①

《说文解字》解释："道，所行道也。"就是说"道"的本义指道路，引申为规律和规则。所以，"道德"的词源含义是应该如何的行为规范。朱熹《四书集注·学而篇》有云："德者，得也，行道而有得于心者也。""道德"就是"使道得之于己"。"道"是外在于个体的社会规范；"德"是已经转化为个体内在心理的社会规范。② 合起来讲，道德可解释为规律、道理、道义、原则等意思。"道德"是应该如何的规范，它蕴含着人际关系的规律和道理，也是益于己又利于人的思想行为，表现为个人品性修养。

从以上词源含义看，伦理主要指秩序、道理，即社会关系的道理和社会规则，是一种理性的社会存在，强调规矩、标准，客观性特征显著。相比而言，道德的含义则较为复杂，在社会层面上，类似于伦理概念，强调"道"的含义；在个人层面上，主要指个人的品德，强调"德"的含义。所以，道德强调"心理""内心""精神"等，具有性情特征，③ 所以主观性、主体性更强。

在中国传统文化中，礼仪包括"礼"和"仪"两方面。礼是表示尊敬、敬重的意思，指人的内在精神方面；"仪"是外在的行为方式，即为了表示敬意而举行的仪式或表现、表达方式。随着人类社会的发展，礼仪逐渐成为人们社会交往中约定俗成的行为准则和规范。它主要功能是为了表达敬意，建立和谐关系。所以说礼仪的属性是"德"，即所谓的"礼德"。"礼"与"仪"两者之间是内容和形式的关系。礼是一种精神和态度，礼仪是这种精神和态度的行为方式表达。中国传统道德思想里，"仁"与"敬"构成礼德的基本的要素和内在精神。④

根据以上关于伦理、道德、礼仪的含义，对三者之间的基本关系

① 王海明：《伦理学原理》，北京大学出版社 2001 年版，第 105 页。
② 同上。
③ 尧新瑜：《"伦理"与"道德"概念的三重比较义》，《伦理学研究》2006 年第 4 期。
④ 蒋璟萍：《礼仪道德的历史传统及现代价值》，《求索》2004 年第 5 期。

作简要概括。首先，伦理与道德，都是指人际行为应该如何的规范。其次，伦理与道德是整体与部分的关系，即伦理是整体，道德是部分。伦理包含人际行为事实如何的规律以及应该如何的规范，而道德仅指人际行为应该如何的规范。[①] 最后，伦理与道德是本体与功用，实然与应然的关系。伦理与道德具有生成与被生成、决定与被决定的逻辑关系。因此，在伦理学理论中，"伦理"是一级概念，而"道德"是"伦理"概念下的二级概念。[②] 在语用实际中，"伦理"具有客观、客体、社会和团体的意味，而"道德"则更多地用于个人，侧重于主体、主观、个体方面。[③] 礼仪则是道德的外在显现形式，是伦理内在精神的载体，德性与规范的表达与呈现。

二 图书馆员职业伦理规范的层次结构

伦理、道德、礼仪三者之间的层次关系，是图书馆员职业伦理、职业道德、职业礼仪三者之间关系的基础，也为分析图书馆员职业伦理规范的层次结构提供了理论依据。

（一）图书馆员职业伦理、道德、礼仪三者的关系

1. 图书馆员职业伦理与道德是整体与部分的关系

职业伦理既包括职业关系事实如何，又包括职业关系应该如何，如职业关系及其发展规律、职业伦理原则、价值使命等；职业道德仅仅是职业关系应该如何，如职业伦理原则及由此所衍生的具体的道德准则、礼仪规范等。正所谓"职业道德从本质上说是体现在职业活动中的价值观念概括"[④]。

2. 图书馆员职业伦理与道德是客观性和实在性与主观性和个体性的关系

图书馆员职业所涉及的人际关系对职业个体而言是不可超越的客

---

① 王海明：《伦理学原理》，北京大学出版社 2001 年版，第 105 页。

② 余仕麟：《伦理学要义》，巴蜀书社 2010 年版，第 9 页。

③ 何怀宏：《伦理学是什么？》，北京大学出版社 2002 年版，第 9 页。

④ 李国新：《〈中国图书馆员职业道德准则〉的制定、突破和问题》，《大学图书馆学报》2003 年第 5 期。

观存在，职业关系所蕴含的规律、道理、原则也具有普遍性和客观性。而道德规范在形式上具有主观性，一般以公约、守则、规范、准则等形式表达和体现；在现象上表现为馆员个体的道德情感、道德意志、道德精神、道德品质等，都具有主观性与个体性特征。

3. 图书馆员职业伦理与道德是本质与现象的关系

图书馆员职业伦理具有本体性，图书馆员职业道德更显主体性。一方面，图书馆员职业是为社会需要而产生的一种客观存在，并且包含着其存在与发展的现实必然性及其规律，成为制定道德规范的根本依据和基本原则。这些包含在图书馆员职业伦理之中，是对职业道德的普遍概括和抽象，它包含职业道德又高于职业道德。道德规范是由伦理关系及其原则所派生、推衍出来的。图书馆员职业伦理关系之实然之理与应然之则就蕴含在职业道德意识、道德规范、道德行为这些现象之中。[①] 另一方面，图书馆员职业道德在于"探其道而成其德"，侧重于将职业使命与职业精神内化于心，形成职业良知、情感与意志等，在职业活动中自觉、自愿地践行职业道德规范，实现职业价值与职业理想，体现馆员主体性和能动性。

4. 图书馆员职业伦理道德与职业礼仪之间是本质与现象、本体与载体、精神实质与外显方式的关系

图书馆员职业礼仪是职业道德的组成部分，是职业道德的外显方式。同时，职业礼仪蕴含并承载着职业伦理精神、职业价值理念和职业伦理原则，并彰显馆员的职业道德素质与职业行为习惯，是反映职业道德品性与品行的外在性表象。

总之，图书馆员职业伦理道德体系的层次结构是职业伦理—职业道德—职业礼仪，逻辑关系是本然—应然—必然和本体—主体—载体，层次功能关系表现为由本质到现象、由精神理念到行为实践、由内在到外在的系统，相互之间具有生成与被生成、决定与被决定、本体与功用的先后转化过程。它们分别具有不同的特点和功能，又相互关

---

① 李清、侯荣理：《论图书馆职业道德规范建设的层次体系》，《图书馆界》2015 年第 1 期。

联，相辅相成，共同构成职业伦理道德系统，维护职业伦理关系的和谐有序。① 职业礼仪是形式表象层，其效果更直接、更直观；处于中间层次的职业道德起着承接、支撑、承载的主体作用；职业伦理的精神实质和原则是道德、礼仪的内核，作为内涵层发挥着不可动摇的根基作用。② 图书馆员职业伦理、职业道德及职业礼仪是一个相互关联，相互作用的层次结构系统。这种层次系统表现出伦理道德的生发、主体化、形式化过程。

（二）图书馆员职业伦理规范的层次结构

图书馆员职业伦理—职业道德—职业礼仪的层次关系，决定了图书馆员职业伦理原则—道德规范—礼仪规范这三者的层次结构，即由本质到现象、由整体到部分、由精神实质到行为方式、由内隐到外显，前后之间具有决定与被决定、生成与被生成的关系。由图书馆员职业伦理原则到道德规范再到礼仪规范，逐渐具体化。职业伦理原则是道德冲突、两难选择时所进行判断选择的最高标准依据，其基本精神贯穿在道德规范、礼仪规范之中，并进一步得到落实。

职业伦理指职业活动中的伦理关系及其调节原则。③ 这里，调节原则即伦理原则，也就是道德原则。规范是比较具体的道德原则或总称。道德原则是一种道德标准，道德规范也是一种道德标准。原则是大标准，规范是小标准、具体的标准。不存在离开道德规范的道德原则，也不存在离开道德原则的道德规范，两者在本质上是一致的。道德原则可以被看作是最一般的道德规范，而道德规范也可以被看作是具体的道德原则。礼仪规范则是道德规范在言行举止上的更为具体化和外显，是伦理原则的最后落实和表现环节。

以上论述表明，图书馆员道德原则就是职业伦理原则，也就是伦理道德规范体系的一部分。在这个规范体系中，职业伦理原则是总纲，起着主导作用，具有普遍性、全面性和相对的稳定性，可视为最

---

① 李清、侯荣理：《论图书馆职业道德规范建设的层次体系》，《图书馆界》2015 年第 1 期。

② 同上。

③ 朱贻庭主编：《应用伦理学辞典》，上海辞书出版社 2013 年版，第 539 页。

一般、最基本的道德规范；而职业伦理准则是职业伦理原则的展开和具体化，有一定的适用范围和多样性；道德规范更偏重于实践行为中的各种要求。因而，职业伦理原则是一种深层次的理念，它处于主导地位，具有广泛的指导性和约束力，是整个伦理道德规范体系的精髓。它表现了职业道德的社会本质和馆员整体服务行为的价值取向，规定着各种职业道德关系的基本类型，是职业活动中进行道德判断、选择和评价的根本依据和标准。所以说，职业伦理原则就是最高的伦理道德规范。而图书馆职业礼仪规范是承载职业精神的、可感知的表象层。

第二节　图书馆员职业伦理原则

从世界范围看，IFLA 信息自由利用与表达自由委员会（IFLA/FAIFE）关于图书馆权利、知识自由相关的政策有许多，主要体现在五份正式宣言和声明中，分别是《图书馆、信息服务机构与知识自由格拉斯哥宣言》（2002）、《因特网宣言》（2002）、《图书馆及其可持续发展的声明》（2002）、《图书馆与知识自由宣言》（1999）、《公共图书馆宣言》（1994）。这些都是具有国际普遍指导意义的图书馆员职业伦理原则性文件。当代社会，图书馆员职业伦理原则具体表现在以下几方面。

一　知识自由原则

知识自由原则，也被认为是公民利用图书馆的权利，是指民众利用图书馆的自由、平等权利。[1] 换言之，自由利用图书馆资源和接受图书馆服务是公民的基本权利。

自由主要是指不受限制和强迫的自愿行动，其核心是要求保护人们的选择自由。因为有了选择权利，人们才能对自己行为的后果负道

----

① 程焕文：《图书馆权利的界定》，《中国图书馆学报》2010 年第 2 期。

德与法律上的责任。所谓知识自由，就是在知识的共享上，无论一个人的价值贡献大小、成就高低，都应享有与所有其他人同样的知识获取与利用权利，没有任何人是可以被歧视的。知识自由的实现可以有效避免因为知识缺失而导致的权利剥夺、尊严丧失和利益受损。人们对知识追求的目的就在于将知识作为实现自由与平等理想的基础力量，更大程度或更充分地实现自由和平等的社会状态与生活方式。因此，公民的知识自由是个人生存与发展的基本需要，当它以法律的形式予以确立时，就构成了公民基本权利的重要内容。联合国教科文组织制定的《世界人权宣言》明确规定："人人有思想、良心和宗教自由的权利。""人人有权享有主张和发表意见的自由，持有主张而不受干涉的自由，以及通过任何媒介和不论国界寻求、接受和传递消息和思想的自由。""人人有权自由参加社会的文化生活，享受艺术，并分享科学进步及其产生的福利。"这些对图书馆及馆员对维护和保障民众自由表达、自由利用的知识自由权利规定了基本的社会责任。

《中华人民共和国宪法》第47条指出："中华人民共和国公民有进行科学研究、文学艺术创作和其他文化活动的自由。国家对于从事教育、科学、技术、文学、艺术和其他文化事业的公民的有益于人民的创造性工作，给以鼓励和帮助。"这些文件都在强调读者利用图书馆的权利。图书馆是政府借助公共权力对社会利益和义务进行再分配，以消弭信息鸿沟，保障公民的基本权利。网络环境下，图书馆及工作人员有义务开展读者教育，帮助读者尤其是那些低文化程度或阅读困难的读者，通过掌握现代信息检索技术，接受图书馆多样化的信息服务。

知识自由原则表现为尽可能为读者收藏和提供各种信息资源，不设置障碍；尊重读者自由获取权利、选择权利，保持立场中立。为此，图书馆员职业伦理应坚持知识信息的普遍提供，尊重人的全面发展。普遍提供的实质就是在人的全面发展过程中给予基本的知识权利保障。图书馆员在其职业行为中也必须以公共知识信息利用为其逻辑起点和最高宗旨，将满足公众的知识信息需求、保障公众知识自由权利作为自己的行为目标。这样，才能够真正体现国家和政府制定图书馆制度的合理性与合法性。广大公众从图书馆制度化服务中享受到社会发展带来的知识信息利益,不断增加参与社会活动的机会与提高社会竞争能力。同时,图书馆员必须尊重读者对知识资源的自由选择权,保持中立,分清个人信念与职业责任,不将个人兴趣带入服务中,不干涉或强迫其个人兴趣、宗教信仰等。另外,还应做到馆藏文献的收集客观公正。知识的发现和创造以知识和信息的自由接受、自由交流为前提,作为人类知识信息的保存和传播机构,图书馆馆藏文献的选择不因文献出版的国别、背景或作者的学术观点而受到歧视。不同图书馆根据本馆的性质和任务确定文献资源建设政策,在文献资源建设政策指导下,客观地判断文献的学术和社会价值,在同一主题下,做到尽量完整地收集不同学术观点的文献,确信卓越的品质和多样化的选择是帮助读者认识和应对多变世界的关键。① 当然,在坚持自由的同时也要遵守一定原则,禁止传播伪科学的、反动的、不健康的文献信息是我国政治形态和社会稳定的基本要求,必然需要纳入图书馆伦理的价值导向。②

二　公益原则

图书馆是为了维护社会信息公平而设立的信息服务专门机构,从本质上说是保障公民文献信息获得权实现的机构,以国家财政支持的所有类型的图书馆都是公共资源,具有鲜明的社会公共事业性质,具有公益性。因为保障公民学习权、受教育权是普遍而又平等的权利,不是依附于金钱、地位的权利。所以,图书馆服务的免费制是保障这些普遍权利得以普遍实现的前提。为此,图书馆员职业服务活动必须坚持和维护普遍的公共利益,这是图书馆活动的根本标准之一。早在17世纪,法国图书馆学开拓者诺德提出了图书馆"向一切愿意来馆学习的人开放"的思想。现在,图书馆的公益性和公共性已成为世界图书馆业界的共识。国际图联和联合国教科文组织《公共图书馆宣

---

① 沙勇忠:《图书馆职业伦理研究》,《中国图书馆学报》2004 年第 4 期。
② 沈光亮:《图书馆伦理研究》,《图书情报工作》2005 年第 7 期。

言》提出公共图书馆原则上应当免费服务：公共图书馆作为一个民享民有的民主机构，必须依法设立及运作，必须或部分由公费支持，对其所有民众，应不分职业、信仰、阶层或种族，一视同仁，给予同等的免费服务。这为世界各国图书馆事业的发展起到了积极引导作用。公益原则就是向社会公众普遍开放，免费存取。图书馆的公益性和公共性，规定并影响着图书馆员职业活动的基本目的和方向，塑造图书馆从业人员的人格，并强调从业人员职业行为必须以公共利益为旨归，必须向公众负责。

三 平等服务原则

平等是指人人能够享有相同的图书馆权利。平等就是普遍均等，无差别、无歧视，一视同仁。平等主要是指称人们在权利与人格上的平等，它更强调机会平等而非分配平等。具体表现为普遍服务、平等服务、公平服务。

图书馆普遍服务，是指在图书馆服务范围内使所有人都能得到可以获得的、非歧视的图书馆服务。这是当今社会中图书馆及图书馆员的社会责任和义务。图书馆平等服务是图书馆普遍服务的必然要求。它是指排除个人事实上的不平等，使每个人在享有利用图书馆的权利和行使利用图书馆的权利中，享有人格和尊严上平等的图书馆服务，例如为弱势群体、残障人群配备设施、满足个性化服务需要等。这就排除了个人因为出身、年龄、背景或观点的原因而存在的事实上的不平等，也体现了图书馆及图书馆员在实现平等权利救济和保障上的非歧视性。图书馆公平服务是指图书馆在提供图书馆资源上不偏不倚，使行使利用图书馆权利的每个人享有机会与条件上相对平等或公平合理的图书馆服务。平等服务强调个人在享有和实现平等权利上人格和尊严的普遍平等，而公平服务则强调个人在享有和实现平等权利上机会与条件的相对平等或者公平合理，即对于同一服务、对于一切有关的人公正、不偏私的对待，这是平等服务的必然要求。①

---

① 程焕文：《图书馆权利的界定》，《中国图书馆学报》2010 年第 2 期。

国际图联和联合国教科文组织制定的《公共图书馆宣言》指出："每一个人都有平等享受公共图书馆服务的权利，而不受年龄、种族、性别、宗教信仰、国籍、语言或社会地位的限制。"国际图联1999年制定的《图书馆与知识自由宣言》指出："图书馆应该平等地为所有用户提供信息、设备及服务，不允许种族、信仰、性别年龄歧视或任何其他形式的歧视。"国际图联2002年颁布的《图书馆、信息服务机构与知识自由格拉斯哥宣言》中宣称："不受限制地获取、传递信息是人类的基本权利，图书馆与信息服务机构应该为所有用户提供平等的服务，不允许有种族、国籍、性别、性取向、年龄、是否残疾、宗教信仰和政治信仰的歧视。"以此为指引，图书馆员必须坚持以下两点：第一，给予读者地位的平等，即无论读者的职位大小，身份异同，年龄和性别的差异，他们的权利都应受到法律的平等保护；第二，知识信息使用权的平等，即每个读者根据自己的知识水平使用图书馆的权利是平等的。概括地说，就是相同的知识，相同的使用，相同的利益。① 首都图书馆新馆启用之时向社会郑重宣布"儒者丐者，一视同仁"；杭州图书馆的定位是"平民图书馆，市民大书房"，并善待入馆的乞丐；深圳图书馆馆长吴晞多次通过媒体表态："不管你衣着是否鲜亮，囊中是否羞涩，不管你是否有户口、职位、头衔、证件，都会受到图书馆一视同仁的热情服务。"这些都说明平等服务理念已逐渐在我国图书馆界得到深刻理解并付诸实践。

四　尊重原则

尊重原则，指尊重知识产权、隐私权、知情权、参与权、监督权、诉讼权。图书馆及图书馆员所涉及的尊重知识产权问题，不同于商业部门，它是在基本服务无偿条件下，在提供文献信息资源的过程中发生的。图书馆员在对文献信息进行加工和提供服务的过程中，涉及知识产权的保护问题。对数字图书馆来说，知识产权及其保护问题

① 周世江：《中美英日图书馆员职业伦理道德的若干共同原则》，《图书与情报》2006年第4期。

更加突出。一方面，数字图书馆在利用他人所有知识产权或公有领域作品的基础上进行信息加工和重组，会产生新的知识产权关系，得到拥有自主知识产权的作品；另一方面，数字图书馆在建设和运作中还涉及来源作品的知识产权保护问题，图书馆员要遵守合理使用制度和法定许可制度，重视复制与传输的合法性，保护来源作品的知识产权。

隐私权即个人有保守私人信息且不受他人侵犯的权利。从读者的观点看，无论自己因何种目的使用图书馆，利用图书馆的相关文献信息，都是属于个人隐私的一部分。图书馆员应尊重与保护读者使用信息内容的隐私，如读者个人的信息资料、读者借阅的文献主题内容、网络检索的资料、读者推荐图书的内容等。图书馆员在当事人不知情或未获当事人同意的情况下，均不得任意公开或提供给其他人，确保读者个人人格和隐私不受侵犯，这也是对读者自由权利的保护。

知情权指图书馆应实施服务管理公开，确保读者对馆藏资源、设施享用、人员、规章制度、服务流程等方面有知情权。凡涉及与读者有关的决策、制度、规定、通知等，应及时向读者公布，避免读者因不知情而违规，甚至导致不必要的矛盾纠纷。图书馆员应利用一切可能的机会对读者进行宣传教育活动，让读者了解在利用图书馆资源及服务过程中应遵守的规章制度和自己的权利与义务。

参与权指读者有权利参与图书馆实施服务管理工作，并提出自己对管理和服务的合理意见和建议。图书馆及图书馆员应采取问卷调查、读者座谈会、网页留言、馆长信箱等多种方式，使读者积极参与管理工作，参与到图书馆规章制度的形成和执行过程中，并对各项工作进行评价。只有这样，为读者服务工作才能做到切实、可行、合理、有效，赢得读者的满意。

监督诉讼权指读者有权利监督图书馆的管理工作，享有自己合法权益受到侵害时提出要求改进、赔礼或诉讼的权利。图书馆员职业因服务读者而存在，没有读者的监督、意见反馈，其服务中存在的问题就得不到解决和改进。图书馆应公开监督途径，尽量减少与读者的纠纷，如发生纠纷，应保证读者有合理的诉讼渠道，及时化解矛盾、解决问题，保障读者的自由权益。图书馆员应本着有则改之、无则加勉的态度，虚心接受读者的意见与建议，不打击报复，多从自身检查不足与问题，以优质服务为目标，提高自己的服务水平，从而赢得社会的认可与支持。

五　服务满意原则

服务满意原则，就是以读者满意为目标。图书馆员的职业特点既是服务，更是知识服务。满意原则体现的是现代图书馆服务的价值目标。读者是否满意及满意程度如何，是衡量图书馆员服务质量的最终标准。美国宾夕法尼亚州立大学的安达利（S. S. Andaleeb）和西蒙兹（P. L. Simmonds）提出了测评读者满意度的五个命题，从中得知，读者感受到图书馆资源质量越高、图书馆工作人员反应性越强、图书馆工作人员能力越强、图书馆工作人员道德行为越积极、图书馆设施越好，读者满意度就越高。[①] 这对图书馆员提高读者满意度具有很大的启发性和指导性。

读者对图书馆员服务是否满意，需要尊重和发挥读者的主体地位和作用。读者的主体地位一般表现在三个方面：一是读者对文献，即文献是否符合读者需要，必须由读者作出判断；二是读者对图书馆员，即图书馆员的服务态度、服务能力、服务效果必须由读者进行鉴定；三是读者对图书馆工作，即图书馆的各项业务建设、制度规章、服务项目及设施是否反映读者利益与要求，必须由读者加以评价。[②] 对图书馆员来说，要求就是爱护文献资源，提高服务能力与水平，尊重读者，体现人文关怀，给予读者充分的民主权利。

首先，为了提高读者满意程度，除了部分资源及设施投入方面的客观条件之外，对图书馆员的要求就是优质服务，而其前提是爱护文献资源。图书馆是靠文献信息资源为社会服务的，爱护文献的目的在于更好地利用文献，发挥文献资源的价值。否则，图书馆就会丧失为

---

① 初景利：《西方图书馆评价理论评介》，《中国图书馆学报》1999 年第 3 期。
② 黄俊贵：《图书馆服务理念琐谈》，《图书馆》2001 年第 2 期。

社会服务的资本。因此，善于收集、组织、加工信息资源、爱护资源、促进流通利用，是对图书馆员最基本的职业品格要求。

其次，优质服务的关键则是以馆员服务能力和道德水平为保证。图书馆员应与时俱进地调整角色，以高度的敬业精神和专业技能为读者提供高质量的信息服务。在网络与数字图书馆环境下，图书馆员应强化信息导航和信息咨询两项职责。通过有效的信息评价和信息组织，帮助用户在网上海量信息中识别、找到所需要的知识信息，解决用户所面临的问题。正如兰开斯特所说："图书馆员的真正专长在于他们能够担当信息咨询者或信息顾问的角色。"[①] 信息导航和信息咨询是新形势下图书馆服务的深化，也是新型图书馆员应该具备的专业素质。因此，图书馆员不仅要有高度的敬业精神，还必须具有危机感和进取意识，根据信息技术的进步和职业发展，不断充实自己的学识和服务技能。

最后，突出人文关怀。1986 年，施蒂格（M. F. Stieg）在纪念图书馆学教育 100 周年时强调，"人文价值观念是图书馆职业的核心。"1987 年，霍利（E. G. Honey）指出："我们的职业基本上是一种人文职业，我们的目标实质上是人。"[②] 人文关怀就是将人当作目的，尊重人的价值，重视人的全面发展。人文关怀贯穿于图书馆员职业精神之中，是图书馆员职业的一个基本伦理原则。美国图书馆学家谢拉也说："尽管图书馆学在逐渐地利用各门科学的研究成果，同社会科学有密切的关系，但其实质仍然是人文主义的。"[③] 强调人文关怀是图书馆学理论和图书馆职业的一个基本点和延续不断的传统。[④] 当代图书馆获得了强大的"技术支持系统"，显著地提升了图书馆的服务水平

[①] Lancaster F. W., and Beth Sandore, *Technology and Management in Library and Information Services*, Champaign, IL: University of Illinois, 1997.

[②] ［美］E. G. 霍利：《步入第二个世纪——图书馆学教育百年纪念》，林平译，卢泰宏校，《江西图书馆学刊》1990 年第 2 期。

[③] ［美］杰西·H. 谢拉：《图书馆学引论》，张沙丽译，兰州大学出版社 1986 年版，前言第 I 页。

[④] 参见卢泰宏《图书馆的人文传统与情报科学的技术传统》，《中国图书馆学报》1992 年第 3 期。

和竞争能力，但对技术的强调不应遮蔽人文关怀，而应将技术理性和人文理性有机地结合起来。情报学家戴维斯（C. H. Davis）也这样说："不管使用的设备和技术系统多么复杂，其目的都是相同的，那就是——助人。"①

坚持人文关怀原则，要求图书馆员将以读者服务为本的精神贯穿于各个业务环节，以满足读者需求为宗旨开发新技术、运用新技术，让信息技术成为读者快捷、准确、有效地获取和利用信息资源的工具，成为提高图书馆资源利用率的有力杠杆。具体来说，就是尊重读者的个性化、多样化、多层次需求，特别是要关注弱势群体的需求。如兰开斯特所指出的，图书馆员的真正专长在于那些"潜在的最小受惠者"，如残疾人、儿童、贫困者、低文化程度人群等，不少国家以立法形式保障这些群体。目前，中国图书馆员尤其需要关爱和帮助利用图书馆的弱势群体，如对残障人士、阅读困难群体、缺少网络信息获取技术的群体、经济困难群体、对图书馆缺乏了解的人群等，积极主动地利用一切机会，为他们普及使用图书馆资源的基本常识、技能，引导和帮助他们使用图书馆，并激发其积极性，促进公民提高知识技能和精神文化品格，提升全民族精神文化素质。

六　服务最大化原则

服务最大化，指充分利用资源，充分发挥服务潜能，尽可能使读者对服务满意。服务最大化需要资源最大化利用和服务方法最优化。

首先，可持续发展是时代的主旋律，追求社会资源在整个国民经济范围内的最优配置，实现整个社会福利的最大化是我国政府施政的目标。图书馆作为以国家政府财政投入为主的公共知识信息机构和文化教育事业，其一切行为的最终目的都是实现公共知识信息利用的最大化或运行与服务的最优化。图书馆是公共知识信息服务体系的重要组成部分，图书馆为全社会对文献信息的公平获取提供保障，也是建

---

① 参见卢泰宏《图书馆的人文传统与情报科学的技术传统》，《中国图书馆学报》1992 年第 3 期。

设和谐社会的重要阵地和知识资源。在以知识信息自由存取、平等利用的基础上，实现公共知识信息资源利用最大化，应是图书馆员职业伦理原则的最高追求。图书馆员首先要熟悉掌握本馆所有可利用的资源，纸质文献、电子数字资源、网络数据库等，甚至要对资源进行加工提炼二次、三次资源，满足用户需要。图书馆员还应通过讲座、辅导等方法，进行资源推介、检索利用培训，以提高读者的信息素养，促进信息合理、有效、充分的利用。同时，图书馆员还应对本地、同行业的资源给予关注和了解，积极交流、互通有无，参与资源建设合作联盟，通过共建共享，减少重复建设，避免资金浪费，使资源的经济效益与社会效益最大化。

其次，图书馆员服务效果最大化，除了充分发挥资源的利用价值外，更需要图书馆员优化服务方法，这就是把科学、合理、优化、共享的理念贯穿在服务各个环节，调动馆员的积极能动性，否则，再好、再充分的资源也可能被闲置浪费或利用率低。18世纪德国图书馆学家莱布尼茨认为，"图书馆头等重要的义务是想方设法让读者利用馆藏，为此必须配置完备的目录"[1]；印度图书馆学之父阮冈纳赞提出的图书馆学五定律认为，书是为了用的，每个读者有其书，每本书有其读者，节省读者的时间，图书馆是一个生长着的有机体。[2] 这些思想言论一直以来都是图书馆员工作的指南。现代图书馆员职业行为的出发点与归宿点都应是"一切为了读者"，在各个服务环节、岗位、业务操作等方面从服务读者的效果出发，发挥自己的主体能动性和创造性，机动灵活，精心钻研，大胆创新，以发挥自身的潜能和文献信息资源的潜在价值。具体到实践中，例如图书馆安排与社会公共作息时间基本一致的开馆闭馆时间、延长或全天候开放等；发现破损书、书目信息有问题等不能流通的图书时及时修补和修正，遇到有借阅问题的图书时尽快维护数据信息，保证读者借阅顺畅；对读者推荐的急需的资源，图书馆各部门之间应加强协作，加班加急采购加工，甚至打

---

① 参见杨威理《西方图书馆史》，商务印书馆1988年版，第141页。

② ［印］阮冈纳赞：《图书馆学五定律》，夏云等译，书目文献出版社1988年版，第141页。

破按部就班的常规程序，特事特办、急事急办，让读者尽早获取和利用资源；及时修复设施设备故障，减少对读者用户造成的使用不便。

第三节　图书馆员职业道德规范

关于道德，孔颖达疏："德者，得也。谓内得于心，外得于物。在心为德，施之为行。德是行之未发者也，而德在于心不可闻见……"[①] 即"内得于己，谓身心所自得也。外得于人，谓惠泽使人得之也。俗字段德为之"[②]。德是内心的东西，内化为个性品质则为德性，表现在行为上就是德行。职业道德必须通过图书馆员的服务行为、体表特征等因素加以反映，从而被读者感受到。"德"是"行"之质，"行"是"德"之器，德、行是同一事物的两个方面。故此，"道德"意谓"探其道而成其德"，在于如何起步于客观的职业关系而怎样去构建理想的职业关系，解决馆员"如何从现实职业生活事实导向应该如何的职业生活事实"这一基本问题。"探其道而成其德"就是"探职业之道成职业之德"的过程。其涉及从伦理认知到伦理信仰、伦理原则、道德准则、道德规范、道德行为这一系列生成过程，是道德主体理性的、自觉的、有目的的、积极主动的意识观念活动和行为活动，其"职业之德"是"职业之道"的现实敞开状态和进程，具有显著的职业主体意识和主体能动性。

上述职业之德与职业之道的关系说明，图书馆员职业道德规范就是对职业伦理的主观形式化表达，或者说是职业伦理原则的具体化。图书馆员职业道德规范表现形式多种多样，宏观的如世界图书馆联合会和各个国家，以及区域性的图书馆员职业伦理准则、宣言或公约，微观的如各个图书馆的道德准则、规范、服务守则、服务公约、标

---

① 《左传·桓公二年》，见（清）阮元校刻《十三经注疏》，上海古籍出版社 1997 年版，第 1741 页。

② （汉）许慎撰，（清）段玉裁注：《说文解字注》，上海古籍出版社 1988 年版，第 502 页。

语、馆训、口号等。无论范围大小，无论哪种形式，其中所包含的图书馆员职业道德规范普遍的、共同的、基本的内容是一致的，具体概括如下。

一　敬业爱岗

敬业是爱岗的基础，爱岗是敬业的具体表现，不敬业很难做到爱岗，不爱岗就不是真正的敬业。朱熹说："敬业者，专心致志以事其业也。"孔子倡导"修己以敬"，然后"修己以安人"，"修己以安百姓"。敬业就是用一种严肃的态度对待自己的工作，勤勤恳恳，兢兢业业，忠于职守，尽职尽责，对自己所从事的工作，不论职位层次和高低，都有责任心和荣誉感。敬业首先要"乐业"，发自内心地热爱自己的职业；其次要"勤业"，"业精于勤"是事业成功的根本保障；最后要"尽责"，把自己职责范围内的事情做好，具有高度的责任感是敬业的核心。总之，"敬业"是馆员在职业活动中形成的主观意识，实践中表现出来的高度责任感和强烈的进取精神。它既是图书馆员事业成功的根本保证，也是推动社会进步的精神力量，还是建设中国特色社会主义的重要精神支柱。

爱岗就是热爱本职工作。一个人，一旦爱上了自己的职业，他的身心就会融合在职业工作中，就能在平凡的岗位上，做出不平凡的事业。馆员热爱本职，就是以正确的态度对待自己的职业，培养和感受图书馆工作的幸福感、荣誉感、快乐感。馆员一方面树立全心全意为读者服务的思想，想读者之所想，急读者之所急，一切为了读者，一切方便读者，千方百计为读者排忧解难，最大限度地满足读者的需求。另一方面努力学习，刻苦钻研业务，提高自身的职业素质。

二　诚信服务

诚实守信是中华民族的传统美德，它是做人的基本准则，也是图书馆员职业道德的基本要求。在中国传统儒家文化中，诚实守信一向被视为"立人之本""立正之本"和"进德修业之本"。诚实就是既不自欺，也不欺人。守信就是遵守诺言，讲信誉，重信用。诚实与守信是统一的关系。诚实是守信的内在基础，守信是诚实的外在表现。诚实守信要求馆员在职业活动中诚实劳动，真诚对待读者和上下级同事，信守承诺，言行一致，有错必纠，讲求信誉。常言道："一言既出，驷马难追。"就是说，馆员一旦从事某个岗位，承担某项工作，就应该尽职尽责，圆满完成任务。馆员一旦接受读者的需要请求，就要争取提供满意服务，一旦有预约或承诺，就不能任意更改、取消或推脱。言必行，行必果。必须言行一致，表里如一，遵守承诺，讲求信用。

三　客观公正

图书馆员在职业活动中应恪守知识自由原则，馆藏文献的收集和读者服务应做到客观公正。知识的发现和创造以知识和信息的自由接受、自由交流为前提，图书馆员在馆藏文献的选择收藏过程中，应客观地判断文献的学术和社会价值，不应该因为文献出版的国别、背景、学术观点而歧视，以多样化的选择满足读者需要。馆员客观公正的服务读者是指平等地对待每一位读者，尊重读者利用图书馆的权利。罗尔斯认为，作为公平的正义，就是基于权利的公正。公正意味着馆员服务应优先关注那些对知识信息识别、选择、获取困难的人群。图书馆员有义务开展读者教育，帮助低文化程度的读者，通过掌握工具，解决图书馆多样化的信息服务所面临的困难和障碍，缩小或消除数字鸿沟。另外，图书馆员在职业活动中应做到不谋私利，不徇私情，不以权损公，不以私害人，不假公济私，坚持实事求是，秉公办事。对读者一视同仁，公正合理，坚持原则。

四　服务为本

为读者服务是图书馆员的本职，图书馆员的职业活动最终都是为了读者。如果一个图书馆失去了读者，那么这个图书馆也就失去了存在的意义。因此，馆员应牢固树立"读者第一，服务至上"的理念，将精力集中在服务于读者、奉献于读者、倾情于读者上，围绕读者开展活动。无论自己的岗位是直接还是间接为读者服务，心里都始终牢记"以读者为中心"这一点，就能够在自己的岗位上做出优秀的成绩，直接或间接地提高读者的满意度。

五　忠于职守

忠于职守源于对职业的敬畏，即不轻视、不亵渎自己所从事的职业。有了这种境界，馆员在工作岗位上就能树立强烈的责任意识，明确岗位职责，切实履行本职义务。干一行，爱一行，钻一行，一心一意，兢兢业业，避免出现出工不出力、工作拖拉、相互扯皮推诿、玩忽职守及消极被动的工作态度和方式，这样才能以优质的工作质量和始终如一的爱岗敬业作风塑造优秀的职业形象。

六　道德自律

职业道德自律是职业道德意志的表现。道德意志的确切含义就是确定、坚持和实现一种道德义务的精神决断力。有了这种决断力，人们才可能将自己的道德思想或道德情感外化为实际的道德行为，并将其贯彻到底。道德意志的作用就是人们下定决心承担职业道德义务，并给予实现它而不怕艰难困苦、持之以恒、直到完成的毅力。[①] 图书馆员的职业道德自律就是能够以自身的道德意识，自觉自愿地规范自己的思想、言行的独立自主性。馆员根据职业道德标准和内心信念构成自己行为的评价和约束力量，对其道德行为自觉认识和自觉选择。图书馆员在履行职业道德所规定的各种义务时，往往会遇到来自多方面的困难和阻力。这时，只有坚定的道德意志，不为外部压力和眼前利益所屈服，不为外在不良因素所诱惑，才可能在行为选择时有所为有所不为，顾大局，识大体，在行为过程中知难而进。馆员的自律、自我约束是发自内心的信念对自己职务行为的调节。只有通过道德自律，外在的规章制度约束才能内化为图书馆员自觉自愿的内在意识，并落实为自觉、自主的行动。

---

① 韩东屏：《人本伦理学》，华中科技大学出版社 2012 年版，第 82 页。

七　奉献职业

职业是社会承认的有益的工作，即必须为社会整体做贡献。职业不仅是人谋生的手段，更是人存在意义和价值的证明。职业活动是扮演社会角色、履行社会职责的主要形式。辨识个人成就的标准是对职业贡献的大小，献身于职业才能使个人生命的意义得到诠释和升华。奉献职业同时也奉献社会，是社会主义职业道德中最高层次的要求，体现了社会主义职业道德的最高境界。这就要求图书馆员在本职岗位上通过兢兢业业的工作和创造性的劳动，自觉为读者用户服务，为社会进步与和谐做贡献。奉献于图书馆员职业，就是要求全心全意、无怨无悔，不计较个人得失。图书馆事业的公共性、公益性、非营利性决定了图书馆员职业需要淡泊名利、安贫乐道、甘为人梯的精神和意志，为读者用户提供知识信息文化服务，促进他们自由全面发展，提升人生品质。

第四节　图书馆员职业礼仪规范

礼仪是中国传统文化的一大特色，它在中国历史上，在协调人与人的关系、保持社会和谐稳定方面发挥着重要作用。荀子说："人无礼则不立，事无礼则不成，国无礼则不宁。"[①] 这揭示了礼仪对做人、做事、治国的重要性。继承和发扬这一优秀的传统美德，也是当代中国社会文化建设的重要内容。早在 2001 年中共中央颁发了《公民道德建设实施纲要》，强调指出"开展必要的礼仪、礼节、礼貌活动，对规范人们的言行举止，有着重要的作用"。"引导公民增强礼仪、礼节、礼貌意识，不断提高自身道德修养。"[②] 这些都体现了以德治国的方略。礼仪对于当代职业人员同样重要，图书馆员职业也不例外。图

---

① 《荀子·修身》。

② 中共中央：《公民道德建设实施纲要》，2001 年 10 月 20 日，人民网（http://dangshi.people.com.cn/GB/165617/166495/10003360.html）。

书馆员职业礼仪就其表现形式是外在的，其内容是指图书馆员的内在品质，其宗旨在于调节图书馆服务关系，实现和谐有序的服务。图书馆员职业礼仪对职业伦理原则、职业精神、道德素质的承载与表达功能，决定了职业礼仪是职业道德的重要部分。礼仪是符合"礼"的精神的行为规范、准则和仪式的总和。它是精神内核的"礼"和外在形式的"仪"两个基本方面的统一，即所谓德诚于中，礼形于外，通过礼仪的形式传递道德价值。从实质看，传统礼仪道德以"仁"为基本的要素，"仁"与"敬"成为礼仪道德的内在精神。图书馆员通过职业礼仪，能够体现服务态度、精神风貌和道德素质，塑造职业群体的整体形象。正如礼仪研究专家金正昆所说："内强素质，外塑形象。"就图书馆员职业礼仪而言，"礼"的精神内涵就是敬读者和爱读者；从外在表现看，"仪"的主要内容就是通过言行举止显示服务态度，包括语言、举止、仪表、服饰等方面。

一　图书馆员职业礼仪的内涵

图书馆员职业礼仪承载着对服务客体即读者用户"敬"与"仁"的伦理精神，并通过规范化的言行举止，实现和谐服务这一宗旨。馆员职业礼仪之"敬"以敬业为前提。唯有对职业崇高价值之敬畏才会生发使命感和责任心。馆员职业礼仪之"敬"的最终目的是敬读者，也是敬业的最终落实和归宿。敬读者即尊重读者，表现在与读者交往中，首先就是馆员自尊自重，不卑不亢；服饰得体，仪容整洁；语言文明，举止优雅。其次就是一视同仁，平等相待；遵守礼仪规范；真诚，热情，谦逊，守信。

（一）敬读者

礼仪的属性是"德"，本质是"敬"。"敬，礼之舆也；不敬则礼不行。"[①]"有礼者敬人。"[②] 所谓"敬"，就是戒慎、敬肃和不怠慢。"敬"的心态必须借助"礼"来体现，而"礼"的法则也必须依靠

---

① 《左传·僖公十一年》。
② 《孟子·离娄下》。

"敬"来推行。也就是说,有礼必敬,不敬无礼。

图书馆员职业礼仪的"敬"包括"敬业"和"敬读者"两方面。敬业是前提基础,敬读者是核心和目标体现,二者相辅相成。

朱熹说:"敬不是万事休置之谓,只是随事专一谨畏,不放逸耳。""敬只是一个畏字。"① 敬畏有特定的对象,它们具有崇高的价值,因其崇高而敬,因敬其崇高而畏。敬畏感是积极的,与消极的恐惧心有别,唯有对崇高价值之敬畏才会有维护崇高价值的使命感和责任心。迈克尔·戴维斯则说:"职业是许多从事相同工作的个体为了生计而自愿地组织起来,并以超越法律、市场、道德以及公众所要求的道德允许的方式,公开侍奉一个道德理想。"② 由此,可以把敬业理解为建立在正确的职业认知基础上,对职业的价值的崇敬与信奉。

敬读者就是尊重读者,真实诚恳。以尊重、平等、友善的态度,谦逊恭敬热忱地对待读者,规范、约束自己的行为。古人云:"己所不欲,勿施于人。"③ 用宽恕之道对待读者,这才是仁爱的表现。"己欲立而立人,己欲达而达人"④,根据自己内心的体验来推测读者用户的思想感受,推己及人,达到理解读者用户的目的。

同时,尊重也是礼仪的一条基本原则,现代礼仪强调相互尊重,平等待人,可以说,尊重人是现代礼仪的实质。从内容到形式,礼仪都体现了一种尊重人的特征。它要求馆员在职业活动中保持谦逊的态度,虚以处己,尊重他人。冷漠、傲慢、挑剔、刁难和轻蔑的言行态度,通常被看作缺乏教养、没有礼貌的表现。所以,馆员应辩证地理解自尊与尊重他人的关系,科学地认识谦逊的态度在服务活动中的重要作用,真正懂得"敬人者,人恒敬之"以及"骄傲使人落后,虚心使人进步"的道理,在实际服务中做到自谦和尊重读者,构建一种相互尊重的融洽关系。

---

① 《朱子语类》卷第十二。

② [美] 迈克尔·戴维斯:《中国工程职业何以可能》,《工程研究——跨学科视野中的工程》2007 年第 00 期。

③ 《论语·颜渊》。

④ 《论语·雍也》。

（二）爱读者

古人曰："君子以仁存心，以礼存心。仁者爱人，有礼者敬人。爱人者，人恒爱之。"[①] 这说明"仁"作为"礼"的本质，就是爱人。"爱人"在图书馆员职业礼仪中就是"爱读者"。如果以"读者第一，服务至上"为服务宗旨，馆员就能时时处处为读者所想，在服务中融进关爱，遵循宽容、引导、鼓励、教育的服务原则。反之，如果馆员不是真诚地发自内心的仁爱之情，一味地追求仪式，就是虚假、做作，那也不能真正赢得读者的心。

"为仁由己，而由人乎哉？"[②]"仁远乎哉？我欲仁，斯仁至矣。"[③] 这说明，仁德慈爱取决于主体的自主自愿，只要主观上愿意，就能实现。所以，馆员要心中装有读者，把对读者的关爱落实在一点一滴的服务过程当中。正所谓"道不远人"，道就在人的举手投足和一举一动的职业交往活动中。具体而言，就是对读者有耐心，不急躁、不厌烦，周到细致；态度和蔼，微笑接待；面对紧张繁忙时沉着冷静，有条不紊；读者提出问题时，要耐心解释，有理有节有据；读者遇到困难时，要热心帮助，而不是冷漠、推诿、置之不理；读者有意见时，要耐心听取并努力改进，秉持有则改之、无则加勉的态度；读者出现差错或失误时，用宽容谅解来化解，以服务育人，以引导、鼓励、教育为原则。总之，如果馆员能够有一颗爱读者的心，把爱读者落实在服务行为当中，就是最好地实现和发扬"爱国、爱馆、爱人、爱书"的图书馆员精神。一位真正合格的图书馆员，并不是看守藏书的"书倌"，而是能够为读者答疑解惑、热忱帮助读者、至诚为读者服务的良师益友。[④]

（三）尚和谐

中国儒家文化非常崇尚礼德文化，对礼德的和谐修睦、协调、止

① 《孟子·离娄下》。

② 《论语·颜渊》。

③ 《论语·述而》。

④ 程焕文：《向刘少雄先生学习 弘扬图书馆精神——在"刘少雄先生为中山大学图书馆服务 60 周年暨 80 华诞庆祝大会"上的讲话》，载程焕文主编《广东图书馆学会 40 年》，中山大学出版社 2003 年版，第 256 页。

乱等价值高度重视。如"不知礼，无以立"①，"非礼勿视，非礼勿听，非礼勿言，非礼勿动"②，"礼之用，和为贵"③，"道德仁义，非礼不成，教训正俗，非礼不备。分争辨讼，非礼不决"④。这些言论表达了礼仪在落实道德、培养风俗习惯、解决纷争、实现人际关系和谐方面的功用和重要性。再从更大的宏观意义上说，礼仪还具有治国安邦、使社会安定发展的作用，如古人所说的"礼，经国家，定社稷，序民人，利后嗣者也"⑤。就图书馆员而言，礼仪规范的目的是建立一种稳定有序和谐的服务关系。礼仪规范需要馆员在服务工作中坚持和谐的原则，有礼有节，友善相处，求得"人和"；对读者能够仁慈、宽容、体谅、大度，多赞赏，不抱怨、不指责、不训斥；学会合作共事，协调关系，共同发展；顾全大局，求同存异，不斤斤计较，化解矛盾，求得和谐。这样就会使服务关系更加亲和顺畅，使服务环境氛围更加温馨。总之，把礼仪作为增进感情的催化剂，学会以情动人、以情感人，彰显人文情怀。

二　图书馆员职业礼仪规范

礼仪素质是内在性与外显性的统一。礼仪以思想意识为基础，以规范为行为准则。开展各种礼貌、礼节和礼仪活动，目的是使礼仪的意识外化为人们的礼仪行为，使无形的服务有形化、规范化、系统化。在人与人的交往中，人们能够直接看到、感受到的，也是礼仪的行为和活动，所以，礼仪最终要表现为行为和活动，具有较强的行为性。同样的道理，职业礼仪是职业道德最直接的外在表现形式。它是职业者在职业生活中必须遵循的标准，也是一种艺术，集中地反映着职业者的个性气质、道德修养、审美修养与文化品位。同时，透过职业礼仪，也可以从中评价职业群体的文明程度、工作风格、道德水准

---

① 《论语·尧曰》。
② 《论语·颜渊》。
③ 《论语·学而》。
④ 《礼记·曲礼》。
⑤ 《左传·隐公十一年》。

和服务质量。图书馆是文化教育机构，馆员的身份具有服务、文化教育和示范等多重角色，职业礼仪必须体现出身份特点和要求，即为人师表，率先垂范，以文明的言行举止反映道德修养和品性。图书馆员职业礼仪规范的内容可简要分为仪容仪态、语言、行为举止、服饰、网络礼仪五个方面。

（一）仪容仪态

仪容是指一个人的外貌，即个人装扮和卫生标准，以及在工作中达到什么程度可以被认为是适度的。仪态泛指人们的身体所呈现出来的各种姿势，分别表现为动作、表情与相对静止的体态。"面必净，发必理，衣必整，钮必结；头容正，肩容平，胸容宽，背容直。气象勿傲勿暴勿怠；颜色宜和宜静宜庄。"这段南开中学著名的"容止格言"就是对仪容仪态要求很好的表述。仪容仪态体现的不仅是馆员的自尊自爱，审美观，更是对他人的尊重。所以，馆员干净、整洁、大方、得体、美观、高雅的仪容仪态是对读者的尊重。

馆员的仪容仪态是读者初步产生印象和情绪的依据，是第一反应，所以对服务关系的发展非常重要。馆员表情和眼神的微妙变化，能准确迅速地反映深层心理情感的变化，都会让读者产生不同的感受。馆员自然、热情、耐心、平和、微笑的表情和专注、友好、自信、诚恳的眼神，能让读者感受到来自图书馆员的欢迎和诚意，是读者其他活动的情感基础，读者能感受到温暖、轻松、亲切的氛围，有助于读者来图书馆的积极性，也促进了文献信息的流通和利用。在人的情态中，眼神和笑容最具礼仪功能与表现力。所以图书馆员要用目光感受到读者的存在，并以平和、安静、关注的目光鼓励读者提出问题或交流的愿望。而微笑则是具有特殊功能的态势语，表现友善、和蔼、谦恭、融洽、真诚等美好感情。真诚的微笑能产生多角度、多层次的效应。因而有人这样说：微笑是黏合剂，可以缩短服务双方之间心的距离；微笑是调节剂，能给读者以温暖，能调节和平衡他们的情绪；微笑是溶解剂，能溶解掉蛮横和怒气；微笑是润滑剂，可以消除和减少摩擦，使感情趋于融洽；微笑是缓释剂，能缓解某些误解、不快；微笑是催化剂，能增进彼此之间的感情。微笑之所以能产生如此多的服务效应，是因为它渗透着爱，体现了对读者的热忱与关心。

（二）语言

馆员在为读者服务时，语言要礼貌而恰当、语气要亲切而平和。在总体上要力求达到语言内容文明、语言形式文明和语言行为文明，三者并重，三位一体，深化文明用语的内涵。具体要求是：第一，语言表达准确、严谨、简洁，称谓无误。语言不标准，就有可能让读者听不懂自己的话，甚至会因此而产生一些不必要的误会。回答、解释读者问题时，如果模棱两可、含糊不清、词不达意，有可能引起不满、反感或误解。第二，待人文雅礼貌。礼貌是表示敬意的通称，是待人谦虚、恭敬的态度。礼貌、文雅就是言之有礼，谈吐文雅。多用敬语、谦语和雅语，努力回避不雅之语。第三，说话态度诚恳亲切。语调要平稳，尽量不用或少用语气词。说话是用来向人传递思想感情的，如果说话神态、表情、态度诚恳，可以使对方感到亲切自然，拉近心理距离。第四，服务用语恰到好处。专业用语主要用以说明某些专业性、技术性的问题。服务用语既要有专业特点，又要通俗易懂。为读者服务时，应根据其身份年龄文化层次等因素，选择适当的表达方式。如果使用专业用语让读者听不明白，服务效果会适得其反。如果不懂得尊重读者的风俗习惯、信仰，就会触犯禁忌，可能会造成不必要的伤害，还可能挫伤读者利用图书馆的积极性。所以用心了解、理解并尊重读者，才能赢得读者的充分理解与信任。

（三）行为举止

行为举止是人的肢体语言，传递人的情绪、态度和个性信息。大方、文明的举止能够传递自信、友好、热情的信息内涵，反映出行为者的道德修养。所以，馆员的举止即馆员行为的姿态与风度，反映出馆员自身的文化修养和职业道德风貌。举止包括站姿、坐姿、走姿、手势等。古人对良好行为姿态的一种标准描述为站如松、坐如钟、行如风。馆员站立工作时要稳重、大方、挺拔，忌身躯歪斜、趴伏倚靠；馆员的坐姿要端正、舒展，展示端庄、朴素的职业风范；馆员的走姿要"轻、稳、灵活"，行走时要姿态自然、步幅适度、步速均匀，力求减小走路的声音，忌脚步拖沓、蹦跳、"手插兜"、步履蹒跚。馆员要使用规范化、便于读者理解的手势，不能用手指或笔杆等物品指点读者或用懒散的手势代替回答，工作手势要适宜、忌多。馆员工作时还要注意避免不雅的行为，如不能当众挖鼻孔、掏耳朵、剔牙、修指甲；不能一边为读者服务，一边频繁地看手表或手机等。这些对读者不尊重、不礼貌的行为，反映出个人缺乏修养，也有损馆员的形象。因此，馆员要加强道德自律，自觉遵守行为规范，树立良好的职业形象。

（四）服饰

服饰是人衣着及装饰品的统称，是一种无声的语言与名片，传递着个人文化修养、审美情趣、生活态度等信息，其作用在于尊重服务对象，适应工作需要，塑造职业形象，提高并反映个人素质。服饰要与自身条件、社会角色、职业气质、所处环境相协调，才能取得仪表美之功效。恰到好处的服饰，既能美化自己，增强自信，又是对别人的尊重并赢得尊重和赞美，更是自己文化修养和审美水平的展示。合理的服饰，才能创造和谐统一的整体视觉效果，产生和谐之美。服饰美的目的是要借服饰之美来装扮自身，美化自身。一方面，图书馆员应根据自己的体重、肤色、身高等，选择设计自己的服饰风格，与自身条件相协调，达到扬长避短的效果。另一方面，图书馆员具有师者风范，作为为人师表的社会角色，应以整洁、大方、自然朴素为宜。服饰应干净整洁、端庄典雅，与图书馆文明高雅的环境相协调。不能过于出格、另类，标新立异，太透、太露、紧身、低胸等风格，容易给读者留下刺激、诱惑等不健康、不稳重的感觉，也与图书馆工作这种优雅、安静的环境不相协调。

（五）网络礼仪

网络信息技术为图书馆员工作与服务提供了新的方式方法，网络礼仪因而成为图书馆员文明礼仪服务的必修内容。在网络服务领域，电子邮件，聊天室，网上新闻，互动栏目如调查、咨询版、意见箱、留言板等，已形成了较为普遍的通信和交流方式，构成当前网络礼仪的重要行为内容。为此，应该做到有信必回，有问必答，迅速快捷；格式标准，用词准确，表达清楚；文字用语温和亲切，真情实意；温馨提示，礼貌告知；杜绝骚扰、恶意的网络言行，尊重他人的权利与隐私。

第八章

图书馆员职业伦理准则

图书馆员职业伦理准则，也可以说是职业道德准则。由于职业实践的复杂多样性，职业行为规范不可能一一列举，所以，职业伦理准则就是在职业伦理原则的指导下根据实际情况制定出的详简不同、内容和表达方式各异、富有各自特色的道德准则，成为特定图书馆或图书馆组织集团的规范标准。在现实中，图书馆员职业伦理准则意义上的表述名称有多种，如伦理纲要、伦理守则、道德准则、道德规范等。职业伦理准则是职业伦理价值原则的具体化、条文化。因为职业伦理原则是由一些较为抽象的原则构成的，在许多场合并不能直接用来规范具体的图书馆活动，所以需要具体化，变成一些较为明确的规定，称之为伦理准则或行为规范，其中也包括各种奖惩制度，它们共同构成了图书馆员的伦理准则。图书馆员职业伦理准则具有以下特征：(1) 职业伦理准则一般较为详细，可操作性强，因此更容易掌握，从而能有效地规范图书馆员的行为，调节利益冲突，并能帮助馆员处理自己所面临的具体情况；(2) 伦理准则能使馆员从道德角度来评价图书馆的各种目标、做法和行为，以保证图书馆达到准则的要求，从而有助于传承图书馆员职业精神；(3) 制定准则这一举动本身就可促使馆员去思考他们自己的职责以及他们对图书馆、同事、读者和社会整体所负有的责任，有助于激发他们的道德责任心；(4) 伦理准则有助于向新入职馆员传达责任意识，让他们感到需要从道德角度考虑自己的行为以及培养职业德性的重要性，有助于形成图书馆员的道德传统；(5) 当馆员被要求做违反职业道德之事时，伦理准则可作为他们拒绝执行的根据，从而有助于防止自上而下的不道德行为；(6) 伦理准则可用来向读者和公众保证图书馆员遵从道德原则，并向社会提供衡量图书馆员行为的具体标准，让社会帮助监督执行，从而有助于规约图书馆员的道德行为。①

作为一种自觉性的行为准则，图书馆员职业伦理准则最基本的作用方式就是自律。图书馆员职业伦理准则的自律包括意志自律和行为规范两个方面，前者是内在品质修养和基础，后者是外在行为表现和目的。对于职业道德行为来说，图书馆员的他律与自律都是不可或缺的。职业伦理准则的客观性，决定了它对图书馆员的约束具有一定的强制性，虽然这种强制性弱于法律和制度强制性，并通过社会舆论而实现，但绝不仅仅停留在行为"应当"的基本要求层次上。职业伦理准则的最终目的和价值就在于通过对图书馆员的意志自律，引导、激励图书馆员形成良好的职业德性和较高的品质修养，在保证职业行为"应当"的最低要求基础之上，从思想上追求更高的行为标准和道德修养。因此，图书馆员职业伦理准则的作用不再像法律和制度一样主要是禁止性和约束性的，而应是引导与激励相结合的范导性。这种范导作用主要体现在对图书馆员基本规范上的"自重"和"自强"要求，最终达到培养德性的层次。一方面它要承担为法律规范和管理规范提供价值基础；另一方面能引导图书馆员认识现实伦理关系结构的特点，明白为了维护和促进这种伦理关系而要承担的责任和义务，从而为图书馆员职业活动中必须遵循各种规范奠定一种价值基础。再者，图书馆员职业伦理准则也是一种义务性规范，即鼓励馆员对社会尽义务和责任，因此，它在调节各种利益关系时，通过舆论谴责，鼓励遵守道德规范，甚至弃恶从善、牺牲个人利益来维护图书馆和社会的整体利益。

第一节　图书馆员职业伦理准则的内涵

"准则"是图书馆员职业伦理准则的核心概念，对"准则"思想

_____

① 付立宏、袁琳编著：《图书馆管理教程》，武汉大学出版社 2005 年版，第 209—210 页。

的哲学解读，有利于我们准确理解图书馆员职业伦理准则的内涵，有效地进行图书馆员职业伦理准则建设。下面从康德关于准则的思想，解读图书馆员职业伦理准则。

一　康德关于准则的思想

康德非常重视准则问题，他关于准则与其他概念的关系论述，散见于其著作中。

关于准则与规律的关系。在阐述定言命令时，康德这样论述："命令是除了规律之外，还必然包含着与规律相符合的准则。"① 他解释说："准则是行为的主观原则，必须和客观原则，也就是实践规律相区别。准则包括被理性规定为与主观条件相符合的实践规则，而更经常与主观的无知和爱好相符合，从而是主观行为所依从的基本命题。规律则是对一切有理性东西都适合的客观原则，它是行为所应该遵循的基本命题，也就是一个命令式。"② 在《实践理性批判》中，康德指出："实践的诸原理是包含有意志的一个普遍规定的那些命题，这个普遍规定统率着多个实践的规则。如果这个条件只被主体看作对他的意志有效的，这些原理就是主观的，或者是一些准则；但如果那个条件被认识到是客观的、即作为对每个有理性的存在者的意志都有效的，这些原理就是客观的，或者是一些实践的法则。"（法则，亦可译为"规律"，但在实践问题上译作"法则"为好，在自然科学上仍译作"规律"。）③

关于准则与意志自律。康德指出："客观上只有规律，主观上只有对这种实践规律的纯粹尊重，也就是准则，才能规定意志，才能使

---

① ［德］伊曼努尔·康德：《道德形而上学原理》，苗力田译，上海人民出版社2012年版，第30页。

② 同上书，第51页。

③ ［德］伊曼努尔·康德：《实践理性批判》，邓晓芒译，杨祖陶校，人民出版社2003年版，第21页。

我服从这种规律，抑制自己的全部爱好。"① 他强调，当一个意志是以准则的单纯立法形式来充当其法则的时候，这个意志才能被称之为"自由意志"。② 只有遵循能够成为规律的准则的意志才是自律的意志。意志自律是意志由之成为自身规律的属性。③

通过以上康德关于准则的言论表达，对康德准则思想做如下解读。

康德整个哲学中，准则一是指纯粹主观的行为原则，二是指符合客观规律的实践规则。"准则"一词主要是强调原则的主观性，当它是单纯主观的时候，才与规律法则相对立。当准则彻底排除了无知和爱好等主观因素时就成为客观规律、实践法则，本书是在这个意义上进行探讨的。

（一）准则是人的行动原则

康德认为，人是有限理性的存在。在自然领域，人受自然法则的限制与约束，受制于自然因果律；在实践领域，由于理性具有自身的独立性而表现为理性自我立法、自我约束、自我限定，遵循自由因果律即道德律。虽然道德规律具有普遍性和必然性，但不能直接对人的行为起作用。因为人是有自由意志的，他要按照自己对规律的意识和观念来决定自己的行动原则。所以，人就要遵循两种原则，即主观的"准则"和客观的"法则"。人们根据自己对规律的表象而制定出的行为原则，被称为准则。如康德研究者 H. J. 帕通指出：准则就是我们行动所遵从的原则。④

（二）准则是人的自由意志的体现

首先，准则表征人的自由。康德认为，只有人才有行为准则，准则体现出人超越自然物而获得的尊严和优越性。当意志自由地选择了

———————

① ［德］伊曼努尔·康德：《道德形而上学原理》，苗力田译，上海人民出版社 2012 年版，第 12—13 页。

② ［德］伊曼努尔·康德：《实践理性批判》，邓晓芒译，杨祖陶校，人民出版社 2003 年版，第 37 页。

③ ［德］伊曼努尔·康德：《道德形而上学原理》，苗力田译，上海人民出版社 2012 年版，代序第 27—28 页。

④ 同上书，第 77 页。

某一准则作为行为原则时，该原则就具有了准则的品质。所以，选择是自由意志的体现。① 其次，准则向规律转化源自人的自由意志。康德认为，行为者通过自由意志，选择了准则与规律的一致，使准则上升为规律。同时，将作为主观原则的准则综合进普遍规律，从而使行为原则成为一种综合命题。在康德看来，这种"自由准则"也就是客观规律。② 最后，准则依赖人的意志自律。规律都是人作为立法者为自身所设立的，对规律的服从实际上是对人自己意志的服从，也就是自律。只有遵循能够成为规律的准则的意志才是自律意志。③ 所谓具有意志，也就是具有按照原则行动的能力。唯独有理性的东西才具有这种功能，才具有坚持原则的力量。

（三）准则具有层次等级性

关于准则的层次等级性，康德没有明确论述，但是准则的层次等级性是康德道德哲学的应有之义。我们仍然能从中捕捉到一些思想，如阿利森认为，存在着两种准则：一种是行为者实际上据以行动的准则，另一种是暗含在这一运作准则之中的、作为其"背景条件"的更为一般的原则，而这种作为"背景条件"的原则也是一种准则，可以说它是一种更深层次的准则，更一般的准则。④ "这种等级性的准则观是由康德的意向概念和根本恶概念所预设的前提，而这些概念所依赖的假设就是，假定有一个基本准则作为选择那些较为特定的准则的前提。"⑤

二　图书馆员职业伦理准则的内涵

图书馆员职业伦理准则作为职业群体的行动法则，属于康德的准

---

① 张传有：《康德道德哲学中的准则概念》，《西北师大学报》（社会科学版）2004 年第 6 期。

② 同上。

③ 同上。

④ ［美］亨利·E. 阿利森：《康德的自由理论》，陈虎平译，辽宁教育出版社 2001 年版，第 133 页。

⑤ 同上书，第 134 页。

则范畴。所以，从以上康德关于准则的思想解读，可以进一步分析图书馆员职业伦理准则的内涵。

（一）图书馆员职业伦理准则是图书馆员职业群体的行动原则

图书馆员职业群体是人类社会中的特定行为主体，图书馆员职业伦理准则是对图书馆事业发展规律的认识和反映，并结合本职业群体对该职业所倾注的崇敬与热爱之情所形成的共同的行为规则和价值理想，旨在维护读者权益，实现图书馆员对读者的和谐服务。它是本职业行为规律的形式化法则，是包含客观必然性的主观表达，反映馆员职业群体的自由意志。所谓"以'集团誓约'的形式向社会公布图书馆员的职业观念和行为准则"[①]。

（二）图书馆员职业伦理准则是图书馆员职业群体的自由意志的体现

首先，图书馆员职业伦理准则是图书馆员职业群体的选择，代表了职业集体的自由意志，反映出该群体对自己职业活动的善恶、是非、对错的判断和选择，也确证了图书馆员职业在社会分工中的价值地位和尊严。其次，图书馆员职业伦理准则是对图书馆职业活动长期积累、总结、提炼形成的理性智慧。它有利于职业更好地为读者用户提供知识、文献、信息、文化服务，有利于图书馆事业的可持续发展。图书馆员职业伦理准则从形式上看是应该如何的行为标准，从起源上看是对图书馆员职业活动规律的理论概括和提升，因而它是包含着必然的应然，是主观与客观的统一体，并不是随意的主观臆断，所以必须以严肃、尊重、遵循的态度对待。最后，图书馆员职业伦理准则作为职业群体的自由意志，必然是依赖该群体的意志自律。因为它是职业群体为自身立法，服从自己的意志，所以表现为馆员自觉自愿的遵守，依据准则对不正当行为的克服，对个体性感情欲望的抑制，从而塑造理性的职业人格。

（三）图书馆员职业伦理准则具有层次等级性

根据康德关于准则的层次等级性思想，图书馆员职业伦理准则

---

① 李国新：《〈中国图书馆员职业道德准则〉的制定、突破和问题》，《大学图书馆学报》2003 年第 5 期。

具有层次等级性，也就是说，图书馆员职业伦理准则因适用范围不同，其表达方式存在着高低程度、普遍性程度上的不同。一般表现为，适用范围越大，层次越高，抽象程度越高，指导性越强；反之，适用范围越小，层次越低，越具体明确，操作性越强。而且高层次准则是低层次准则的原则依据和最终判别标准，低层次准则对高层次准则进行贯彻具体化。在现实中，图书馆员职业伦理准则就有高低层次差别：国际图联发布的《图书馆员及其他信息工作者的伦理准则（IFLA）》是世界范围的图书馆员职业伦理准则，对各国均具有指导意义；各国制定的图书馆员职业伦理准则在本国具有普遍的指南作用；各个国家内各地区、各个图书馆制定的图书馆员职业伦理准则的效力和范围相对较小。但这些不同层次的准则之间的相互包含、相辅相成的关系却是图书馆员职业伦理准则建设需要重视和遵循的。

第二节　图书馆员职业伦理准则建设

现代图书馆运动最引人注目的成果之一，就是制定和颁布图书馆员职业伦理准则，传达职业理念、确立职业精神、规范职业行为，这也是世界各国图书馆业界的普遍做法。因为它对引导价值观念、规范职务行为、提高图书馆的社会认知程度起着重要作用，而且它反映出馆员职业伦理道德从无意识到有意识，从低层次到高层次，从具体行为约束到价值观念引导，是职业走向成熟的标志。①

一　世界图书馆员职业伦理准则建设

图书馆员职业伦理准则是图书馆员职业伦理价值导向的直接反映，作为图书馆员职业伦理原则的具体化，其可操作性有利于促进图

---

① 李国新：《〈中国图书馆员职业道德准则〉的制定、突破和问题》，《大学图书馆学报》2003 年第 5 期。

书馆员的道德品质不断完善，伦理水平不断提高，自觉规范职业行为，向社会昭示图书馆员的专业素养和职业精神。所以，制定和颁布图书馆员伦理准则具有重要的意义。

目前世界上共有 61 个国家和地区颁布了图书馆员职业伦理准则。① 各国图书馆员职业伦理准则因具体情况不同、文化背景差异、图书馆事业发展程度不一，各具特色，各有侧重。有的国家或地区制定的伦理准则很详细，如瑞士、法国、葡萄牙、荷兰、智利、日本、斯里兰卡、英国等；有的国家或地区制定的伦理准则相对粗略，如俄罗斯、加拿大、新西兰、中国香港等。下面以几个较发达国家的图书馆员职业伦理准则为例，作简要介绍和分析。

《美国图书馆协会伦理准则》自 1938 年颁布后，经过多次修订。该准则通过 8 条内容，既强调了图书馆员职业价值，又提纲挈领地论述了图书馆员职业之伦理责任。具体内容包括知识自由，信息的无障碍流通，自由和公平获取信息，职业人员的正直、能力、权利与福利，价值中立，尊重知识产权、隐私等。按照穆瑞（B. J. Murray）对美国图书馆协会伦理守则演进轨迹的分析，图书馆员角色定位的变化是伦理守则不断修订的一个重要原因，其基本趋向是图书馆员由最初的教育工作者，发展成为信息时代的职业信息服务人员。②

《英国图书馆协会职业行为准则》于 1983 年正式公布。守则共分三大部分。第一部分指明协会成员的行为举止在图书馆（包括提供信息服务）领域之中，必须不被其专业同事认为其行为犯有严重或一般性的专业过失。第二部分从 10 个方面阐述了对会员的要求、对会员的禁止性行为以及会员应承担的责任，内容涉及图书馆员职业活动多方面。第三部分规定了对会员违反要求行为的处理办法。英国图书馆协会的职业行为守则是一份相当严格的职业伦理守则，不仅守则内容含有惩处性规定，而且协会还设有纪律委员会负责监督与执行，这与

① 陈静超：《若干国家的图书馆员职业道德规范比较分析》，硕士学位论文，黑龙江大学，2016 年。

② Barbara June Murray, "A Historical Look at the ALA Code of Ethics", *Master's Theses*, san Jose State University, 1990.

英国图书馆协会对会员实行认证制度有密切关系。

日本图书馆协会的伦理守则名称为《图书馆员伦理纲领》，于1980年发布。全部纲领共有前言说明部分5大项及12条纲领条文，每条均有较详细的解释。前言部分指出，制定纲领的目的除充实图书馆员职业内涵之外，还在于使图书馆员能了解自己的职责，端正自己的服务态度。纲领的订立基于图书馆员的自觉，将其公布不仅可作为图书馆员共同努力的目标，也可作为专业团体判断及行动的准则，同时也是与社会的契约。图书馆据此努力的结果是获得社会对图书馆员职业的信任，完成图书馆员对社会的责任。条文部分从图书馆员的基本态度、对读者的责任、对文献资料的责任、努力进修的责任以及组织成员、图书馆馆际合作、参与文化创造等方面，分12条详细阐述了图书馆员的职业责任和职业伦理规范。强调馆际合作与参与文化创造的责任，以及对规则予以较详细的解释和说明，是日本图书馆协会图书馆员伦理纲领的特色所在。

从美国、英国、日本的图书馆员职业伦理准则看，3个国家的图书馆员职业伦理准则各有侧重、各具特色，表现出同中有异、异中存同，但其思维中基本的、共同的伦理道德观是主要的、一致的。这也反映出图书馆员职业伦理道德存在和发展的共同性，以及与人类道德情感、伦理原则的一致性。分析发现，其中有6项共同的图书馆员职业伦理原则，分别是：灵活运用准则原则、平等服务原则、尊重知识产权原则、保护隐私权原则、提高专业知识技能原则、发扬团队精神原则。

从世界范围看，各个国家或地区所制定的图书馆员伦理准则主要涉及下列内容。(1) 主张知识自由流通，反对各种形式的文献内容审查制度。(2) 承认和尊重知识产权。(3) 保护用户在搜寻、获取和咨询资料的过程中所牵涉的隐私权。(4) 当馆员个人利益与用户、同事或图书馆组织的利益发生冲突时，不以牺牲后者来保全前者。(5) 不断提高馆员的专业知识水平和职业技能。(6) 维护信息的存取自由。(7) 积极地、主动地、无歧视地为所有用户提供最好的服务。(8) 竭力维护图书馆和图书馆员职业的声誉。(9) 从本专业的角度参与社会的教育、科学和文化生活。(10) 与同行和其他相关行业的从业者开展合作。①

2012 年 8 月 12 日，国际图联发布了《图书馆员及其他信息工作者的伦理准则（IFLA）》（以下简称《IFLA 伦理准则》）。它虽然比一些发达国家颁布较晚，但具有普遍指导意义。如《IFLA 伦理准则》所表达的："本伦理和行业操守准则提出了一系列有关职业伦理的建议，为图书馆员及其他信息工作者提供指导，并为图书馆和信息机构制定或修订其自身准则提供借鉴。该准则的功能是：鼓励图书馆员和其他信息工作者在制定政策和处理问题时考虑并遵守这些原则；改进对职业的自我认知；提高本行业对于用户和社会公众的透明度。"②《IFLA 伦理准则》的社会价值我们可以概括地理解为：有利于维护图书馆的知识共享和知识自由，有利于约束图书馆员在其职业生活中的行为，有利于保障用户的权利。③

《IFLA 伦理准则》由序言及 6 个小节组成：序言；信息获取；面向个人和社会的责任；隐私、安全和透明；开放获取与知识产权；中立、个人操守和专业技能；同事与雇主/员工的关系。《IFLA 伦理准则》对于各个部分内容的描述全面、细致、深入，具有实际可操作性和指导价值，与多数国家的职业道德准则相比更加实用、具体、容易理解。可谓框架体系完整、合理，内容全面深入，紧跟社会和经济的发展，有很强的实用性。重视知识产权，强调社会责任，关注保密与透明。故而，对于世界图书馆员职业行为的规范及各国职业道德准则的制定和修改，均有参考价值。④

《IFLA 伦理准则》的主要特色表现为以下几点。(1) 内容详尽，

---

①　周世江：《中美英日图书馆员职业伦理道德的若干共同原则》，《图书与情报》2006 年第 4 期。

②　国际图书馆协会联合会：《图书馆员及其他信息工作者的伦理准则（IFLA）》，朱强、束漫译，2012 年 8 月（http://www.ifla.org/files/assets/faife/codesofethics/chinesecode-ofethicsfull.pdf）。

③　李菲、孙晓凤：《基于 IFLA〈图书馆员道德准则〉的图书馆员道德规范研究》，《图书与情报》2012 年第 1 期。

④　宋显彪：《〈（世界/IFLA）图书馆员职业道德准则（草案）〉及其思考》，《图书馆杂志》2012 年第 4 期。

体系严谨。《IFLA 伦理准则》用了较长的篇幅，详细阐述图书馆员职业伦理准则的有关问题，内容较详细。《IFLA 伦理准则》对于各部分内容的描述准确、全面，用语较严谨、规范，具有纲领性、抽象性和概括性，与图书馆员实际工作与业务活动的需要比较适应，构成了较为严谨、完备的框架体系。（2）强调隐私权保护。[①]《IFLA 伦理准则》特别强调："图书馆员应尊重所有用户的个人隐私权，除非其危害公众利益的不端、贪腐或犯罪行为被揭露。此外，图书馆员还应尊重和保护个人数据信息的安全，仅在必要时在个人或部门机构间共享。""图书馆员对于读者隐私权、保密度及透明度等相关法律法规应形成批判性思维并开展评判，以便进一步提升与上述原则一致的法律及管理体制。"[②] 在当今网络时代，用户的隐私权屡屡遭到侵犯，读者获取和利用信息存在较大隐患。准则强调保护读者的隐私权，具有较大的现实意义和必要性。（3）人性化的感情用词。《IFLA 伦理准则》都是用倡导的语气，使用"图书馆员应……"的通用语句，显得更富有人性化；使用了"我们"一词，增加了亲切感，拉近了与读者的距离。（4）突出图书馆员的社会责任。《IFLA 伦理准则》专门针对社会责任进行了详细描述，突出图书馆员应履行社会责任。这说明国际图联在当今世界快速发展变化的大背景下，充分认识到了图书馆和图书馆员积极承担社会责任的重要性和紧迫性。《IFLA 伦理准则》认为，图书馆员主要应履行以下的社会责任：应致力于社会的发展、文化与经济福利的提升；应通过信息服务及其他行动支持少数民族和移民融入社会，并充分保护其语言及信息；应在确保不影响其他人群信息权利的前提下，特别注意向弱势群体提供平等服务；应通过课程、讲座、辅导等方法，提高信息素养，促进信

---

① 杨槐：《〈IFLA 图书馆员职业道德准则（草案）〉探析》，《图书馆学研究》2012年第 19 期。

② 国际图书馆协会联合会：《图书馆员及其他信息工作者的伦理准则（IFLA）》，朱强、束漫译，2012 年 8 月（http://www.ifla.org/files/assets/faife/codesofethics/chinesecode-ofethicsfull.pdf）。

息合乎道德与法律的利用。①

二 中国图书馆员职业伦理准则建设

(一) 准则建设现状

20 世纪末期, 在我国改革开放逐渐深入的社会背景下, 图书馆事业得到了长足发展。伴随着我国社会由计划经济向市场经济转型, 以及网络信息时代的到来, 图书馆员职业伦理道德建设成为图书馆事业发展的重要主题, 于是, 一些地方政府主管部门、图书馆组织和图书馆机构率先制定了图书馆员职业伦理规范。如首都师范大学图书馆制定了《首都师范大学图书馆工作人员职业道德规范 (修订稿)》, 华东师范大学图书馆制定了《华东师范大学图书馆员职业道德规范》; 天津市文化局制定了《天津市公共图书馆工作人员守则》, 辽宁省文化厅制定了针对全省公共图书馆的《文明服务规范》, 提出了公共图书馆开展文明服务的基本标准; 深圳市南山区图书馆等一些图书馆通过 "文明服务公约" 的形式规范图书馆员的职务行为, 树立图书馆员的职业形象, 积累了宝贵的经验; 2002 年6 月, 上海市 16 家公共图书馆、高校图书馆和专业图书馆联合发出了关于图书馆员职业道德的倡议, 形成了我国第一个区域性、跨系统的图书馆员职业道德规范。至于在图书馆的规章制度中涉及有关职业道德的某些方面、某些内容的做法, 则更为普遍。② 以上这些伦理准则的制定及相关举措表明, 我国图书馆界对职业伦理建设逐渐引起重视。

在地方制定的图书馆员职业伦理规范基础上, 中国图书馆学会于2003 年 5 月 26 日正式向社会颁布了《中国图书馆员职业道德准则 (试行)》。内容共 10 条 120 个字: 确立职业观念, 履行社会职责; 适应时代需求, 勇于开拓创新; 真诚服务读者, 文明热情便捷; 维护读者权益, 保守读者秘密; 尊重知识产权, 促进信息传播; 爱护文献

---

① 宋显彪:《〈(世界/IFLA) 图书馆员职业道德准则 (草案) 〉及其思考》,《图书馆杂志》2012 年第 4 期。

② 付立宏、袁琳编著:《图书馆管理教程》, 武汉大学出版社 2005 年版, 第 210 页。

资源，规范职业行为；努力钻研业务，提高专业素养；发扬团队精神，树立职业形象；实践馆际合作，推进资源共享；拓展社会协作，共建社会文明。①

《中国图书馆员职业道德准则（试行）》是长期研究与实践的结晶，标志着中国图书馆事业在职业道德规范建设上向世界先进行列迈出了重要一步。同时也反映了中国图书馆界的进步足迹：图书馆界认识到了职业道德的确对事业持续、健康发展的重要性；世界范围内推进现代图书馆事业发展的成功经验和做法给中国的启迪；图书馆法治观念的进步使中国图书馆界认识到了职业道德建设从本质上说是法治环境建设的重要组成部分；对我国图书馆事业发展需要适应时代变化所做出的回应。可以说，它是总结我国图书馆活动的实践经验，为履行图书馆承担的社会职责而制定的行业自律规范。《中国图书馆员职业道德准则（试行）》借鉴了国际上成功的经验，体现了民族特色和时代精神，是图书馆员职业走向成熟、并与国际接轨的重要标志。正如时任文化部副部长周和平所言，这"标志着中国图书馆员职业道德建设发展到了一个新阶段，填补了我国图书馆界的一项空白"②。

从内容上看，《中国图书馆员职业道德准则（试行）》基本勾勒出了目前阶段中国图书馆员职业道德建设应有的观念体系：建立在图书馆社会责任基础上的图书馆员职业观念的确立；从图书馆员履行社会职责的实现方式角度强调图书馆服务态度、水准；图书馆服务中的平等原则、守密原则和公德原则；图书馆员应有的知识产权保护观念；图书馆员基本的职业纪律；图书馆员的专业素养；图书馆员个体与集体、社会的关系；图书馆可持续发展理念。

制定和颁布《中国图书馆员职业道德准则（试行）》，其宏观上的意义，是为了加强全国各系统图书馆的行业自律和图书馆员职业道德建设，强化图书馆员社会角色定位，树立正确的职业理念，培养图

---

① 中国图书馆学会：《中国图书馆员职业道德准则（试行）》，北京图书馆出版社2003年版，第1页。

② 钟学汇：《树立良好的职业形象——探讨〈中国图书馆员职业道德准则〉试行》，《中国文化报》2003年5月28日。

书馆员良好的思想道德素质，优化队伍结构，加强社会协作，提高工作质量和服务水平，为社会提供文明、优质、高效的知识信息服务，充分体现图书馆和图书馆员的社会价值。对图书馆员职业群体来说，《中国图书馆员职业道德准则（试行）》的颁布对于传达图书馆员职业理念，确立职业精神，树立职业尊严、职业声誉、职业形象，凝聚行业力量，扩大社会影响，促进事业持续、健康发展将发挥重要作用。在微观意义上，对每一位图书馆员而言，《中国图书馆员职业道德准则（试行）》的作用在于引导图书馆员确立职业理念、弘扬职业精神、提高专业素养、规范职业行为，从而出色地履行职业责任。

与《中国图书馆员职业道德准则（试行）》相呼应，2003年由中国图书馆学会组织编写、程亚男领衔主编的《图书馆文明服务手册》，以图书馆文明服务与职业道德建设问题为主题，就其规范性内容进行了全面而又翔实地论述。该手册在内容上具有完整性与专门性、时代性与权威性、细微性与比较性、规范性与可操作性几方面特点，[1] 作为理论专著也可视作是对《中国图书馆员职业道德准则（试行）》的补充和阐释。

此外，还有两个相继颁布的重要行业宣言，也可作为中国图书馆职业伦理准则的重要组成部分。一个是2005年中国大学图书馆馆长论坛发布的《图书馆合作与信息资源共享武汉宣言》（简称《武汉宣言》)[2]，另一个是中国图书馆学会2008年10月发布的《图书馆服务宣言》[3]。这两个《宣言》突出强调和阐述了资源共享和普遍开放、平等服务、以人为本的基本原则，也可以认为是为适应新时代的要求，对《中国图书馆员职业道德准则（试行）》的重要补充。对中国图书馆员职业队伍在贯彻资源共享和普遍开放、平等服务、以人为本的服务原则方面起到了强化和鞭策作用。

---

① 赵力：《文明服务：图书馆职业的核心价值——读〈图书馆文明服务手册〉有感》，《图书馆建设》2004年第2期。

② 武汉大学信息管理学院"数字时代图书馆合作与服务创新"国际研讨会暨第三届中美图书馆员高级研究班：《图书馆合作与信息资源共享武汉宣言》，《大学图书馆学报》2005年第6期。

③ 中国图书馆学会：《图书馆服务宣言》，《中国图书馆学报》2008年第6期。

《中国图书馆员职业道德准则（试行）》及两个《宣言》的内容中，共同贯穿着敬业、奉献，团结、进取，科学、理性等图书馆员职业精神。其内容涵盖了职业道德所包含的职业理想、职业态度、职业责任、职业技能、职业纪律、职业良心、职业荣誉、职业作风8个方面，体现了新时代图书馆员职业道德的要求的敬业、诚信、专业、平等、合作、开拓创新的精神内涵。

（二）准则建设的意义及不足

《中国图书馆员职业道德准则（试行）》在内容上的主要突破，李国新做了如下总结。第一，以现代国家政体普遍实行的"人民主权"原则为理论基础来阐述图书馆的社会责任，以认识和理解图书馆所承担的社会责任为起点和基础来构筑图书馆员的职业道德规范。这表明，今天我们对职业道德的认识，已经远不仅仅是个人修养的完善、个人觉悟的提升，它是关系一个职业集团在社会系统中合理存在、发挥应有作用所必然要求的共同的行为准则。第二，明确确立了"维护读者权益，保守读者秘密"的观念，系统引进了图书馆服务中的平等原则、守密原则和公德原则。这表明，中国图书馆界已经开始接受现代图书馆运动形成的一个基本观念：图书馆从本质上说是一个通过文献信息资源的传播来保障公众"认知权利"实现的机构，图书馆员所从事的工作从本质上说是为保障公众的文献信息资源获得权而提供的服务。第三，确立了图书馆员应有的、完整的知识保护观念。这表明，图书馆员已经不讳言多元化社会中不同职业集团的职业分野和社会责任，明确了图书馆员职业集团职务活动的第一要义是促进知识和信息的通畅、有效、合法传播。第四，强调了图书馆员应该具备将自身的专业职务活动融入广泛的社会文化创造的理念。这表明，中国图书馆界已经明确意识到必须突破职业的封闭性，从现代社会职业分工和职业联系的结合上来定位图书馆员职业活动的社会价值和社会贡献。①《准则》所体现的理念、所涵盖的内容"并没有落后于国际

① 黄国彬：《ALA、JLA、CSLS图书馆员职业道德规范之比较分析》，《中国图书馆学会2003年年会论文集》。

潮流，体现出较强的时代感"。①

《中国图书馆员职业道德准则（试行）》（以下简称《准则》）遗留的问题，李国新也做了如下总结。由于中国的社会政治民主尚在逐步建设过程中，中国的图书馆事业实践与发达国家相比还有较大的差距，因此，不论在理论层面还是实践层面，《准则》目前所做的阐述或概括都只能说是初步的、有限的。一些包括《准则》的制定者在内的业界人士已经明确意识到的应该属于图书馆员职业道德范畴内的问题，在目前还没有寻找到可以获得社会广泛认可的突破口，或者，由于中国的图书馆实践活动还没有积累出足够的事实、经验，制约了理论探索与概括的空间。无疑，已颁布的《准则》回避了一些问题，遗留了一些问题。② 例如学者们通过统计比较其他国家的图书馆员职业道德规范，指出"我国图书馆员职业道德规范中关于'知识自由'的表述是有所欠缺"的，并认为"维护知识自由、图书馆自由是图书馆员职业道德中最为重要的原则"。③ 而知识自由在《准则》中的确没有明确表达。从理论上说，知识的发现和创造以知识和信息的自由接受、自由交流为前提，即所谓"获知权利是使思想自由和获取良知的前提"④。图书馆是一个获取信息和交流思想的场所，因此，图书馆员理应确立在职务活动中捍卫知识自由的行为准则。IFLA/FAIFE 制定的《关于图书馆和知识自由权的声明》中确认的一条基本原则就是："图书馆在获取、加工和传播信息方面拥有自由权，并抵制任何专制行为。"⑤ 在中国，由于对知识自由在图书馆业务活动中的表现形式、实现方式认识的局限、研究的薄弱，由于社会环境提供的空间还有限，所以，这一理念的阐述以及将这一理念融化在图书馆员职业道

---

①　李国新：《〈中国图书馆员职业道德准则〉的制定、突破和问题》，《大学图书馆学报》2003 年第 5 期。

②　同上。

③　张靖、吴顺明：《从世界图书馆员职业道德规范看知识自由与图书馆》，《图书馆建设》2004 年第 5 期。

④　《IFLA/FAIFE 关于图书馆和知识自由权的声明》，杨学伦译，2006 年 1 月 6 日（http://blog.sina.com.cn/s/biog_5be4837901000iv.html）。

⑤　同上。

德规范中的任务，只能留待将来解决。

　　与上述知识自由问题密切相关的另一个问题是图书馆员的权利、义务责任没有明确。IFLA/FAIFE 声明"图书馆在获取、加工和传播信息方面拥有自由权"，但这种"自由权"绝不是任意处置权。它的实现方式是什么？实施限度是什么？不能逾越的边界在哪里？这实际上已经是一个职业集团的行为规则，而不是个人职业伦理所能解决的问题。从理论上说，个人的职业伦理道德要服从于职业集团的职业理念，职业集团的职业理念来自职业所承担的社会责任，所以，图书馆员的职业道德规范需要以图书馆的权利、义务、责任规范为基础，而图书馆的权利、义务、责任规范源于构建国家政体的理念，即源于公民的"宪法权利"。在国外或境外，图书馆权利规范（美国称之为"图书馆权利宣言"，日本称之为"图书馆自由宣言"）是与图书馆员职业伦理规范配套颁布的文件，图书馆员个人在职务活动中应该具有什么样的行为操守，是由图书馆承担的社会责任以及为完成社会责任必须具有的统一的观念和行为派生而来。在中国，至今并没有出现有中国特色的图书馆权利、义务规范，或者说，公民的宪法权利通过图书馆实现的途径和方法还不明晰，因此，建立有中国特色的、完整系统的图书馆员职业道德规范体系需要一个过程。[①]

　　其他如图书馆员在职务活动中区分个人信念与职业责任，图书馆员维护正当的工作条件与福利的权利，图书馆员因坚守职业伦理遇到压力或挫折时寻求图书馆协（学）会道义的、法律的、经济的援助救济的权利等，也都是图书馆员职业伦理准则应该涉及而目前尚未涉及的问题。

　　上述问题同样表现在中国图书馆学会的《图书馆服务宣言》的内容中：在宣言的题名上刻意回避"权利"一词，在内容上刻意回避"自由"一词，因此，该宣言只能停留在较低的层面，不足以为我国图书馆权利的进一步阐释提供依据。[②]

────────────

　　① 李国新：《〈中国图书馆员职业道德准则〉的制定、突破和问题》，《大学图书馆学报》2003 年第 5 期。

　　② 程焕文：《图书馆权利的来由》，《图书馆论坛》2009 年第 6 期。

　　另外，由于《准则》文字笼统导致的不足使其他必要的内容缺乏表达。（1）图书馆文献信息资源建设中的伦理要求没有提及。文献信息资源的搜集、整理、加工、保护是图书馆服务的物质基础，这一系列活动环节中的伦理问题不可轻视。（2）条文缺乏必要的激励机制和处罚机制内容，在实践中施行效果受到局限，甚至造成有关规定形同虚设。（3）对读者民主权利的忽视。没有建立读者参与管理、参与决策的机制。凡是与读者利益攸关的重大事情，都应事先征求读者意见，并在可能的情况下让读者直接参与决策过程，使读者平等享有自己的合法权益受到侵害时提出改进、赔礼或诉讼的权利。（4）对馆员的权利保护。馆员接受培训提高业务水平是其应有的权利，馆长应为馆员创造条件、提供培训的机会，提高业务水平，让每个馆员都能发挥自己的个人价值，这是馆长的责任，同时也需要文件规范予以确认和强调。如果不尊重图书馆员的切身利益，不对图书馆的活动经费做必要的保障，不提高图书馆员的工作待遇及保证其学习、进修、晋职的权益，片面要求图书馆员树立正确的人生价值观，从自己从事的岗位中找到人生的意义和乐趣，敬业爱岗，安心从业，这种做法也是不现实的。

第九章

图书馆制度规范

　　"制度"的意思一是指要求大家共同遵守的办事规程或行动准则；二是指在一定历史条件下形成的政治、经济、文化等方面的体系：社会主义制度、封建宗法制度。① 可见，广义的"制度"，既可指一定历史条件下形成的政治、经济、文化等方面的体系，如资本主义社会制度，又可指人们共同遵守的某些办事规程或行动准则，如政策文件、法律、法令、条例、规则、规程、章程、标准、方案、宣言、公约、细则、办法等。② 总之，制度本身就是约束人们行为的一种游戏规则。对于任何一个社会组织来说，制度都是必不可少的。"有法可依""有法必依""依法办事"是规章制度的基本原则。

　　制度是一种现实的社会关系及其秩序。制度的功能意义在于通过权利—义务关系分配，为成员确定具体责任与义务，维护特定的社会伦理关系及其秩序。制度正义是实质正义与形式正义、内容正义与程序正义的统一。制度具有伦理规范性，直接规定了成员某些道德责任的基本内容，并以强制的方式约束成员的相关道德活动。制度的规范性要求其具有道德价值的精神引导功能。这种道德价值精神引导功能，以权利—义务分配的利益诱导为机制。制度具有塑造社会成员人格的功能。只有在一个基本正义的制度中，才有可能在普遍的意义上使社会成员具有健全人格，拥有美行与美德。制度的有效供给是社会道德建设的一个极为重要的方面。③

---

　　① 中国社会科学院语言研究所词典编辑室编：《现代汉语词典》（第6版），商务印书馆2012年版，第1678页。

　　② 黄宗忠：《论图书馆制度》，《图书馆论坛》2008年第6期。

　　③ 朱贻庭主编：《应用伦理学辞典》，上海辞书出版社2013年版，第395页。

在制度的一般意义上，图书馆制度主要指要求全体图书馆人员与读者用户运行、利用图书馆必须共同遵守的办事规程与行动准则。[①] 图书馆制度是图书馆在实践活动中，对图书馆的本质、行为、功能、意义等规则的规范性确认。[②] 具体而言，图书馆制度是根据图书馆工作的需要，为保障图书馆读者服务从政府、社会以及图书馆等多方面，为图书馆的职业行为规范设计、制定的一系列职业行为规则、制度措施，以及对这些规则的运作程序或操作方法的设定，即制度机制。

鉴于制度的定义较为广泛，有学者从广义角度，将图书馆制度划分为宏观、中观和微观三个层次，分别是国家图书馆制度、行业图书馆制度和具体图书馆制度。[③] 在此，本书主要关注的图书馆制度是宏观意义制度与微观制度。宏观意义的图书馆制度是指由图书馆行政主管部门或图书馆事业管理机构制定并上报上级部门审批（或备案）、公布的图书馆办事规程或行为规范，是图书馆各项规则、章程、制度、标准、程序、办法等的总称。[④] 微观意义的图书馆制度指单个图书馆机构内部的规章制度。宏观制度是微观制度制定的依据，微观制度是宏观制度的具体反映。图书馆宏观制度目的是保障公民的知识权利的需要，促进人与社会的全面发展，达到效率和公正的统一。图书馆微观制度目的比较具体、明确，其统一指向提高图书馆服务水平，更好地为读者服务，促进图书馆发展。本书主要从制度规范角度，从宏观、微观两个角度研究图书馆制度与伦理规范的关系及其建设现状。

第一节　宏观图书馆制度

美国制度经济学家道格拉斯·C.诺思在《经济史中的结构与变

---

① 黄宗忠：《论图书馆制度》，《图书馆论坛》2008 年第 6 期。
② 许开风：《图书馆制度文化浅说》，《图书馆论坛》2005 年第 4 期。
③ 施强：《图书馆制度的伦理道德维度分析》，《图书馆》2007 年第 3 期。
④ 兰孝慈、张静：《图书馆治理的法律基础与制度重构——"211 大学"图书馆规章制度透视》，《图书馆建设》2008 年第 12 期。

迁》中指出："制度是一系列被制定出来的规则、守法程序和行为的道德伦理规范"①，这也意味着，制度从某种意义上就是道德伦理规范。制度与伦理同属于规范范畴，二者的作用方式不同，但有着共同的价值取向和目的。探讨图书馆制度与伦理道德的关系，对于图书馆员职业伦理建设必不可少。

一　图书馆制度的道德基础和伦理意义

图书馆制度是图书馆各种伦理主体基本的行为规则，最终反映到图书馆知识文献信息服务关系和馆员职业伦理之中。尽管这种服务关系对图书馆制度而言是根本的并具有最终决定作用，但图书馆员职业伦理对图书馆的信息组织、传播和服务等的作用更直接、更活跃，对图书馆服务秩序的维持更重要、更外显。图书馆员职业伦理不仅是信息组织者、服务者和图书馆组织等相关主体处理相互服务关系时应遵循的行为准则，也是对现代图书馆制度规范的合理性、正当性的价值审视。因此，图书馆制度是在长期图书馆员职业活动中形成的关于各主体行为合理的、正当的行为规范和道德标准。图书馆制度只有体现、反映读者用户对图书馆的服务活动的伦理价值取向和要求，才能获得社会的普遍认同与支持，进而真正成为实际操作规则而发挥作用，维护正常的图书馆员职业活动秩序。②

（一）图书馆制度的道德基础

图书馆制度的道德基础表现在以下几方面。

1. 图书馆制度的价值观基础

图书馆制度规范与道德规范在发生学意义上其实是同源的，在价值指向上是一致的。虽然在现代社会，图书馆制度的重要性得到了充分强调，但图书馆的读者用户固有的伦理道德要求依然存在，甚至随着信息网络技术的普遍应用而更加复杂和迫切，职业伦理仍为馆员提供着价值理念和行为准则。因此，图书馆制度仍需要以伦理价值为基础。而以人

---

① 转引自江海一蓑翁《诺思：制度经济学的集大成者》，2015 年 12 月 4 日，豆瓣网（https：//www.douban.com/note/527349203/？from＝tag）。

② 施强：《图书馆制度的伦理道德维度分析》，《图书馆》2007 年第 3 期。

本理念、公平理念、效率理念、依法治馆理念等具有现代性和后现代性的图书馆管理工作理念，都是以伦理道德价值为重要逻辑起点和归宿的。图书馆制度的伦理道德价值基础使图书馆制度更具普遍意义。

任何制度的产生、变革、创新活动都是在一定伦理价值基础上展开的，因而图书馆制度变迁活动也应该是在图书馆价值体系的指引下所进行的活动，所以各类型、各层次的图书馆制度的变革、创新总是蕴含着图书馆伦理道德价值。图书馆制度建设、创新，必然是在图书馆价值理念的导引下，有目的、有计划、有意识地制定、遵循、变革着图书馆制度，并建构图书馆服务实践活动。因此，在图书馆制度的产生、变革、创新过程中，制定者、变革者和创新者的伦理价值理念起着十分重要的作用，这也是他们对图书馆伦理道德价值体系的追求，因而伦理道德则成为这一体系中的重要部分。用图书馆制度来规范和约束是表面的，而实际上真正起作用的是图书馆制度背后的图书馆伦理价值观念。

2. 图书馆制度的合理性基础

图书馆制度的合理性是对图书馆制度的伦理评价。只有合乎社会公众信息利益和信息需求时，图书馆制度才能被图书馆员职业群体及社会公众所信仰、承认、支持和服从、接受并执行，图书馆制度才具有合法性。而正当的、合理的图书馆制度的合法性根据主要是从图书馆伦理道德中寻找，因而图书馆伦理道德在逻辑上优先于图书馆制度。这种优先性在于：第一，图书馆伦理道德体系提供图书馆制度规范体系价值合理性的根据。由于图书馆制度体系中都渗透着一种伦理道德精神，也就是伦理规范的道德精神，它只有与具有合理性的图书馆制度规范相结合，才能被社会公众所认同和支持，对图书馆员职业群体发挥作用。第二，图书馆伦理道德为图书馆制度提供被社会公众支持的义务依据。只有支持和遵守图书馆制度的这一道德义务存在，才谈得上图书馆制度的可普遍化。第三，图书馆伦理为制定、实施图书馆制度规范提供了必要的道德前提。

3. 图书馆制度的效用基础

图书馆制度之所以有效，不仅源于它的强制力，更在于图书馆制度蕴含着具有普遍有效的理性规则，并能够内在地表达、传递读者用户一定的价值原则和伦理道德要求，具有明确的伦理价值指向。图书馆事业发展的事实也充分说明，图书馆价值在于通过文献资源整序、传递文献信息、开发智力资源和社会教育、收集和保存人类文化遗产及满足社会成员文化交流娱乐消遣等功能，达到维护信息公平，保障社会公众自由接受、自由传播和自由利用图书馆的权利。也就是说，从图书馆制度到现实图书馆服务秩序的"物化"过程，是图书馆制度价值有效内化为图书馆各主体的行为准则及社会公众自觉的价值选择的过程。可以说，现代图书馆，如果没有社会公众对图书馆制度规范的合理性、合法性认同，没有图书馆各主体的切实遵守执行，是寸步难行的。

（二）图书馆制度的伦理意义

关于图书馆制度的伦理意义，其实是源于制度与伦理之间的关系。制度与伦理的关系是一种形与实的关系。制度是物化的伦理，伦理是制度的内核。图书馆制度的伦理意义具体表现在保障信息自由、维护信息平等、体现信息共享、彰显社会正义几方面。①

1. 保障信息自由

联合国教科文组织《公共图书馆宣言》指出："自由、繁荣以及社会与个人的发展是人类根本价值的体现。""人们对社会以及民主发展的建设性参与，取决于人们所受的良好教育和自由、开放的存取知识、思想、文化和信息的程度。"② 民主社会的发展取决于社会公众受教育程度和自由利用信息的程度，图书馆在社会公众追求精神自由与幸福方面起着重要作用，这种作用的发挥需要制定的图书馆制度是公平的、维护自由的。信息自由，是指人类在合法的限度内自由地进行信息活动的一种状态，也是人们不受或少受外力限制的情况下进行所需信息活动的自由状态。③ 对信息自由的追求是人类共同的本性诉求，也是人类社会发展的最深层的、最根本和最有力的动力源，其核心价

---

① 施强：《图书馆制度的伦理道德维度分析》，《图书馆》2007 年第 3 期。
② 联合国教科文组织：《公共图书馆宣言（1994）》，《图书馆学刊》1996 年第 6 期。
③ 蒋永福、刘鑫：《论信息公平》，《图书与情报》2005 年第 6 期。

值在于满足公民平等自由利用图书馆知识权利。① 社会公众想处于信息自由状态，一方面应该具有相应的信息权利，这种信息权利强调的是公民的信息权利不被信息权力所侵犯、所强制，这是保障公民在法律的许可范围内充分享有信息自由的权利，是实现信息公平的最基本的前提条件；另一方面自由并不意味着没有服从，一个没有强制服从的社会是无法运转的社会，因为这种强制性服从是符合该社会成员一致同意或认可的行为规范，是代表每个社会成员的"公共意志"。也就是说，一个社会的法律或道德能直接或间接地得到公民的同意，这个社会的制度才是正义的，才是合乎伦理的。因此，信息自由是图书馆制度伦理意蕴的根本原则。

2. 维护信息平等

"平等是不同社会主体在一定历史阶段的交往过程中处于同等的社会地位，在社会领域享有同等权益履行同等义务的理念、原则和制度。"② 社会各类型、各层次主体间的遗传因素、受教育程度和成长的社会环境等存在差异，造成各种主体间的思维、观念和能力表现程度存在差距，使得某一个人在某个特殊的方面优于或者劣于另一个人。但不可否认，不同社会地位的主体与主体之间有着共同的关系，这种主体间共同关系，正如恩格斯所说，"一切人，作为人来说，都有某些共同点，在这些共同点所及的范围内，他们是平等的"③。社会公众为了实现自我个性发展，都存在拥有社会公共信息产品的愿望，这种愿望是任何人的共同追求。信息平等不仅是一种理念、一种制度，而且是一种关系。这种理念、制度和关系的信息平等体现在《公共图书馆宣言》中："不因其民族、种族、性别、职业、社会出身、宗教信仰、居住期限、财产状况、政治态度和政治面貌的不同而有所差别。"④ 这种社会公众要求

---

① 蒋永福、李集：《知识自由与图书馆制度——关于图书馆的制度视角研究》，《图书馆建设》2004 年第 1 期。

② 郑慧：《何谓平等》，《社会科学战线》2004 年第 1 期。

③ ［德］恩格斯：《反杜林论：欧根·杜林先生在科学中实行的变革》，《马克思恩格斯选集》第 3 卷，人民出版社 1972 年版，第 142 页。

④ 联合国教科文组织：《公共图书馆宣言（1994）》，《图书馆学刊》1996 年第 6 期。

平等拥有社会信息的愿望和追求的制度伦理关系，表现为信息主体间在信息活动中所处的权利平等、机会平等和分配尺度平等。可以说，信息平等是公平的基本尺度，没有图书馆信息平等便无图书馆制度的伦理性，一个符合伦理的制度不仅包含充分的自由，而且更追求平等。不仅要求自由是平等的，而且强制服从也是平等的。

3. 体现信息共享

图书馆制度的确立，目的在于维护和保障社会公众获取信息与知识的机会和分配公平，促进图书馆信息资源保障体系的公正性、图书馆信息组织的稳定性和图书馆信息服务效率化。事实上，现行的图书馆制度体系结构中，所谓"信息公平"，只是相对于某一阶层、某一层次上同一群体内的公正、平等，并不可能是绝对的公正、平等。在图书馆具体的服务过程中，存在"差异服务"和"分流服务"，这实际上体现了图书馆信息权利的不平等和不公正。图书馆的信息资源是属于公共的社会信息，应该向所有的信息权利人平等地开放、被他们利用。所以，制定相关图书馆制度，旨在突出社会公众的信息权利，贯穿信息公平的"共享原则"，使图书馆客观知识有效、公正、稳定和自由地被社会公众所利用，在制度中体现图书馆信息的共享性。信息共享是共同享用公共信息资源，是信息权利人对特定信息资源的共享。[①] 这种共享理念，实质上体现了"人人共享，普遍受益"的社会信息公正理想，体现了一个国家以信息权力保障社会公众的信息权利，体现了政府制度安排的正义性，[②] 反映了图书馆制度的公平正义的伦理追求。

4. 彰显社会正义

罗尔斯提出"公平正义"既是构建合法社会制度的理论基础，也是构建道德体系的理论基础。他认定："正义是社会制度的首要价值。"[③] 罗尔斯这种"社会制度正义论"的伦理思想，涵盖了社会的

---

① 蒋永福、刘鑫：《论信息公平》，《图书与情报》2005 年第 6 期。

② 蒋永福、黄丽霞：《信息自由、信息权利与公共图书馆制度》，《图书情报知识》2005 年第 1 期。

③ ［美］约翰·罗尔斯：《正义论》，何怀宏等译，中国社会科学出版社 1988 年版，第 3—4 页。

各个领域，当然也包括社会公共领域之一的图书馆行业。所以，"公平正义"是构建图书馆制度和图书馆道德体系的基础。图书馆制度的确立，目的就在于保障和维护社会公众的信息、知识权利。对信息公平的追求，体现了图书馆制度的伦理价值。信息获取和分配的公平性伦理意蕴，强调的是信息获取机会的公平和信息资源配置的公平，实质是体现了图书馆制度中社会公众信息权力和信息权利的正义性。只有在图书馆制度中赋予社会公众相应的信息权力，图书馆制度才能保障社会公众相应的信息权利与义务。而民主社会的权利与义务的核心就是自由、平等。维护社会信息公平的核心在于维护社会信息的自由、平等和共享，对社会信息的自由、平等和共享的伦理诉求，是推动和保障社会公众信息权利的基础。

二　图书馆制度对图书馆员职业伦理建设的作用

图书馆制度的短期目的是解决图书馆现实问题，其长远目的是保障公民的知识权利的需要，促进图书馆可持续发展，其对职业伦理建设的作用主要有三方面。

（一）图书馆制度是图书馆员职业伦理建设环境的重要保证

伦理道德必须拥有一个能够让其充分发挥规范和引导作用的环境，而制度是这个环境的重要构成因素之一。制度通过社会组织的强制作用建立并形成一定的社会行为模式，构成一种规范化、秩序化的社会组织系统，这个社会系统就是我们生存的社会环境。① 通过图书馆制度的构建，来昭示国家或图书馆员职业倡导的伦理追求、道德原则和伦理价值，实现制度的凝聚、演示、调节、规范等功能，制约或决定图书馆员的道德面貌，使图书馆员的行为符合职业要求。

（二）图书馆制度是图书馆员职业伦理建设的重要手段

通过制度构建，加强图书馆员职业伦理建设，不一定能从根本上遏制图书馆员的伦理失范行为，但对规范图书馆员言行、树立图书馆员社会形象、提高服务效率具有重要作用。首先，图书馆制度使图书

---

① 章锦德：《略论制度的伦理作用》，《福建论坛》（经济社会版）1999 年第 11 期。

馆员职业伦理建设更加具体化、条理化、明确化，使图书馆员有章可循。其次，图书馆制度为有关组织和社会各界监督图书馆机构及图书馆员行为提供了客观依据和可参照标准，也为惩处和制裁违纪失德的图书馆行为主体提供了明确的依据。图书馆制度以其明确性、制度性和威严性，保证了职业道德意识得到普遍养成和图书馆员职业伦理规范得到共同遵守，通过赏罚或激励来影响图书馆各种主体的行为选择，引导其规范行为。最后，图书馆制度包含对图书馆员的权利和义务的明确内容，使图书馆员的道德自觉得到制度的伦理关怀。

（三）图书馆制度是图书馆员伦理道德实现的重要条件

图书馆员伦理道德实现是指图书馆及其工作人员对于职业伦理观念、伦理原则、伦理规范的接受、践履以及在道德实践中运用的手段和方式。由于图书馆制度具有独特的引导、约束和规范功能，其导引具有确定性、时间的稳定性和约束的强制性，所以有利于图书馆员伦理道德的实现。首先，图书馆制度能够按照图书馆的工作特点把道德规范和道德目标贯穿于具体的工作要求中，使抽象的图书馆员伦理原则转化为现实的可操作行为。其次，制度的稳定性有助于道德养成。图书馆制度一经形成，便在相当长的时间内保持不变，制度的稳定性使制度规定的内容成为图书馆员反复践履的行为，道德在其过程中也就养成为图书馆员的无意识存在。

三　图书馆制度建设现状与问题

按照对图书馆制度的划分，我国宏观的图书馆制度是党和国家的各级部门、组织、机构制定的各种政策制度、规定、标准等。我国各级政府部门是有关图书馆宏观制度的制定主体。

制度供给是现代政府最重要的职能。政府必须根据人类最基本、最具有普适性的价值观，如公正、自由、平等、和平等为图书馆制定生产与供应制度，并根据社会环境与人民群众需求的变化不断地推动制度修订、完善和创新。政府作为图书馆制度供给主体，提供制度安排的意义首先在于保障，即提供良好的秩序环境。良好的制度供给可以为图书馆事业的发展、公民文化权利的实现创设一个良好的秩序环境，使社会公平正义切实得到维护和实现。其次在于规范，即确定行为的界限。确定界限是制度供给最为基本的功能。政府通过制度供给，告诉图书馆事业相关主体能做和可以做什么，不能和禁止做什么。这种界限既包括权利与义务的界定，也包括活动空间与范围的确定。① 正如美国制度经济学家道格拉斯·C.诺思（又译：道·诺斯）所说，"制度是社会游戏的规则，是人们创造的、用以限制人们相互交流行为的框架"②，是"一系列人所发明设计、约束人们行动与相互交往的规则"③。如果政府制度供给不健全，就意味着政府对待图书馆的态度和行为无制度与规范保障，就意味着图书馆有可能失去政府的常规性支持。在政府制度供给不健全或缺位的状况下，在实际操作中，政府及其公务员就有可能以"法无规定便是自由"为由，不愿或拒绝为图书馆发展提供政府支持，或者随意利用手中的"自由裁量权"，随意处置甚至取消对图书馆的支持。如果不改变政府制度供给缺位的现状，我国图书馆事业将不可能形成长足发展的长效机制。④ 因为，仅靠图书馆职业集团的自发推动，虽然制度安排比较贴近制度需要，但制度安排的效率较低，实施速度缓慢。反之，如果完全依赖政府的主导作用，虽然在一定程度上可以降低制度实施的交易成本，制度实施的速度较快，但制度安排的效果尤其是效率较低⑤。

（一）图书馆制度建设的现状

新中国成立以来，我国党和政府为了发展图书馆事业，满足社会不断增长的信息需求，先后制定发布了一系列重要的制度文件，适应了不同历史时期图书馆发展的需要和服务需求。这些文件虽然不全是图书馆服务的专门文件，但提高图书馆服务质量和效益是所有制度的

---

① 梁欣：《发展公共图书馆事业的政府制度供给责任》，《图书情报工作》2009年第17期。

② ［美］道·诺斯：《制度变迁理论纲要》，张帆译，《改革》1995年第3期。

③ International Symposium in Economic Theory and Econometrics, *Political Economy*：*Institutions*，*Competition and Representation*，Cambridge：Cambridge University Press，1993，p. 62.

④ 梁欣：《发展公共图书馆事业的政府制度供给责任》，《图书情报工作》2009年第17期。

⑤ 同上。

最终目的，都是在发挥直接或间接的作用。这些文件的类型、内容、形式很多，有宏观上的工作指示、条例、实施方案，也有专业性的建设标准、评估标准，还有业务性操作标准、规范，以及专业人员标准等。例如：1955 年《文化部关于加强与改进公共图书馆工作的指示》，同年中华全国总工会发布的《关于工会图书馆工作的规定》，1957 年《全国图书协调方案》。自 20 世纪 80 年代以来相继颁布和修订的相关文件较多，如《图书馆工作汇报提纲》《公共图书馆服务规范》《公共图书馆评估标准》《公共图书馆建设用地指标》《普通高等学校图书馆规程》《省（自治区、市）图书馆工作条例》《中小学图书馆（室）规程（修订）》《中国科学院文献情报工作暂行条例》《关于网络环境下著作权问题的声明》《文化行业国家职业标准·图书资料馆员》《文化行业国家职业标准·古籍馆员》《文化行业国家职业标准·文献修复师》《全国古籍保护试点工作方案》《图书馆文献采访工作规范》《关于建立图书馆集体采购协调中心的通知》等。

　　高等学校图书情报工作指导委员会制定的相关制度文件有：《高等学校图书馆数字资源计量指南》《普通高等学校图书馆文献集中采购工作指南》《普通高等学校图书馆评估指标》等。地方性的图书馆相关制度文件有：《新疆维吾尔自治区公共图书馆免费开放服务标准》《江西省公共图书馆服务标准（试行）》《安徽省公共图书馆服务标准》《江苏省公共图书馆服务规范》《河北省图书馆聘任制暂行办法》《福建省图书馆关于职工参加各类学习的规定》《甘肃省图书馆人事管理制度》[①] 等。

　　以上各级政府和主管部门以及行业组织出台的制度构成了图书馆制度体系。无论是资源制度、人事任用制度、信息共享制度，还是建设标准、评估体系指南等，这些制度分别从不同侧面，对图书馆工作各方面、各环节的标准或要求，发挥各自的引导、规范与制约作用，其中心目标都是致力于保障和提高图书馆服务质量和水平，保障公民

---

　　① 刘小琴主编：《图书馆规章制度选编》，北京图书馆出版社 2010 年版，目次第 1—6 页。

的图书馆权利充分有效行使。它们促进了改革开放后全国图书馆事业和图书馆服务的科学化、规范化和法制化，同时，有利于图书馆员职业伦理道德建设，体现了伦理道德的价值旨归。而且，由于制度具有强制约束力，与道德规范相比其效力更显著。例如，以"图书资料馆员""古籍馆员"和"文献修复师"三个试行的国家职业标准、《信息网络传播权保护条例》和《政府信息公开条例》的正式实施以及《国家"十一五"时期文化发展规划纲要》的发布为标志，图书馆事业发展赢得了前所未有的制度环境保障。

（二）图书馆制度建设的问题

为保障公民文化权利的实现、公共图书馆事业的健康发展，政府理应成为图书馆的主要制度供给主体，其对发展图书馆事业负有着不可推卸的责任。所谓图书馆制度供给是指国家为了保障公共图书馆事业而制定的一系列政策、法规、规章、规划，现实生活中的图书馆制度供给经常以生产与供应图书馆法、文化政策、发展规划等形式出现。① 当今网络信息时代，人们的价值多元化、个性化，图书馆服务需要更人性化和规范化，不仅需要职业伦理规范，也需要制度环境做保障。而目前，我国图书馆制度建设虽然取得一定成绩，但还存在诸多不足之处，主要表现在以下三个方面。

1. 制度不健全，落实不力

我国图书馆制度建设从总体看是制度缺失和不完善，导致效率不高或无效。一是制度建设缺乏全国性的统一规划、研究，同一个问题的规定不统一甚至差距大，导致执行效果的不公平。二是制度建设的某些方面滞后，例如"以读者为本""服务至上""知识自由存取""服务公平""保护读者隐私""公共性、公益性、开放性、民主性"等当代先进的服务理念未能充分体现在图书馆制度中，与我国社会现实、读者用户的需求差距较大，不能解决实践中出现的一些新问题。三是制度执行存在随意性，制度对自己有利就强调制度重要性、主动执行，而对自己不利就消极对待，即对他人强调制度，自己则居于制

---

① 李国新：《现代图书馆观念的确立与本土化》，《河南图书馆学刊》2003 年第 3 期。

度之外，特别是在图书馆与读者之间考虑图书馆自身利益多，而考虑读者利益少。这些现象严重影响了图书馆服务工作的改善和图书馆形象。四是对现有制度不能根据需要及时清理、修订、补充。① 总之，从我国图书馆事业发展现状来看，宏观制度和中观制度（中观制度的供给主体一般是图书馆行业组织如图书馆协会/学会）的缺位，与国外图书馆服务制度比较存在差距，这已经成为制约我国图书馆事业发展的瓶颈。②

2. 制度运行缺乏监督机制和专业考评

我国图书馆的经费几乎全部由财政部门支持，除了政府投资外，从其他渠道获得经费的机会很少，一般公众对公共图书馆几乎没有直接投资。由于政府是主要投资主体，所以公众没有评价的权力，也没有干涉的权力。同时，缺少参与监督机制，在制度安排上没有就制度结构和操作方法为各种制度规则建立信息反馈机制和保障机制，导致政府对图书馆管理中的经费不到位、用人随意、决策随意等不科学、不正确、不合理、不应该的做法普遍存在。在对图书馆的管理上，缺乏行政任用问责制等管理机制和权力制衡机制、来自社会公众读者的监督评价机制等，因此，图书馆的绩效和成效如何主要由政府评价，公众没有评价的权力，也没有干涉的权力。具体地说，我国图书馆一般隶属于当地政府有关职能部门如文化厅局，并直接由其对图书馆执行管理及监督检查。这些行政部门缺乏图书馆专业方面的专家，对图书馆的专业指导和检查监督很难到位。这些行政部门在设置检查监督的指标体系上，没有把重点放在检查督促图书馆服务的社会效益，特别是以定量分析为主的社会效益方面。图书馆上级主管部门对图书馆领导的任用考核仍然用行政体制模式进行，缺乏图书馆专业性指标，这导致图书馆领导不能全身心地从读者利益出发，培养和提升馆员的职业素质，着力改善管理制度和拓展服务功能，而更多地要考虑上下级关系协调。相比之下，发达国家已有了成功的做法，如美国有个公

---

① 黄宗忠：《论图书馆制度》，《图书馆论坛》2008 年第 6 期。

② 蒋永福、王株梅：《论图书馆制度——制度图书馆学若干概念辨析》，《中国图书馆学报》2005 年第 6 期。

共图书馆的社会支持团体"图书馆之友",在图书馆事业的发展中发挥着支持与监督作用。"图书馆之友"在公共图书馆系统中起到公众与议会、政府之间的桥梁作用,是美国公共图书馆系统中不可或缺的强有力的支持团体,也是图书馆提高服务水平、满足居民阅读需求的馆外监督团体。再如澳大利亚的公共图书馆直属联邦政府、州政府或市政厅,其监察机构为专门的管理委员会。该机构由国会议员、政府高级行政人员、图书馆界的专家以及读者代表组成,负责监督图书馆的服务与运作情况,判断图书馆是否履行对政府的承诺——向民众提供适当的服务,值不值得花纳税人这么多钱。在这种监督机制下,澳大利亚公共图书馆领导注重的是读者的利益和如何使社会效益最大化。[①] 理念的落后表现为精神性意义上的落后,而制度的落后则表现为实践理性意义上的落后;理念的落后只表现为认识论意义上的落后,而制度的落后则表现为本体论和方法论双重意义上的落后。[②] 由此看来,我国图书馆事业发展的落后还是要归结到制度的落后。

　　3. 图书馆员素质保障制度缺乏

　　图书馆员职业道德和职业伦理建设就是要提高馆员的素质,这不仅需要伦理规范建设和职业道德教育,更需要馆员职业资格认证以及考核评定等一系列配套制度从源头上做保障,因为图书馆从业人员的素质直接制约着图书馆的服务能力、服务水平的提升。职业资格制度是以国家制定的特定职业标准,以一定的程序和方式评价,以规范社会从业成员达到从事某种职业活动所具备的基本条件的社会活动的体系。[③] 实行图书馆员职业资格认证是维持市场秩序的基本规范,是对从业人员提出的最基本标准和要求,是检验一个人是否胜任图书馆工作的准绳。因此说它是图书馆员入职"门槛"的规定,排斥不合格者从事图书馆职业活动,保护合格者从业的权益,同时,也为读者用户获得优质服务提供制度保障。实行职业资格制度有利于提高馆员的整体素质,规范对馆员的管理,是馆员专业化的必然要求,所以是图书

　　① 李艳萍:《中外公共图书馆制度比较》,《图书馆建设》2008 年第 12 期。
　　② 黄宗忠:《论图书馆制度》,《图书馆论坛》2008 年第 6 期。
　　③ 吕忠民:《职业资格制度的研究及对策》,《中国考试》2008 年第 3 期。

馆员职业发展的必然趋势。在我国图书馆界，职业资格制度缺位，在人员安排上随意，干部提拔没有严格的专业化标准，这些直接导致馆员整体素质不高，职业道德建设效果和成效得不到保证。

综观世界，发达国家图书馆界普遍实施的图书馆员职业资格认证制度，并具备完善的运行机制，这就避免了这种制度缺位，从而保证了馆员素质普遍较高。[1] 多年来，我国图书馆员职业资格制度缺位已得到图书馆界的重视，各级政府基金也对有关我国图书馆员职业资格制度进行立项，进行了大量的学术研究。学术界通过研究国际经验发现，图书馆员队伍水平要提高，就要建立职业资格制度。图书馆界也做了许多工作，向政府主管部门呼吁和争取，如 2002—2003 年，中国图书馆学会向文化部提交了《关于中国图书馆学会申请图书馆员职业资格认证的报告》，以及《关于中国图书馆学会承担全国性行业学会职业培训的报告》《世界主要国家图书馆的职业资格认证制度》的调研报告和《关于申请承担图书资料馆员职业资格认证培训工作的函》等，其目的是希望把借鉴和引进的美国或者日本图书馆员准入与晋升制度列入国家法规。然而，遗憾的是，出于国情，国家人力资源和社会保障部考虑到可能会"造成一些弱势群体就没法就业"[2]，没有将图书馆员职业资格相关规定的内容列入《公共图书馆法》之中，这就意味着短期内该制度仍然不会得到国家法规的规定和保障。

另外还有关于图书馆员的继续教育问题。继续教育是提高专业技术人员创新能力和整体素质的重要途径。接受继续教育，是专业技术人员的权利和义务。加强继续教育工作，对于建设高素质、创新型的专业技术人才队伍，增强自主创新能力，建设创新型国家，具有重要作用。[3] 在现代社会，作为知识信息文化教育服务的职业，图书馆员必须在职业生涯中接受继续教育，不断提高职业水平，才能满足读者

---

[1]　蒋永福：《技术和制度哪个更重要？——关于图书馆制度的思考》，《图书馆》2005 年第 4 期。

[2]　刘锦山、李国新：《李国新：忙趁春风赋华章》，《高校图书馆工作》2013 年第 1 期。

[3]　人事部、教育部、科学技术部、财政部：《关于加强专业技术人员继续教育工作的意见》，《继续教育》2007 年第 11 期。

用户越来越高层次的需求。关于图书馆员继续教育，在我国缺少强制性制度。一些制度中也有所涉及，但作为指导性、方向性的制度，由于经费紧张、领导层重视不够，导致制度往往流于形式。国家人事部、教育部、科学技术部、财政部颁布的《关于加强专业技术人员继续教育工作的意见》，对于参加职称评定人员具有强制性，但对于不参加者仍然缺乏执行效力。

总之，目前我国图书馆制度建设存在的问题，不仅制约了图书馆事业的整体发展，同时，也不利于图书馆的伦理道德建设工作的有效开展。

第二节　微观图书馆制度

在图书馆制度体系结构中，微观制度就是图书馆机构所制定的规章制度。现代图书馆规章制度包含着图书馆管理体制、发展政策、运行机制、办馆理念、行为规范等。它是图书馆组织良好运行的保障，是规范各种行为、调整各种关系的文化纽带，在一定程度上反映了图书馆组织的价值取向，并且是图书馆文化品位的重要量度。① 作为图书馆管理规范部分之一，图书馆规章制度对图书馆员职业伦理建设具有很大促进作用。

一　图书馆规章制度的道德功能

图书馆规章制度与职业道德的关系，简单地说有两点。其一，道德对于制度的影响。一方面，一个制度存在的合理性基础离不开馆员的道德价值认可；另一方面，一个制度的存在及其实际运作状况，离不开良好的职业、职业精神、职业习惯与馆员道德状况，这些有助于制度的巩固。其二，制度对于道德的影响。图书馆规章制度具有价值

---

① 王关锁：《论中国现代图书馆制度创新的文化取向》，《图书馆工作与研究》2004年第4期。

规范与导引功能。公正的制度对于馆员确立健康的职业价值、职业精神，树立良好职业道德风尚极为重要。图书馆规章制度的有效供给是馆员职业道德建设的一个极为重要的保障因素。因此说，一个有效力的图书馆员道德规范其实效状况主要取决于两个方面：馆员个体道德自由意志能力和职业道德规范的制度性保障。

（一）行为导向

图书馆规章制度之所以能影响图书馆员的职业行为选择，是因为图书馆制度都内含对图书馆员的权利和义务进行划分或分配的内容，以某种强制力为后盾和保障。这两点构成了图书馆规章制度所具有的赏罚功能和激励功能：对图书馆制度的无知者、违规者产生一种有形和无形的约束，使不按制度规定的权利义务框架行事的图书馆员得不到利益并且受到惩罚；对符合图书馆制度要求者以有形和无形的方式进行接纳和奖励，使他们得到应得的社会效益和自身利益，从而起到图书馆员行为的导向作用。图书馆制度这种明确的导向作用和激励机制使其保障了伦理道德规范的有效落实。

（二）行为约束性

图书馆规章制度是一种外在强制的硬性约束。图书馆制度给图书馆员一种明确的行为规范，防范违规行为的发生。如果不照这种导向选择自己的职业行为，一旦违规，就对违规者进行处罚，达到实现公平与公正的目的，这样避免了"有道德的人常常遭受不幸，而不道德的人则往往是幸运的"① 现象发生。图书馆制度主要针对道德自律性不强的人员，他们通常道德规范意识弱，而有了制度之后，这类人员即使缺乏道德自觉性，也会出于免受惩罚或利益损失的考虑而不愿违反相关制度。

（三）保证图书馆核心价值的实现

制度的另一个功能是在以道德引领的组织中，将一种清晰的、共享的价值观和信仰变成一个非正式标准规范着人的行为，从而形成一

---

① ［德］黑格尔：《精神现象学》（下卷），贺麟、王玖兴译，商务印书馆 1987 年版，第 141 页。

种内化的感受和以道德驱动为特征的团队精神。在制度运行中图书馆要利用各种形式、各种活动来进行职业道德教育，宣传、推广、倡导"读者第一"的服务宗旨，使馆员形成共同的价值观和道德信念，树立起图书馆员职业精神，使每个馆员都具有主人翁精神，对工作认真负责，对待读者主动热情，关心爱护同志，开拓进取，求真务实，锐意进取。这样才能将图书馆各方面的力量汇集到统一的工作目标上来，更好地履行社会信息公平和信息保障的使命，通过收集、整理、存储、传播信息知识等劳动，服务于社会，充分满足读者或用户需求，促进社会进步与发展，[①]从而实现图书馆核心价值。

（四）促进服务和谐

图书馆规章制度的一个功能就是通过制度本身蕴含的公正、合理的制度安排，显示出制度的权威性，使图书馆员能够在这个制度体系规定的范围内，按照制度的要求采取积极的行为。制度伦理从正义角度昭示管理者提倡什么或反对什么，何种行为会受到奖励，何种行为会受到惩罚，从而形成良性的舆论氛围。因此，在一个基本公正的图书馆制度环境下，图书馆员出于对制度道德善的认可，出于内在价值肯定基础上的共鸣，产生了维护、遵循制度规定的自由意志行为，抑恶扬善，相互激励，使图书馆形成基本公正、合理的秩序。通过制度管理更有效地引导图书馆员自觉认同、遵循职业道德规范，使图书馆的服务保持和谐状态。

二　图书馆规章制度的建设现状

图书馆机构的规章制度是图书馆员必须共同遵守的规范和准则，是图书馆开展各项工作和进行科学管理的重要依据和准绳，也是"依法治馆"的重要手段。图书馆规章制度包括图书馆的馆纪、馆规，具体有图书馆日常行为规范、部门岗位职责、业务工作细则、奖惩制度、图书资源借阅、保护规范等各项管理制度。图书馆规章制度在机构内部管理中界定图书馆员的权利与义务、岗位职责，廓清岗位间的

①　黄宗忠：《论图书馆制度》，《图书馆论坛》2008年第6期。

业务衔接和权责关系，设计图书馆各项业务的合理流程等内容，对图书馆各项管理的设置给予了规则化、制度化、法定化的限制，使馆员有章可循，管理者能治馆有据，减少行为的不确定性。

自中华人民共和国成立以来，特别是改革开放以来，我国图书馆机构规章制度建设取得了一定成就。一是初步建立了中国图书馆制度体系，尤以公共图书馆制度建设成绩最为突出。仅 2001 年由北京图书馆出版社出版，刘小琴主编的《图书馆规章制度选编》一书，就收集、选用了全国公共图书馆系统正在执行的规章制度共 14 个方面，124 个。[①] 这些规章制度包罗了图书馆的业务工作、行政管理、人事管理各个方面，其中大多是由一个馆单独制定的，自然存在差异。二是种类比较齐全，从图书馆业务工作到行政管理、人事管理，从传统图书馆技术到自动化、数字化、网络化，从传统纸质文献到数字文献，从一馆信息资源利用到多馆信息资源共享。三是内容基本符合时代需要，大多数内容能为馆员、读者共同接受、共同遵守。现在，随着时代的发展需要，各馆的规章制度已经增加补充不少，难以统计其数。[②] 少数地方一些具备领先意识的图书馆制定了全面系统的规章制度，在全国图书馆机构规章制度建设中发挥了带动作用，例如深圳图书馆于 1998 年颁布了一系列关于馆员继续教育的规章制度，其中有《深圳图书馆关于专业技术人员继续教育实施办法通知》《深圳图书馆职工继续教育办法》以及《深圳图书馆员工继续教育总结考评办法》等。它们从制度的层面保证了该图书馆人力资源开发的连续性和规范性，使馆员能够在这一系列的制度中感受到来自工作的压力以及本地或本馆对员工个人发展的重视。[③]

从促进职业伦理道德、维护读者权益、提升读者服务水平的角度看，一些基层图书馆规章制度主要存在以下问题。

---

① 刘小琴主编：《图书馆规章制度选编》，北京图书馆出版社 2001 年版，目次第 1—6 页。

② 黄宗忠：《论图书馆制度》，《图书馆论坛》2008 年第 6 期。

③ 刘小琴主编：《图书馆规章制度选编》，北京图书馆出版社 2001 年版，第 347 页。

（一）制度不健全

每一个图书馆的制度是由许多制度组成的制度体系，从类型上可以划分为基本规章制度、行政性制度和业务性制度等方面，每一方面又包含多个具体的制度规范，这些制度之间相互联系、相互制约，共同构成图书馆制度的运行实施机制，保障图书馆各种工作有序进行。然而，我国基层图书馆发展水平参差不齐，制度不健全、不完善，主体责任模糊，"无法可依""无法可循"，甚至制度之间不协调，产生矛盾冲突，难以实施的现象普遍存在，这必然会制约馆员的业务工作和服务工作的质量与效果。

（二）制度缺乏以人为本的理念

图书馆规章制度没有以维护和保障读者的知识自由权利为宗旨，反而以限制或约束读者的行为自由为出发点，背离了图书馆规章制度建设的初衷。图书馆规章制度建设倾向于对管理对象（包括读者用户和工作人员）的约束和规范，人性化关怀不够，"治人"色彩较浓，在执行中表现最突出的问题是专横性和主观随意性。表现在：一是部分规章制度在语言上过于刚性化，缺乏人性化，未能体现出图书馆管理与服务所应有的人文关怀精神；二是执行手段简单，执行态度生硬，缺乏柔性，表现为重批评、轻教育、有执法、无教化的管理模式。这些问题必然挫伤读者与馆员的自尊与感情，易于诱发冲突，产生不和谐的服务关系、同事关系和上下级关系。

（三）制度没有突出"以读者为中心"思想

图书馆规章制度，从最基本的业务工作到管理制度，多数是站在行业或单位内部的角度，首先考虑的是内部管理便利，而忽视了读者的需要及利益。这违背了公平原则，损害了读者的权利，弱化了对读者的权益保障。各项业务岗位责任评聘考核缺乏服务伦理道德理念，没有把道德规范和道德目标贯穿于具体的工作要求中，使抽象的伦理观念转化为现实的可操作行为，以致制约了制度对图书馆员遵守职业伦理规范所发挥的积极促进作用。首先，服务制度形式内容较为空泛，条款内容简单，大多以"以人为本"或是"读者至上"来概括，而没有明确针对图书馆自身定位和所面向的读者用户群体的特征和差别，提出具有各自图书馆特色的服务理念和操作细则。其次，在制定的岗位业务制度中，很少考虑到读者服务质量、服务效果问题，缺少相应的指标和规范。最后，服务制度中对读者的义务有明确的规定，但对读者所具有的安全保障权、知情权、参与管理权和监督权等较少或没有详细说明。而且此类制度中很少有对用户参与和回应性内容的规定，从而限制了用户在改进服务质量方面的能力发挥。①

（四）制度执行中针对读者有失偏颇

图书馆规章制度的偏失突出表现为：有义务，无权利；有惩罚，无奖励；有执法，无教化；有执法，无司法。② 首先，这种不平衡、不对等制度，造成了读者"有求于人"的心态，甚至处处谨小慎微、小心翼翼。读者从图书馆的顾客"上帝"身份实际上反而沦为弱势群体，甚而严重到不是"中心"而是"边缘"，从而束缚了读者对馆藏资源和服务方式选择的自由度和积极主动性，也制约了馆藏资源开发利用的效率和效益。其次，只有违章惩罚或以处罚相威胁，并无鼓励"守法"、奖励优秀的条款，限制了规章制度控制与导向"双重功能"的现实发挥。最后，多数图书馆都片面强调规章制度的外在强制规定性，忽视了通过有效的教育或教化，将规章制度转化为人的自觉行动，忽视了预防性的引导、感召、感化、宣传教育，而且对待违章行为也是重惩罚、轻教育，"以管代教，以罚代教"。这种忽视教育的惩罚并不能保证规章制度的效能。如果出现馆员与读者发生冲突事件，馆员常常扮演"运动员"和"裁判员"的双重身份，难以严格"执法""守法"，难免有失公平公正。一般都是不够重视读者的感受，对读者道歉和抚慰，即使读者不满，也是不了了之。

（五）制度制定和执行机制不完善

首先，我国图书馆在制定规章制度时，往往表现出唯上不唯下，务虚不务实，漠视读者的公共利益，不是从鼓励和培养读者利用图书馆的积极性出发，不是以资源如何有利于读者方便快捷获取达到最大

---

① 杨雅、李桂华：《我国图书馆服务制度配置模式调查与分析》，《国家图书馆学刊》2011 年第 3 期。

② 桑晓东：《论图书馆管理中的规章制度建设》，《图书馆建设》2004 年第 3 期。

化利用为目标，不是以馆员服务最大化最优化为原则，所以一些规章制度内容有"霸王条款"之嫌，背离了图书馆事业的公共性、公益性原则。其次，规章制度的论证、制定过程缺少民主参与机制，不深入调查了解读者的真实需求与愿望，也没有充分吸收馆员代表和读者用户代表参与，对制度执行过程及效果，也没有建立有效的监督、评价、反馈、回应机制。因而，制定出来的图书馆规章制度带有过多的行政色彩，不符合专业化、科学化、合理化、人性化原则，读者用户的利益也就无法得到切实有效的维护。这些问题严重影响了图书馆规章制度的规范作用和价值导向功能，致使其失去了应有的效力。①

---

① 张雅红：《图书馆规章制度的伦理分析》，《图书馆理论与实践》2007年第4期。

第十章

图书馆法律规范

图书馆法是指由国家机关制定或认可，以国家强制力保证其实施、调整图书馆活动中的各种社会关系并平衡相关活动主体利益的行为规范系统。图书馆法不等于单一的法律规范，而是若干法律规范的总和，即法律规范系统。① 图书馆法的调整对象是图书馆活动中的各种社会关系，主要包括图书馆主管部门与图书馆之间的关系、图书馆与读者之间的关系、图书馆内部的关系、图书馆与图书馆之间的关系以及图书馆与其他社会组织之间的关系。在图书馆法调整的各种关系中，服务关系是最重要的法律关系，从这个角度讲，"图书馆法的核心问题是处理好与读者和社会大众关系的问题"②。图书馆法规不仅保证图书馆事业正确的发展方向和图书馆事业发展的物质条件及图书馆运行中的各种关系，而且规定各行为主体的权利和义务，保证图书馆一切活动的和谐有序，所以说，图书馆员职业伦理规范的实施离不开图书馆法律法规的强力保障。

第一节　图书馆法律与职业伦理的关系

图书馆法律法规与图书馆员职业伦理的关系实质上是伦理与法的

---

① 付立宏、袁琳编著：《图书馆管理教程》，武汉大学出版社 2005 年版，第 266—267 页。

② 郑敬蓉：《图书馆法"权利本位"的思考——以公、私法划分理论为视角》，《山东图书馆季刊》2008 年第 4 期。

关系。伦理是"指人与人相处的各种道德准则"①。《辞海》对伦理的解释是"处理人们相互关系所应遵循的道理和准则……现通常作为道德的同义词使用"②。法律指"由立法机关或国家机关制定，国家政权保证执行的行为规则"③。所谓规范指"约定俗成或明文规定的标准"④，规范就是"标准；法式"⑤。以上概念表明，规范由约定俗成与明文规定两部分标准构成。法律、伦理都属于规范准则范畴，伦理规范属于前者，而法律属于后者。职业伦理，一般也称职业伦理规范或职业道德规范。图书馆员职业伦理规范是由行业组织如图书馆学会、协会、联盟或图书馆机构作为馆员代表制定的行业道德行为准则，具有行业内部自律性和约束性，依靠社会舆论监督执行，而图书馆法律是由国家强制力保障的规范，具有外在的强制性。在图书馆员职业生活中，不同性质的职业规范，共同构成一个统一的职业规范调节系统，保证和维护职业关系和职业秩序。图书馆员职业伦理规范与图书馆法律规范从内部与外部、自律与他律、软硬两方面共同维护图书馆员职业活动的健康有序和谐。所以，研究图书馆员职业伦理，不能不涉及图书馆法律规范有关问题，这是职业伦理题中应有之义。

图书馆员职业伦理与法律具有密切的关联性，既存在区别，也存在同一性。认识二者的关系，有助于全面认识图书馆员职业伦理，更好地促进馆员职业伦理道德建设。伦理道德规范与法律规范分属不同的作用领域，存在较大的区别。如道德规范是自律性的、由主体主观意识控制的、内在的、靠舆论监督的非权力规范，法律规范则是靠他律、由外在于主体的强制力约束的权力规范；道德规范是一种软约

---

① 中国社会科学院语言研究所词典编辑室编：《现代汉语词典》（第6版），商务印书馆2012年版，第852页。

② 辞海编辑委员会：《辞海》（1999年版缩印本），上海辞书出版社2000年版，第266页。

③ 中国社会科学院语言研究所词典编辑室编：《现代汉语词典》（第6版），商务印书馆2012年版，第353页。

④ 同上书，第89页。

⑤ 辞海编辑委员会：《辞海》（1999年版缩印本），上海辞书出版社2000年版，第1743页。

束，法律规范是一种硬约束；道德规范的范围广但作用效力弱，法律
规范是道德规范的底线，其效力强，具有最低保障功能，即所谓"法
律者，依社会力即公权力之强制而为社会生活之规范也"①。"法是一
种权威性的行为规则。"② 尽管如此，伦理道德与法律都作为规范、准
则，还具有较多的同一性，因而相辅相成。

一　图书馆员职业道德与法律同根于职业伦理

本体论意义上法德同源，统一于伦理。道德与法律都属于规则规
范范畴。这一共同点，包尔生早就注意到了："道德律宣称应当是什
么……法律也无疑是表现着应当是什么。"③ 而黑格尔的观点最有权威
性和代表性。在黑格尔的概念辩证法中，伦理是自由理念在现实世界
中的实现，黑格尔称之为"客观伦理"或"实体性的伦理"："伦理
就是成为现存世界的那种自由概念。"从道德的主观性，到法律的客
观性，最后达到一种综合性的统一，称为"伦理"。黑格尔认为：伦
理是道德与法律的统一，是它们二者共享的真理。"无论法的东西和
道德的东西都不能自为地实存，而必须以伦理的东西为其承担者和基
础。"在分裂状态中，法律欠缺主观性环节，道德则欠缺客观性环节，
伦理是主观性与客观性的统一。"主观的善和客观的、自在自为地存
在的善的统一就是伦理。"④ 因此说，图书馆员职业伦理道德与法律，
都是以图书馆员职业与读者用户的服务关系为基础，以馆员服务最基
本的伦理原则为根本的。

二　图书馆员职业道德与法律同源于职业交往实践

依据交往理论，法德同源于交往实践。"人非社会则不能生活，

① 欧阳谿：《法学通论》，会文堂新记书局 1946 年版，第 102 页。
② ［美］罗斯科·庞德：《通过法律的社会控制·法律的任务》，沈宗灵、董世忠译，
商务印书馆 1984 年版，第 102 页。
③ ［德］弗里德里希·包尔生：《伦理学体系》，何怀宏、廖审白译，中国社会科学出
版社 1988 年版，第 18 页。
④ ［德］黑格尔：《法哲学原理》，范扬、张企泰译，商务印书馆 1982 年版，第
162 页。

而社会生活则非有一定秩序不能进行；任何一时一地之社会必有其所为组织构造者，形诸于外而成其一种法制、礼俗，是即其社会秩序也。"① 就是指人类的生活实践离不开各种规范。在哈贝马斯的理论体系中，法律体系与道德具有同源性，即都产生于交往实践这一过程，都是调解主体之间关系。② 所以，图书馆员职业道德与法律，都是对图书馆员长期的职业实践中，馆员与读者、馆员与馆员等各种交往活动进行总结、概括出来的具有普遍意义的规范。

三 图书馆员职业道德与法律都以社会历史发展状况为基础

根据辩证唯物主义，法律和道德赖以发生、发展的共同基础是社会物质生活条件。马克思认为法律的本质及其内在的生命力，就在于它是以法律形式确认和反映社会物质生活的真实内容和发展规律。"法律应该是社会共同的，由一定物质生产方式所产生的利益和需要的表现，而不是单个人的恣意横行。"③，而道德也是由社会物质生活条件首先是经济条件决定的。从根本上说，道德和法律一样，它的存在和发展状况只能是社会物质生活条件的真实内容和发展规律的反映。同样的道理，当代图书馆员职业道德与法规具有共同的社会历史背景，即当前高度发达的网络信息技术时代和社会主义市场经济体制下，人们的精神文化生活丰富多样化，人们对信息、文献、文化服务需求的内容、层次、方式发生了较大改变。图书馆员职业道德规范和相关法规的制定也必须以这种社会现实为基础，满足读者用户的需求。它们共同的价值目标就是，大力提倡和弘扬社会主义核心价值观，尊重人权，平等、公平、正义，贯彻"以人为本"，共同维护和保证图书馆员职业伦理关系的健康、有序、和谐。

---

① 梁漱溟：《乡村建设理论》，上海人民出版社 2011 年版，第 21 页。
② 郭婕：《在知识系统与行动系统之间——哈贝马斯对法律与道德的分析》，《道德与文明》2009 年第 3 期。
③ 《马克思恩格斯全集》第 6 卷，人民出版社 1961 年版，第 291—292 页。

四　图书馆员职业道德与法律都以人性为基础

从人性论看，法德同源于人性。善恶是人性的两个侧面。道德扬善弃恶，法律惩恶扬善，质言之，道德扬人性之善，而法律的使命则源于止人性之恶。

"道德是人的一种超越性的追求，这种超越性是人的理性的一种天然趋向，也就是人性的必然追求。"① 道德领域的人性假说是"伦理人"，认为人作为一种社会存在，除了物质经济利益之外，人还要寻求生存价值和意义，向善，追求安全、自尊、情感、友爱、归宿感等社会性的需要，有对知识、理想、美的追求和满足。人作为伦理性存在，少不了理想、情操、精神生活，其活动准则是"道德原则"。可以说，善端是道德的人性基础。依据康德的思想，道德律就蕴含了"善的意志"②。中国素有追求完美人性、尊崇理想人格、尊圣学贤的传统，特别强调道德理想，注重人格的完善锻铸，其根本依据就是"人人皆可以为尧舜"的性善论。

法律也同样根基于人性。"真正的法律是与本性相合的正确的理性。"③ "法律的使命并不在于对人性的否认，而在于限制并剔除掉人性中的利己、自私等可能导致作恶的欲望，引导并激发人的欲望向着增进公共福利的方向发展。"④ 法律所要制裁的行为本身是非正义非人性的，所以在这一层面上说，法律维护的就是正义，维护的就是人性。⑤ 人之本性为行为之终极准绳：合于人性或有利于人性发展之行为，乃是者、有益者，亦应为者。违反人性或不利人性之行为，乃非者、有害者，亦即不应为者。一切人为的法律悉以此种客观而绝对的

---

① 高国希：《道德哲学》，复旦大学出版社 2005 年版，第 60 页。

② 同上书，第 106 页。

③ ［古罗马］西塞罗：《国家篇　法律篇》，沈叔平、苏力译，商务印书馆 1999 年版，第 104 页。

④ 田宏杰：《宽容与平衡：中国刑法现代化的伦理思考》，《政法论坛》2006 年第 2 期。

⑤ 王天林：《法律与伦理的契合与冲突——以拒证特权制度为视角》，《政法论坛》2010 年第 3 期。

标准为其依归。①

基于道德与法律共同的人性旨归，图书馆员职业道德与法律都是对馆员的人性本质发挥抑恶扬善、激浊扬清的作用。它们一方面引导激励馆员树立崇高的职业价值理想，热爱图书馆事业，热爱读者用户，忠于职业，奉献社会，实现个人的社会价值；另一方面又约束、抑制、惩处馆员违背职业伦理原则、有损于读者权益的行为。总之，使馆员积极向善，友善对待服务对象，与同事友好相处，努力进取，完善人格。

五　图书馆员职业道德与法律都具有规范功能

法律与道德都是实行社会控制和自我控制的行为规范。法律和道德作为上层建筑的重要组成部分，都是维护社会秩序、规范人们思想和行为的重要手段。同样，图书馆员职业道德是馆员职业活动的行为规范的总和，而图书馆法律规范同样是由国家强制力保证实施的具有普遍效力的行为规范，对图书馆员的职业行为都具有方向性、标准性、约束性作用。

六　图书馆法律以职业道德规范为基础，贯穿着共同的伦理价值

首先，法律规范是在道德规范的基础上形成和发展起来的。"立法不过是最为正式而具规范性的确认形式。"② 法从伦理中分化，通过强制的力量表达了一整套道德规范体系要求，即所谓"真正的法律制度必须符合一定的道德标准"③，"一个法律的好坏与其所信奉的道德信条、原则有密切的关系"④。其次，道德是人们心中的法律，法律是外在强制的道德。法律调整人们的外部行为，而道德支配人们的内心活动的动机。所以林肯这样概括：法律是显露的道德，道德是隐蔽的法律。最后，法首先不是一种技术性、实证性、工具性的存在，它是

---

① 马汉宝：《西洋法律思想主流之发展》，翰芦图书出版有限公司 1999 年版，第174 页。

② 许章润：《说法·活法·立法》，《比较法研究》1997 年第 2 期。

③ Lon L. Fuller, *The Morality of Law*, New Haven：Yale University Press, 1969.

④ 李龙主编：《法理学》，武汉大学出版社 1996 年版，第 432 页。

一种价值性存在。如是，才能把握法规之本质。① 大多数法律规定涉及"正义""合理""公平"等，都是道德的基本准则和道德愿望，体现了社会生活的道德精神和道德原则。基于以上理论，图书馆法律与职业道德渗透的基本价值取向一致，并以职业道德规范为基础，维护公民的图书馆权利，保障读者用户的知识自由，平等利用图书馆的文献信息资源。在当前中国，特别需要图书馆法规强制保障基层图书馆经费，以充足的资源和人力来落实公开、免费、普遍均等的公共文化服务目标，体现社会主义核心价值观，并促进图书馆服务实现平等、公正、文明、和谐。

第二节 图书馆法律的价值

一 图书馆法律的道德价值

伦理是人类社会生活关系之规范、原理、规则的总称。其本质是一种社会关系。法律天然具有一种道德理性，在其形式的外壳之下，流动着伦理的血液。② 所以，图书馆员职业道德与法律都是调节馆员职业活动中的交往关系的规范。但二者在调节方式和强度上不同，发挥作用机制不同。法律的作用在于定纷止争，道德的作用在于扬善弃恶。法律是治疗，道德是预防。所以，职业道德还必须以相关的法律来保证，这就是图书馆法律的道德价值所在。

（一）图书馆法律是职业道德的强力支撑

图书馆员职业道德规范与法律规范的区分在于是否具有强制性。职业道德对馆员行为的规范以善恶标准去评价，依靠社会舆论、传统习惯和内心信念来维持，并从人的内心深处影响其行为，表现出内在的、自律的、原则的、非确定性的特征。它的本质在于，要求馆员在

---

① 参见［美］哈罗德·J. 伯尔曼《法律与革命——西方法律传统的形成》，贺卫方等译，中国大百科全书出版社 1993 年版，第 16 页。

② 胡旭晟：《论法律源于道德》，《法治与社会发展》1997 年第 4 期。

职业交往活动中应该遵守道德，不应该随心所欲，主要是依靠主观自律实现，因此其强制力较弱，如果不借助法律的权威，也会成为空洞的说教。没有图书馆法律的强有力的支持，职业道德的美好目标也必将难以实现。因为图书馆法律是由权力机关明文规定，并以国家强制力予以实施的规范命令，表现出外在的、具体的、明确的、强制性的特征，凭借外部权力来规范馆员的行为。

（二）图书馆法治是职业道德建设的重要手段

图书馆员职业道德控制的程度深但强度不大，而图书馆法律控制的程度不深但强度大。职业道德不能解决所有善的问题，而法律的功能是多重的，它不仅仅具有惩罚功能，还具有激励功能。因为，图书馆法律以国家意志的形式宣告图书馆员职业价值观的正当性，保护和奖励职业道德行为，制裁和谴责违法行为；把馆员职业道德纳入图书馆法律调整的范围，可以增强其力度和强度，从而有利于职业道德规范的推广和普及。同时，图书馆法的实施过程，也是馆员自我道德教育的过程，是增强馆员职业道德意识、培养职业道德责任感、养成职业道德行为习惯的过程。图书馆法律对于馆员职业道德具有引导性，即通过国家或集团强制性保证职业道德观念的贯彻和传播，使之成为主导性职业道德思想。

（三）图书馆法律弥补了职业道德规范的单向性不足

道德在本质上意味着对他人和社会利益的关爱，意味着尽利他义务。黑格尔说："道德主要地包含着我的主观反省、我的信念，我所作的遵循普遍的理性的意志决定，或普遍的义务。"[①] 而法律的基本范畴是权利和义务：立法的目的是对权利义务的分配；执法是对权利义务的落实；司法是对权利义务的保护；守法是对权利义务的具体享用；法律监督是预防对权利义务的侵犯及对受侵害权利的救济。因此，法律强调人只有履行义务才能享受权利。可见，道德不能说丝毫不讲权利，但主要是讲义务的；法律不能说不要义务，但侧重讲权

---

① ［德］黑格尔：《哲学史讲演录》第 3 卷，贺麟、王太庆译，商务印书馆 1981 年版，第 36 页。

利。因此，图书馆员职业道德和法律之间事实上存在着职业义务优先和权利优先的对立。那么，图书馆法律对馆员权利和义务同时确立的双重性就弥补了馆员职业道德对义务要求的单向性。因为，权利是对馆员正当利益的承认和保护，只有在承认和保护馆员职业权利和个人权利的基础上，他们才会自觉、自愿地履行职业道德义务。馆员也只有在图书馆法律的保障下才能有效地履行职业道德。

　　总之，图书馆员职业道德与法律都是维护图书馆员职业秩序、规范馆员思想和行为的重要手段。二者相辅相成，相互支持。"徒善不足以为政，徒法不能以自行。"① 所以，图书馆员职业伦理建设离不开法律的强力支撑和保障作用，图书馆法律法规的建立健全非常必要。

二　图书馆法律的社会价值

　　图书馆法律法规旨在保障公民的知识文化教育自由权利，保障社会公共资源的平等获取利用，维护社会公平公正，促进社会民主进步，促进人的自由发展。图书馆法规的社会价值主要表现为对社会权利、利益的调节功能。

　　图书馆法律调整的最基本社会关系包括：图书馆与公民、读者用户之间的关系；国家与图书馆之间的管理关系；图书馆上级主管部门与图书馆之间的管理关系；图书馆与财政部门在财政拨款和经费给付中形成的权利义务关系；图书馆之间的合作关系；图书馆与其他社会组织（主体）之间的关系；国家与公民、读者用户之间的关系；图书馆内部各部门之间形成的业务关系及部门与员工之间形成的管理关系。在上述八种法律关系中，主要涉及公民读者用户、图书馆、政府主管部门三个法律主体，三者之间的权利义务关系是图书馆法律关系的主要内容。而读者与图书馆之间的权利义务关系是最重要的，因为图书馆与公民的关系是图书馆所有基本社会关系中居于最核心地位、起支配作用的最重要的社会关系。图书馆法调整图书馆与读者、公民之间的社会关系，是图书馆所有法律关系中最核心的部分。公民自

----

① 《孟子·离娄上》。

由、平等、无偿利用图书馆的权利，是图书馆法关注的核心主题。公民享有利用图书馆的权利是公民享有的国家给付的社会权利，图书馆法调整这一法律关系要通过明确规定读者与图书馆之间的权利义务关系来实现。法律明确规定每一个公民都有自由、平等、无偿利用图书馆的权利，读者根据自己的需要和兴趣利用图书馆和自由选择图书馆的权利。从这个意义上看，图书馆法虽然可以说是"政府管理法""图书馆事业保障法""图书馆保护法"或"图书馆员保护法"，但实质上应该说"公民读者权利保障法"，特别是弱势群体读者权利保障法。图书馆法既维护社会公共利益，更注重保障公民的个人权利，尤其是弱势群体个人权利，是通过维护社会公共利益来保障公民个人权利。[1]

图书馆法关于图书馆及馆员与读者的权利义务保障内容如下。

在图书馆与读者之间的服务关系中，图书馆享有的权利主要有服务方式和手段的选择权、文献及服务设施的管理权、对违规读者进行处罚的建议权和获得合理报酬权等。对违规读者进行处罚的建议权，是指图书馆享有对违反图书馆法律法规和规章制度，损害图书馆利益的读者，有向其所属单位或其他机关（机构）建议对其进行处罚的权利。图书馆承担的义务主要是：按约定提供服务，保证服务质量；提高文献资料采购质量，并妥善保管好文献资料；加强设备维护，保证读者用户使用；采取措施，保护读者用户信息隐私权等。

读者享有的基本权利包括文献资料的使用权、图书馆服务设施的使用权、文献采购的参与权、保护自己的信息隐私权、知情权和咨询权及充分享受法定的图书馆开放时间等。

文献资料使用权和图书馆设施使用权是读者享有的接受图书馆服务的最基本的权利，是实现读者通过图书馆获取信息，满足学习、科研及其他文化生活需要的基本保证。

文献采购的参与权和咨询权是在上述两种权利基础上延伸出来的权利。文献采购的参与权是为保证图书馆采购的文献资料能够符合读

---

① 王培三：《图书馆法的社会法属性探讨》，《图书馆理论与实践》2013 年第 9 期。

者需要而设立的一项权利。现在很多高校图书馆向读者提供各种荐书渠道，方便读者参与文献资源建设，这是读者文献采购参与权得以实现的体现。

信息隐私权是读者的一项重要权利，在为读者服务过程中，可能接触到读者不愿公开的个人数据信息，为了不使因这些信息泄露给自己造成不必要的伤害，读者有权要求图书馆对工作中获取的自己的个人数据信息保密。

知情权是指读者有知悉图书馆服务项目、服务内容、服务质量、双方权利和义务的真实情况的权利，是读者接受图书馆服务的前提。

咨询权是读者为了方便快捷地获取图书馆的服务，实现文献资料和服务设施使用权而设立的辅助权利。随着图书馆数字化进程的加快，咨询权对读者来说越来越重要，它将成为读者释疑解惑的重要途径之一。咨询权已成为读者应该享有的主要权利之一，图书馆也应积极采取有效措施，及时解答读者提出的与文献信息服务有关的各类问题。

读者在享受权利的同时也必须承担一定的义务。在图书馆与读者之间的法律关系中，读者的义务主要是遵守图书馆方面的法律法规和规章制度，爱护图书馆财物，维护图书馆秩序和缴纳应该缴纳的费用等。①

第三节　图书馆法律规范建设

伦理规范和法律规范是维持社会正常发展秩序的两种基本保障形式，作为具有内生性的伦理规范和具有外塑性的法律规范之间存在着相互促进的内在逻辑。因此，图书馆员职业伦理要充分发挥其规范性职能，也需要法律发挥外在的强制性调整作用。

图书馆法 17 世纪下半叶萌芽于美国，从 19 世纪初才成为一种重要的社会建制，被确认是社会所必需而获得了国家法律的保护，随

---

① 王玉林：《图书馆法律问题研究》，合肥工业大学出版社 2009 年版，第 32—33 页。

之，美国、英国等国家及地方图书馆法相继建立。进入 20 世纪后，随着社会经济、科学技术和文化教育事业的飞速发展和图书馆社会职能的不断加强，发展图书馆事业的重要性也逐渐成为社会共识。图书馆立法问题也得到了联合国教科文组织（UNESCO）和国际图联（IF-LA）等国际组织的重视和支持。UNESCO 在尼日利亚的伊巴丹召开了发展中国家图书馆专家研讨会，图书馆立法问题是多次会议的中心议题之一，强调图书馆立法的必要性，如"只有立法才能授权有关当局根据国家标准提供服务，并保证充分的财政支持和有效的行政管理；只有立法才能确定提供服务当局的职责，创造条件执行其职能和保证事业的发展。""每个国家都应当建立图书馆法。""为了提供永久性和不断发展的国家图书馆事业，全面管理和协调只有靠立法才能获得。"[①]

一　世界图书馆法律规范建设

具有世界普遍意义的图书馆法律规范是国际公约，也是各个国家和地区制定图书馆法的重要参考依据。这类公约主要有《世界人权宣言》《公民权利和政治权利国际公约》《经济、社会及文化权利国际公约》《儿童权利公约》《保护文学和艺术作品伯尔尼公约》《世界版权公约》《建立世界知识产权组织公约》《世界知识产权组织公约》《保护录音制品制作者防止未经许可复制其录音制品公约》等。[②]

世界上许多国家都清醒地认识到了图书馆立法的必要性和重要性，诸如加强国家对图书馆事业的宏观调控，保障图书馆经费来源，改善办馆条件，提高图书馆员素质，增进图书馆之间的交流与合作，等等。在这种理念支配下，一些国家纷纷制定颁布和修改完善图书馆法。目前，世界上已有 80 多个国家或地区发布了 250 多部与图书馆相关的法律。[③]

---

① 付立宏、袁琳编著：《图书馆管理教程》，武汉大学出版社 2005 年版，第 297 页。

② 刘赖娜：《关于我国图书馆立法工作的几点思考》，《图书馆工作与研究》2012 年第 1 期。

③ 刘晓英：《关于"中华人民共和国公共图书馆法（征求意见稿）"的思考》，《图书馆》2013 年第 5 期。

尤其是发达国家建立了从统一的图书馆法律到各地方法规及专门法规的一整套图书馆法律法规体系，并重视不断修订完善。图书馆法，明确区分了图书馆的社会职能、图书馆的使命与图书馆的基本任务，通过对图书馆员的从业资格、权利、义务等方面进行规定，为保障读者使用图书馆权利，以及获得优质服务发挥着重要作用。

以英美两国图书馆法为例。英美两国图书馆法规内容较全面，已经形成了较完备的内容体系，主要涵盖图书馆的职责、管理、经费、资源、服务、建筑、业务工作、残疾人服务、图书馆联盟、存储图书馆、从业人员认证、职工待遇和福利、人员培训等方面。[①] 涉及的图书馆类型多样，法律体系完备，制定了规范化的实施程序。其中直接与读者用户权益保护有关的方面有如下特点。

（1）注重用户参与决策和效果评估。用户参与决策是图书馆民主决策的保障，可以在使用户更好地了解图书馆的同时，也使图书馆的相关决策得到公众的支持，满足绝大部分用户的需求，保证决策的公平性与合理性。英美两国图书馆法普遍要求图书馆邀请用户参与决策和相关听证会，美国《新泽西州图书馆法》规定肩负郡县图书馆系统研究和重组责任的"郡县图书馆委员会"，其九名成员中必须有六名是与本地图书馆或政府资助机构无关的居民。[②] 美国《加利福尼亚州图书馆法》的公开听证会部分规定州图书馆委员会在做出决定之前，应该召开听证会，并且在听证会前四天至五天公布听证会的议题。[③]（2）对弱势群体的多重保障。英美两国的图书馆法中始终贯穿着"以人为本"的理念，从多方面对弱势群体利用图书馆设施和图书馆服务提供保障。例如美国《博物馆与图书馆服务法》规定中重点提及拨款使用方向"不受地域、文化和社会经济地位的限制提供服务"。美国《加利福尼亚州图书馆法》在"州图书馆员权利与职责"条款中要求："州图书馆应为盲人或因身体残疾而无法阅读印刷文献的人购买录音资源，州图书馆员可以为

---

① 赵玉宇：《英美两国图书馆法特色与差异分析》，《图书与情报》2011 年第 4 期。

② 钱锦、高波：《美国地方性图书馆法研究——以〈新泽西州图书馆法〉为例》，《图书情报工作》2015 年第 12 期。

③ California Library Laws 2017（http：//www.library.ca.gov/publications/laws.html）.

盲人和残疾人士提供免费的电话服务以便他们能直接利用图书馆服务。"该法还规定在州政府任命的图书馆服务委员会成员中必须包括代表残疾人、英语水平有限的人、贫困人群的三位非业内人士。（3）对图书馆服务进行了详细的规范。英美两国相关法律对图书馆服务进行了详细规范，明确定位各类型图书馆的服务功能，制定了详细的图书馆服务标准，从中体现出为用户提供服务这一图书馆的重要使命。具体体现在制定了图书馆的服务标准，规定图书馆的服务时间和服务项目等内容，为维持和提高图书馆的服务质量提供基本保障。如英国政府于 2007 年制定了全国性的《公共图书馆服务标准》，对公共图书馆的服务时间和服务满意度做出规定。[①] 再如美国《新泽西州图书馆法》对接受资助的图书馆的人员、服务时间、服务内容等做出最低要求限定，并规定对未能达到最低标准的图书馆将进行削减援助的处罚。[②]（4）对图书馆员从业资格的认证。为了保证图书馆服务质量，提高图书馆形象，英美两国图书馆法对图书馆员从业资格都有规定。如美国《新泽西州图书馆法》规定："由公共财政支持的、服务对象超过一万人的公共图书馆，其馆员必须具有职业馆员资格证且获得受州教育委员会认可的图书情报学院的硕士学位，在公立学校工作的媒体专家（包括图书馆工作人员）必须同时具备以下条件：具有受认可学院的硕士学位、有新泽西州教师认证或助理教育媒体专家认证、有一年的成功教学或担当辅助教育媒体专家的工作经验且必须学过相应的课程。"[③]

二　中国图书馆法律规范建设

（一）法规建设概括

我国国内目前有关图书馆的最高级别的法律是《中华人民共和国宪法》（2004），其中第 22 条规定："国家发展为人民服务、为社会主义服务的文学艺术事业、新闻广播电视事业、出版发行事业、图书

---

① 赵玉宇：《英美两国图书馆法特色与差异分析》，《图书与情报》2011 第 4 期。

② 钱锦、高波：《美国地方性图书馆法研究——以〈新泽西州图书馆法〉为例》，《图书情报工作》2015 年第 12 期。

③ 同上。

馆博物馆文化馆和其他文化事业，开展群众性的文化活动。"① 宪法是我国的根本大法，它的这一规定是我们制定和实施图书馆法的依据和前提。但同时，宪法的规定又是总括性的，条文比较笼统，操作性不强。

长期以来，我国文化立法进程缓慢，与快速发展的文化事业和文化产业不相适应，与其他领域较为完善的立法不相协调。全面依法治国总目标的推进和中国特色社会主义法治体系的日益完善，逐步改变了我国文化立法落后的局面。继 2016 年底《中华人民共和国公共文化服务保障法》颁布之后，《中华人民共和国公共图书馆法》（简称《公共图书馆法》），即将于 2017 年底颁布施行。《公共图书馆法》作为我国首部图书馆专业法，在中国图书馆事业发展史乃至世界图书馆事业发展史上都具有影响深远的里程碑意义。一般来讲，"公共图书馆在任何一个国家的图书馆体系中都是处于最重要的地位，因为它最集中地和典型地体现了现代图书馆的特征"②。所以，尽管从名称上看，《公共图书馆法》只是一个针对公共图书馆的专门性法律，但作为新中国成立以来第一部图书馆事业领域的专门法律，其意义远远超出了公共图书馆领域本身，它是图书馆领域改革的总结性文本和未来总领性的法律纲领。《公共图书馆法》对于进一步健全我国文化法律制度、促进公共图书馆事业发展、保障人民群众基本文化权益具有重要意义，同时也极大地鼓舞了全国图书馆界乃至公共文化工作者的职业自豪与使命担当。

《公共图书馆法》共 6 章 55 条，对公共图书馆的设立、运行、服务以及相关法律责任等分别作了详细规定。它对公共图书馆的资源、管理、服务、研究等各个业务领域作了一系列具体的规定，明确了我国公共图书馆的法律地位、公益属性、政府责任和服务要求等重要内容，并体现了具有中国特色的公共图书馆制度安排，为我国公共图书馆事业的科学健康发展提供了方向指引和法律保障。

---

① 全国人民代表大会：《中华人民共和国宪法（2004 修正）》，2017 年 3 月，中国人大网（http://www.npc.gov.cn/npc/zt/qt/gjxfz/2014-12/03/content_1888091.htm）。

② 李国新：《日本图书馆法律体系研究》，北京图书馆出版社 2000 年版，第 13 页。

首先，《公共图书馆法》昭示了其立法宗旨：促进公共图书馆事业发展，发挥公共图书馆功能，保障公民基本文化权益，提高公民科学文化素质和社会文明程度；传承人类文明，坚定文化自信。由此明确了公共图书馆的本质功能。同时，《公共图书馆法》还指出了公共图书馆事业的发展方向，即应当坚持社会主义先进文化前进方向，坚持以人民为中心，坚持以社会主义核心价值观为引领，传承、发展中华优秀传统文化，继承革命文化，发展社会主义先进文化。其次，《公共图书馆法》将图书馆行业长期探索积累并达成共识的基本理念，以立法形式转化成为法律规定，加以巩固推进。这些理念包括普遍开放、平等服务、以人为本、专业服务、共建共享、全民阅读、社会合作、隐私保护等。《公共图书馆法》对这些基本理念的贯彻，将业界在 21 世纪以来大力倡导的知识自由、平等、开放、普遍均等、以人为本、优质服务、合作共享等图书馆员职业伦理原则提升为公共图书馆服务的法定原则。

总之，《公共图书馆法》反映了公共图书馆事业在我国现代公共文化服务体系建设中的重要地位和在满足人民日益增长的美好生活需要中的重要作用，也体现了党和国家对推进全面依法治国和文化法治建设的信心和决心。《公共图书馆法》施行以后，图书馆服务理念由行业的自我约束上升为国家的法律规定，从此，不仅广大图书馆工作者的职业活动有方向、有目标、有保障、有标准、有底线，实现了有法可依、有法必依，而且进一步增强了图书馆员职业队伍的使命追求。

关于地方性法规，由于各个学者有不同的理解和界定，所以对地方性图书馆法规的划分也存在差异。如黄宗忠从图书馆制度的适用范围对图书馆制度的内容、性质、发展等方面进行划分，将图书馆法规、政策、文件一并纳入了制度范畴；[1] 王少薇等将地方性"条例""服务标准""管理办法"列入地方性法规之列；[2] 付立宏则将地方人民政府颁布的有关图书馆的"条例"和"管理办法"列入地方性专

---

① 黄宗忠：《论图书馆制度》，《图书馆论坛》2008 年第 6 期。

② 王少薇、高波：《我国地方性图书馆法规有关信息伦理的考察与分析》，《图书情报工作》2013 年第 11 期。

门的图书馆法规范畴;① 李品庆、张琳等仅将地方人民政府颁布的有关图书馆的"条例"认定为地方图书馆法规。②

截至 2017 年 3 月，我国出台的地方图书馆法规和规章有 16 部，分别是《贵州省县级图书馆工作条例》（1985）、《天津市区、县图书馆工作条例》（1986）、《天津市市、区、县少年儿童图书馆工作条例》（1986）、《上海市公共图书馆管理办法》（1996）、《深圳经济特区公共图书馆条例（试行）》（1997）、《内蒙古自治区公共图书馆管理条例》（2000）、《湖北省公共图书馆条例》（2001）、《河南省公共图书馆管理办法》（2002）、《北京市图书馆条例》（2002）、《广西壮族自治区公共图书馆管理办法》（2002）、《浙江省公共图书馆管理办法》（2003）、《乌鲁木齐市公共图书馆管理办法》（2008）、《山东省公共图书馆管理办法》（2009）、《江苏省公共图书馆管理办法》（2009）、《四川省公共图书馆条例》（2013）、《广州市公共图书馆条例》（2015）。这些在全国 34 个省、自治区、直辖市中，占比不到一半。如果仅以"条例"为标准，仅有 9 部，较早的 3 部是《贵州省县级图书馆工作条例》（1985）、《天津市区、县图书馆工作条例》（1986）、《天津市市、区、县少年儿童图书馆工作条例》（1986），其中后两部还不是地方人民政府颁布的。

按照严格意义上的图书馆法规界定，即以地方人民代表大会审议通过的法律条例为准，并除去颁布时间较早已失去实际效力的条例，现行地方图书馆法规仅有深圳、内蒙古、湖北、北京、四川、广州 6 部（以下简称《条例》）。下面分别作简单介绍。

《深圳经济特区公共图书馆条例（试行）》自 1997 年 10 月 1 日起施行，内容共 8 章 38 条，包括总则、公共图书馆的管理、公共图

---

① 付立宏、袁琳编著：《图书馆管理教程》，武汉大学出版社 2005 年版，第 289—290 页。

② 李品庆：《从地方性图书馆法规看我国公共图书馆事业的发展趋势——以〈广州市公共图书馆条例〉为例》，《图书馆》2015 年第 10 期。

书馆的建设、读者服务、文献收藏、工作人员、奖励与处罚、附则。①
《内蒙古自治区公共图书馆管理条例》自 2000 年 8 月 6 日起施行，内
容 6 章 34 条，包括总则、公共图书馆的建设、公共图书馆的服务、
公共图书馆工作人员、奖励与处罚、附则。②《湖北省公共图书馆条
例》2001 年 10 月 1 日起施行，内容未分章节，共 23 条。③《北京市
图书馆条例》自 2002 年 11 月 1 日起施行，内容共 7 章 45 条，包括
总则、发展与保障、图书馆设置、图书馆服务于读者权益保障、文献
信息资源建设、法律责任、附则。④《四川省公共图书馆条例》自
2013 年 10 月 1 起施行，内容共 6 章 46 条，包括总则、设置与职能、
文献信息资源、服务与管理、法律责任、附则。⑤《广州市公共图书馆
条例》自 2015 年 5 月 1 日起施行，内容共 6 章 58 条，包括总则、公
共图书馆的设立、公共图书馆的管理、公共图书馆的服务、法律责
任、附则。⑥

　　地方性图书馆法规、条例、规章的陆续颁布和实施，在为当地图
书馆事业发挥作用的同时，也为国家层面立法积累了宝贵的实践经
验，为后来出台的《公共图书馆法》提供了可资借鉴的丰富经验和依
据。地方性图书馆法规与《公共图书馆法》一起，共同构筑了图书馆
管理、运行和服务的图书馆法规体系，保障了我国图书馆事业走向法
治轨道。

---

① 深圳市人民代表大会常务委员会：《深圳经济特区公共图书馆条例》，1997 年 7 月，
百度文库（https：//wenku.baidu.com/view/72a4502bed630b1c59eeb553.html？from=search）。

② 内蒙古自治区人民代表大会常务委员会：《内蒙古自治区公共图书馆管理条例》，
2000 年 8 月，百度文库（https：//wenku.baidu.com/view/2f31f912650e52ea55189878.html）。

③ 湖北省人民代表大会常务委员会：《湖北省公共图书馆条例》，2001 年 7 月，百度
文库（https：//wenku.baidu.com/view/a01e6b05a6c30c2259019e0d.html）。

④ 北京市人民代表大会常务委员会：《北京市图书馆条例》，2002 年 7 月，百度文库
（https：//wenku.baidu.com/view/e608746e7e21af45b307a850.html）。

⑤ 四川省人民代表大会常务委员会：《四川省公共图书馆条例》，2013 年 10 月，百度
文库，（https：//wenku.baidu.com/view/59a67793f524ccbff12184f6.html？from=search）。

⑥ 广州市人民代表大会常务委员会：《广州市公共图书馆条例》，2014 年 10 月，百度
文库（https：//wenku.baidu.com/view/98ca8a37240c844768eaee91.html？from=search）。

（二）法规建设问题

1. 关于《公共图书馆法》的问题

《公共图书馆法》体现了时代特色和现实需求，保障社会公众的基本文化权利，强化政府发展公共图书馆的责任，体现图书馆职业的专业性，顺应数字时代发展需要，关注特殊用户群体需求。《公共图书馆法》的通过为我国公共图书馆事业发展提供了强有力的法律支撑。

法律的生命力在于实施。图书馆事业有法可依只是图书馆事业法治化的第一步，如何使《公共图书馆法》能够发挥应有作用，将法律的效力转化为实效将是任重道远的工程。《公共图书馆法》的贯彻执行需要各级政府切实履行职责、严格执法，各级人大积极发挥监督职能，新闻媒体和社会公众提供舆论监督，图书馆界强化依法管理、运行和服务，全社会深刻理解和认识这部法律，这样才能更好地贯彻落实其思想精髓。否则，《公共图书馆法》的职业伦理道德功能也难以充分发挥出来。所以，在法律规范体系建设方面我们还需要重视以下问题。

首先，《公共图书馆法》的实施面临着与其他法规之间不配套、不协调、不健全的问题。因为图书馆领域的行为是众多法律规范的调整对象。图书馆法规需要与相关法规协调，以免产生冲突。如《中华人民共和国著作权法》（简称《著作权法》）与《公共图书馆法》的协调问题。在强化著作权保护的大环境下，图书馆的合理使用空间不断受到挤压。我国著作权法律体系中非常欠缺图书馆豁免条款，限制了图书馆业务的开展。我国现行的《著作权法》中，仅有一项直接涉及图书馆业务活动，其规定与图书馆开展资源建设与用户服务所需的著作权保障诉求相距甚远。公共图书馆在实施相关服务的过程中面临着"著作权"这道难以逾越的鸿沟。还有，如果按照《信息网络传播权保护条例》的要求，《公共图书馆法》中规定的服务内容就形同虚设，相关工作无法展开。另外，健全的地方性法规体系的缺乏也会严重制约《公共图书馆法》有效实施。鉴于我国不同地区图书馆发展程度存在较大差异，读者需求也不尽相同，图书馆需要根据法律的具体规定，结合自身情况，因地制宜，制定符合实际的地方法规，与《公共图书馆法》相衔接，切实有效地保障人民基本文化权益和服务需求，将《公共图书馆法》中的规定落在实处。

其次，《公共图书馆法》的实施，需要进一步制定配套实施的细则和解释说明，进行细化、完善。因为《公共图书馆法》中许多法律条文还停留在原则层面，具有抽象性、概括性，不可能将图书馆领域涉及的问题全部规范清楚，而图书馆的工作过程中面对的问题是非常具体的，所以具体实际操作还需要更多的司法解释，才便于该法的准确理解和操作执行。在《公共图书馆法》中需要由后续规则进行明确的条款内容，如第19条规定"政府设立的公共图书馆馆长应当具备相应的文化水平、专业知识和组织管理能力"，"公共图书馆工作人员应当具备相应的专业知识与技能"；第11条提出"公共图书馆行业组织应当依法制定行业规范，加强行业自律，维护会员合法权益，指导、督促会员提高服务质量"；第47条提出"国务院文化主管部门和省、自治区、直辖市人民政府文化主管部门应当制定公共图书馆服务规范，对公共图书馆的服务质量和水平进行考核"，这些条款都有待后续的执行细则出台予其补充，以促进法律的有效实施。

再次，从《公共图书馆法》本身看，其还有一些遗留问题。《公共图书馆法》的出台无疑是历史性的、突破性的。但作为一部初生的法律，我们不能期待其一步到位地解决我国公共图书馆事业发展法治化建设中的所有问题。理性地看，《公共图书馆法》受到这个时代政治、经济、文化、教育、社会生活等诸多方面要素的影响和制约，作为这个特定时代的产物，其不免存在某种认识的局限性以及理想与现实冲突所无法达到的目标，这便是某些内容尚无法达到社会和图书馆界较高期望值的原因所在。从具体的条文看，例如图书馆经费投入的比例、图书馆人员配备的数量等方面的规定较为模糊，图书馆员职业资格认证等问题被回避了，期待法律修订时有所补充。再如《公共图书馆法》关于法人治理的条款也存在巨大的探索空间，怎样界定"有关方面代表、专业人士和社会公众"的资格与比例，理事会具体承担什么职能、如何履行使命等，都需要在公共图书馆建立、健全法人治理结构的改革进程中继续深入探索。

　　总之，《公共图书馆法》作为图书馆领域的法律规范，只有得到各级各类责任主体的认识理解和严格执行，以及相关法规协调配套实施，才能对图书馆员职业伦理建设提供强制性的规范环境，促进图书馆员的职业道德建设，提高图书馆员的服务质量。

　　2. 关于地方法规的问题

　　纵观我国现有的地方图书馆法规，存在如下问题。（1）地方图书馆法规数量少，施行时间不一，多数滞后于时代的发展。6 部法规在全国 34 个省份中占比不到 1/5，其他省市需要加紧立法步伐。现行 6 部《条例》中，实施较早的分布在 1997—2003 年，较近的是 2013 年和 2015 年，较早的法规明显不能满足图书馆发展的需要，亟待修订。多数地方图书馆法规内容比较笼统，基本上都没有实施细则，可操作性差。（2）关于图书馆伦理方面的相关规定存在的问题是："隐私权"内容单一、"知识产权"范围有限、信息权利不充分、"职业伦理"未受重视。① 这直接导致各级各类图书馆建设主体不重视职业伦理建设，在实际工作中走形式、执行不力，无长效机制，以至于馆员职业道德建设成效不显著，图书馆服务质量停留在口头上，实际效果并不理想。（3）职业资格认证制度空缺，使图书馆从业人员缺少职业准入门槛限制。职业资格认证制度是图书馆员专业素质的重要保障，也是反映馆员社会地位的重要方式。职业资格认证制度的缺少，使从业人员的专业素质、专业情怀、职业认同与奉献精神大受影响，非常不利于职业道德素质的提高和社会形象的塑造以及社会地位的提升，最终导致图书馆员服务质量提升缓慢。

---

　　① 王少薇、高波：《我国地方性图书馆法规有关信息伦理的考察与分析》，《图书情报工作》2013 年第 11 期。

第十一章

图书馆员职业伦理文化

第一节　图书馆员职业伦理文化的属性与特征

伦理文化是社会文化的一个分支结构，是在社会生活实践基础上形成的伦理关系和道德原则的总和。它以人伦之理、道德规范、善恶评价等这些潜在的方式规范着人们的实践活动。① 在相当多的语境中，人们对伦理与道德不做严格区分，在相关研究中伦理文化以道德文化的表述形式居多，如罗国杰在《伦理学》中定义道德文化为"它是人们在长期生活实践中凝聚起来的道德心理、道德观念、道德准则、人生理想、道德思考和道德学说或伦理学说的总体"②。吴祥昆认为："道德文化是指人们在长期的社会生活中所形成的道德规范、道德原则、道德理想、道德观念和学说以及风俗习惯和有道德教育意义的故事传说等的总和。"③ 据此认为，图书馆员职业伦理文化就是在图书馆员长期的职业活动中形成的职业道德心理、职业道德观念、职业道德准则、职业道德理想、职业道德思考和职业道德学说或职业伦理理论。

一　图书馆员职业伦理文化的属性

图书馆员职业伦理文化是社会文化的重要组成部分，在图书馆员职业文化中居于中枢或核心的地位，是职业文化结构中不可或缺的一

---

① 李桂秋：《伦理文化与科技发展》，硕士学位论文，辽宁师范大学，2008 年。

② 罗国杰主编：《伦理学》，人民出版社 2014 年版，第 123 页。

③ 吴祥昆：《中国特色社会主义道德和道德文化建设研究》，硕士学位论文，中共山东省委党校，2012 年。

部分。它协调职业物质文化与精神文化的发展，在职业物质文化与精神文化两者之间起着均衡器的作用。所以，图书馆员职业伦理文化在本质上是一种向善的价值取向和应当的价值文化。图书馆员职业伦理文化作为文化的一个子系统，与文化一样是不断生成和发展的，它是图书馆员在职业道德方面文明与进步的反映，因而具有职业特性、继承性、动态发展性。

（一）图书馆员职业伦理文化的职业特性

每一种职业都是社会分工不可缺少的一部分，都有其独特的社会使命与价值。图书馆员职业因人类精神文明成果的保存与传承、人类文化传播与发展的需要以及人类追求自由全面发展而对知识、信息文化等的需要而产生。图书馆员职业的使命简单地概括就是"传承文明，传播文化"，具体地说就是搜集、保存文献，加工整序文献，传递信息文献，提取文献信息，知识服务，文化传播，提升人的素质，对人进行知识文化教育服务，通过人文教化开启民智、促进人的发展和对自由的追求，进而提升国民素质，推进社会文明与进步。由于图书馆员职业的本质属性是知识信息文化服务，而且，作为公共文化服务，其服务又具有公益性、公共性，这就决定了图书馆员职业伦理文化的属性，就是在服务读者用户中有其独特的伦理原则，如遵循知识自由、平等、公正、以读者为本、资源共享、服务最大化等原则。

（二）图书馆员职业伦理文化的历史传承性

每一种职业都包含有自身的职业伦理文化，职业历史愈悠久、愈成熟，其中积淀的职业伦理文化就愈丰富、愈厚重。图书馆发展至今已有数千年的历史，随着近现代社会历史的进步而逐渐走向成熟，同时也积累了厚重的职业伦理文化。一些优秀的传统伦理文化一旦形成，就成为一种稳定的精神遗产，在职业界代代相传，引导和规范图书馆员的伦理思想和道德行为，发挥着职业伦理教育与培养作用。从图书馆员职业伦理文化的层次看，在理论上主要表现为道德学说或伦理学说，并存在于以文字、文献为载体的著作典籍之中；在职业伦理活动中主要表现为职业心理、职业信念、职业理想、职业思考、职业准则等，被职业群体所内化并付诸道德实践活动，甚至产生一些优秀、感人的人物、故事、事件等，激励后人。中外图书馆发展历史上有许许多多永远值得铭记与学习的人物事迹。在中国图书馆历史学说中，伟大的思想家、哲学家老子被认为是我国最早的国家图书馆馆长，这不但是我国图书馆史上光辉的一页，而且也令当今从事图书馆事业的人引以为自豪，① 激励着图书馆员对图书馆事业的崇尚和尊重。曾荣获广东图书馆学会颁发的"杰出贡献奖"的刘少雄先生在回忆他的图书馆生涯时说："我在杜定友先生的培养下工作了八年，那八年都处于患难或困苦之中。我对杜先生的道德品质，为人处事和事业上的献身精神，一切为了读者的思想极为崇敬。杜先生的言传身教，使我深受熏陶。50 年来我能尽力于图书馆工作，甘为人梯，受杜先生热爱图书馆事业的思想影响最大。"② 杜定友先生所缔造的图书馆精神通过刘少雄和张世泰两位老前辈得以在广东图书馆界薪火相传，世代不熄，并发扬光大。沈祖荣先生发出"我会为图书馆事业奋斗终身"的誓言，并提出"热爱祖国、任事忠诚、己立立人"的图书馆精神，③ 这种奉献职业的精神具有跨越时空、无形又有持久的影响力，它是图书馆事业持续发展的内在动力。印度杰出的图书馆学家阮冈纳赞，从最初不愿意当图书馆馆长到成为"印度图书馆学之父"，以博大精深的图书馆学思想、无私奉献的崇高品德，为世界图书馆从业者学习和敬仰。他的惊人成就还确证了图书馆工作需要各方面的人才，各学科的人才都可以在图书馆大有作为，崇尚和有志于图书馆事业的各学科人才都能从中受到启迪和鼓舞。④

（三）图书馆员职业伦理文化的发展性

图书馆员职业伦理文化是在长期的职业交往活动过程中形成的道德意识、职业精神、思想传统、规范、习惯、行为方式等，它伴随着图书馆事业的发展与进步，以及人类社会对图书馆事业需求的不断深化、不断拓展和不断演变，因而具有动态性、发展性。传统职业伦理

① 陈锡岳、林基鸿主编：《名人与图书馆》，天津人民出版社 1993 年版，第 3—5 页。

② 刘少雄：《一个老图书馆工作者的心声》，《图书馆论坛》1997 年第 2 期。

③ 参见叶继元《中国百年图书馆精神探寻》，《图书情报知识》2004 年第 5 期。

④ 陈锡岳、林基鸿主编：《名人与图书馆》，天津人民出版社 1993 年版，第 551 页。

文化中过时的、落后的因素随着时代的变迁而被淘汰、否定，或者有的被赋予新的内涵而得到拓展，内容不断丰富，或者在与其他地域职业伦理文化的接触交流与碰撞中得到提升和跃迁，从而保持其新的生命力。20 世纪上半叶，沈祖荣先生把文华图专精神概括为"智慧与服务"，21 世纪初，程焕文先生又站在新的历史起点上，结合当代图书馆发展的新要求，对它进行了阐发，作为当代图书馆员的精神坐标。① 图书馆从古代藏书楼到现代社会的"知识中心""信息情报中心""学习交流中心"②，成为公共交流的"第三空间"和"市民的第二起居室"，使图书馆员职责从保存文献、管理文献向文献服务、知识服务等方面逐步拓展；服务对象从少数王公贵族、特权阶层，到社会大众，再逐步向社区、弱势群体拓展和普及；从将资源划分等级区域的人为限制到普遍开放；从被动服务转变为主动服务，从特定的时间空间服务转变为泛在化服务，等等。这一系列的变化，必然使图书馆员职业理念、行为规范等职业伦理文化出现新的变化，如"重藏轻用"已转变为"藏用并重，以用为主"；为特权服务、分等级服务已被平等、开放、免费服务和普遍均等服务所取代；人性化服务、个性化服务已成为当代职业伦理文化的主旋律。同时，在当代社会条件下，越来越多的图书馆员职业伦理准则得以颁布或修订，图书馆员职业伦理学中又引进和产生了许多新的伦理范畴、术语，如人性化、图书馆权利、图书馆联盟、知识与资源共享、泛在化服务、读者隐私权、不伤害原则、知情同意原则，等等。这些变化，都表征着图书馆员职业伦理文化的发展性。

二　图书馆员职业伦理文化的特征

　　从文化的表现类型看，图书馆员职业伦理文化主要具有精神文

---

① 程焕文：《跨越时空的图书馆精神——"三位一体"与"三维一体"的韦棣华女士、沈祖荣先生和裘开明先生》，《中国图书馆学报》2002 年第 5 期。

② 吴建中：《2025 年，图书馆"长"什么样　吴建中在中国图书馆学会 2015 年会上的演讲》，2016 年 1 月，新华网（http://www.news.xinhuanet.com/cocal/2016-01/23/c_128658954.htm）。

化、制度文化、行为文化的特征。

（一）图书馆员职业伦理文化的精神文化特征

精神文化在任何文化中都是居于核心地位，它是该文化共同体的灵魂。精神文化能够塑造人的意志品质与心理定式，成为人们精神的一部分，为人们的行为提供精神驱动力，整合人们的思想与活动，形成组织力量，实现组织目标。图书馆员职业伦理文化包含着职业价值观、伦理意识、伦理传统、职业理想与信念等这些精神理念因素，因而具有精神文化的特征与功能，可以说图书馆员职业伦理文化主要表现为精神文化。图书馆员职业伦理文化作为图书馆员群体心理定式的主导意识，是图书馆员价值准则、伦理信念的集中体现。作为图书馆员精神文化的重要部分，图书馆员职业伦理是图书馆事业的核心，它通过确立图书馆员职业核心价值观，塑造图书馆员职业品格，培养图书馆员的职业情感和职业信念，引导图书馆员的职业理想和职业精神，激励图书馆员热爱并献身于图书馆事业，履行自身的职业使命。在图书馆发展的长期历史中，图书馆员职业伦理文化总结、积累了精神文化财富，并且以言论、学说、伦理准则等形式表现出来，内化为图书馆员的精神力量。例如，美国图书馆协会2005—2006年度会长迈克尔·戈尔曼认为图书馆员的职业精神是：知识保存与传递职能；对个人、集体、社会的服务；维护知识自由；理性地处理图书馆业务；鼓励读写等学习；保障知识和信息的公平获取；保障用户的隐私权；支持和采纳民主主义。[①]再如"为人找书，为书找人"的服务准则、"首问负责制"的服务责任制、"百问不烦，百问不倒"的服务态度、能力与风尚等，这些都是图书馆员职业的内在精神动力源泉。

（二）图书馆员职业伦理文化的制度文化特征

狭义的制度文化是指在长期的社会生活和生产实践中形成的风俗习惯、价值信念、人文精神、伦理道德等意识观念或文化形态。这些

---

① 陈静超：《若干国家的图书馆员职业道德规范比较分析》，硕士学位论文，黑龙江大学，2016年。

文化传统、价值取向、伦理规范和道德观念存在于个人的主观意识中，是无形的、非强制性的、不成文的约定俗成。制度文化的基本因素是规则，规则和秩序是制度文化的基本特质，没有规则就没有秩序。制度文化的目标是形成规则和构成秩序。①制度文化构成了秩序，是维持组织安定和营造优良环境的重要保障。图书馆员职业伦理文化包含着伦理原则、伦理规范、传统习惯，因而它具有制度文化的特征和功能。图书馆员职业伦理原则、道德规范、伦理准则都是规则标准，对馆员职业活动发挥着规约作用，保证馆员职业交往关系秩序和谐稳定，保证各项工作顺利开展。科学、合理、先进的职业伦理制度文化符合时代道德精神、体现时代特点、表征职业核心价值观，对馆员个体道德完善和职业群体道德进步颇有助益，因而说，它也具有职业道德教化功能，促进职业道德的健康发展。目前世界上共有 61 个国家或地区颁布了图书馆员职业道德准则，②《图书馆员及其他信息工作者的伦理准则（IFLA）》是对世界图书馆员的普遍规约；就我国而言，有《中国图书馆员职业道德准则（试行）》和《图书馆服务宣言》，还有各地区及图书馆的各种服务规范、公约等，都是为我国当代图书馆员职业活动所制定的自律性制度规约。这一系列规范正是图书馆员职业伦理文化中的制度文化直接的、显著的体现。

（三）图书馆员职业伦理文化的行为文化特征

行为是行为主体本能地回应内部或外部的某种刺激的活动和自觉地为了某种需要而进行的有目的的活动，它是人通过内在的生理和心理作用产生的本能和自觉的外显性活动，是人和环境相互作用的产物和表现。③职业行为显然是指人们在主观意识支配下，理智地按照某种规范进行并取得成果的客观活动。图书馆员职业伦理既是职业长期行为活动积累形成的普遍标准，也是对图书馆员职业行为的规约、引导，因而它就是图书馆员的行为文化。行为方式都受事物价值观念所

---

①　冯永刚：《刍议制度文化在道德教育中的功效》，《教育研究》2012 年第 3 期。

②　陈静超：《若干国家的图书馆员职业道德规范比较分析》，硕士学位论文，黑龙江大学，2016 年。

③　刘兰明、赵琴：《校园行为文化建设研究》，《中国高校科技》2011 年第 12 期。

支配，有什么样的价值观就有什么样的行为方式。图书馆员职业行为现象背后，反映和体现的是他们的职业价值观念、价值目标、原则、态度、道德素质与精神风貌。图书馆员的职业行为就是把精神观念性的伦理原则、规范转化到具体职业行为实践中。图书馆员的职业行为不仅塑造馆员的职业形象，而且也是社会评价馆员社会价值的外在指标。图书馆员职业伦理文化包含着职业特点与行为习惯，对馆员具有人格塑造和精神境界提升以及指导职业行为实践的功能。由于图书馆员职业是文献知识信息文化服务，属于公共文化教育事业，肩负着社会人文教化的职责与使命，又担负着为人师表、率先垂范的职能，所以职业行为必须符合职业特征和要求。正所谓"腹有诗书气自华"，图书馆员职业行为文化应强调文明礼仪，显示出馆员的知识文化内涵。具体而言，图书馆员应该着装整洁得体，举止文雅、大方稳重；语言礼貌、不伤人，态度和蔼可亲，微笑服务；耐心周到，积极主动，认真负责，诚实守信，工作优质高效，等等。图书馆员良好的职业行为是职业伦理文化的组成部分，也是职业价值目标顺利实现的保障。

第二节　图书馆员职业伦理文化的功能

职业伦理文化的功能，就是由职业伦理文化要素所构成的整体在职业实践活动中对职业组织成员或在社会系统中所产生的影响和作用。图书馆员职业伦理文化是职业价值观、职业伦理意识、职业伦理态度与倾向、职业伦理规范、职业伦理精神、职业伦理传统与行为习惯等多种要素的综合体，它构成了职业伦理传承与发展的氛围，具有多种功能，可简单概括为如下价值导向、实践规范、精神激励、素质培育四个方面。①

---

① 杨柳、沈楚：《现代职业文化简论》，浙江大学出版社2014年版，第59—66页。

一　价值导向功能

现代图书馆员职业伦理文化的导向功能最重要、最核心的体现是价值观引导，即促进馆员人性的丰富和完善，促进馆员的全面发展。

（一）职业伦理文化引导图书馆员主体性的培育

图书馆员在市场经济和信息社会中生存和发展，他们的思想应具有更强的自主性、独立性、创新性，现代职业伦理文化更应重视他们的内在需求，鼓励他们的个性发展。具体来说，一是增强图书馆员的主体意识。主体意识是指，人作为认识和实践活动主体，对于自身的地位、能力和价值的主体性认识和主体性自觉。职业伦理文化对馆员的主体意识培育，就是要引导他们认识自己在社会发展、人的自由解放、国家富强、民族振兴中的主体地位和社会责任担当，引导他们正确认识个人与社会、个体与群体、自身与他人之间的关系，尤其是深刻认识自身职业角色与服务对象即读者用户的关系，从而明确自身的职责与义务。二是培养图书馆员的主体精神。主体精神是人们主动适应和改造自然与社会，主动认识与完善自身的心理倾向及行为表现。职业伦理文化就是要培养馆员的自尊自重、自强自立的自主精神；奋发努力、积极向上的进取精神；勇于探索、勇于开拓的创新精神；团结互助、主动合作的协作精神。只有培养出这些主体精神，图书馆员才能在职业生涯中，更大地发挥自身价值，并实现自我价值。三是开发图书馆员的主体能力。主体能力是作为主体的人所具有的认识世界和改造世界的内在力量。职业伦理文化要引导和帮助图书馆员根据社会需要和自身条件选择自身成才和发展方向的能力，从错综复杂的职业环境中接受积极的正面的影响，善于调节职业活动中的各种关系，从而使自身的主体性能够得到最大限度发挥。四是塑造图书馆员的主体人格。主体人格是人作为主体所具有的思想品德、心理素质和行为特征的综合。图书馆员职业伦理文化就是要引导馆员确立正确的职业价值观念和崇高的职业理想，养成优良的职业道德品质，培养积极的职业情感和坚强的职业道德意志，塑造健康、全面发展的职业人格。

（二）职业伦理文化引导图书馆员创造性的培养

主体性发展的最高形式就是创造性。培养、激励图书馆员的创造性是现代职业伦理文化追求的目标。职业伦理文化对馆员的创造性的培养，一是价值观念引导。要努力使图书馆员树立正确的世界观、人生观和职业价值观，确立职业理想和信仰，培养尊重科学、追求真理、持之以恒的创新精神，为图书馆事业的发展发挥自己的创造力。同时要培养馆员关爱读者用户、尊重读者用户的职业品质。二是创新精神培养。创新精神包括负责精神、开拓进取精神、求真务实精神、献身职业精神，等等。职业伦理文化就是要引导馆员增强自己的创造意识，坚定自己的创造志向，坚决摒弃不思进取、安于现状、无责任感、无事业心、无使命感、消极被动的精神状态。三是意志品质磨炼。创造性活动是高度复杂的意志活动，职业伦理文化要影响和激发馆员锻炼坚强的意志品质，比如创新目的性、独立性、耐挫性、持久性等。

（三）职业伦理文化引导图书馆员可持续发展

"人的可持续发展"关注的是人的素质提升过程中的整体性、衔接性和递升性，文化就是要在不断的人的全面发展追求或人的全面性塑造中发挥积极作用，从而促进人的可持续发展。职业伦理文化对图书馆员的可持续发展的引导，一是要用先进伦理文化陶冶他们的职业道德情操，提高他们的职业道德境界，实现他们职业伦理理想和精神的健康发展。人性是自然性和社会性的统一，也是物质性和精神性的统一。只有不断地进行伦理道德教育和伦理文化熏陶，增强馆员的职业责任感和社会使命感，才有可能实现图书馆员的可持续发展。二是要挖掘馆员自身的潜力，促进馆员充分、自主、自觉、自为地发展。现代图书馆员职业伦理文化必须面向未来，以理想的、健康全面的职业人格来引导馆员的发展。

二　实践规范功能

实践规范功能，主要是指职业伦理规范对图书馆员职业实践行为的引导、制约和对精神整合等方面。职业实践规范既是图书馆员过去行为的总结，也是他们未来行为的向导。职业伦理文化范畴中的实践规范功能，主要指在职业岗位上，伦理制度、规范等约束性文化对馆员职业行为的引导、规定。其功能具体表现如下。

（一）行为目标设置功能

实践规范首要的和基本的行为导向功能在于它对于图书馆员职业行为目标的选择、确立具有限定作用。图书馆员职业行为目标的选择，也是在职业理想和信念牵引下的价值判断过程。馆员职业行为目标的确立体现着对职业理想信念的追求。馆员之所以如此设置自己的行为目标，确定自己的行为方式，实际上反映出馆员的选择行为是一种理性思维活动，是以他们的自我意识、价值取向、理想信念等文化品性为基础的。馆员个体的实践认识活动，是一个自觉地遵循已有的实践规范的选择过程。馆员以往职业活动中所接受、积淀的实践规范成为自己行为的逻辑前提和选择基础，经由实践规范的选择、组织和处理，便成为自己的行动计划和价值判断，对馆员职业行为的目标设置有着限定制约作用。

（二）行为方式融通功能

简单地说，职业伦理文化就是图书馆员的职业活动方式，这种活动方式中包含着馆员的各种职业交往活动。基于良好的职业伦理文化氛围，馆员在职业交往过程中沟通信息、交流思想、融洽感情、协调行为，彼此影响、彼此感化，达到相互理解、相互包容、共同提高与进步。职业伦理文化的这种交往融通功能，使图书馆员与读者用户之间以及同事之间形成和谐关系。职业伦理文化所呈现的双向融通性和互动性交往关系，反映了职业行为对合目的性与合规范性统一的追求，体现了合理的实践规范的普遍价值和融通功能。

（三）行为过程调控功能

实践规范对图书馆员职业行为具有"调控器"的作用。它对人们的实践认识行为有着全时段、全方位的导向功能。就是说，它使馆员职业行为过程总是受着一定的思维方式、价值取向和理想目标的制约，使得职业现实与未来、过程与目标、生活世界与意义世界、理想世界与价值世界融为一体。所以，先进的职业伦理文化就是要引导馆员通过在理想、信念、信仰、希望、未来等选择中，做出未来的职业生活选择与追求。同时，对不符合自身价值标准的实践规范自觉进行鉴别、审视和抵御。职业伦理文化就是要培养馆员的文化意识和文化情结，获得文化特质，成为有职业伦理品格特征的职业者。这种职业人格特质，使馆员的职业行为模式和价值追求渗透着并显现出职业理想信念和价值追求的存在和功效。

三 精神激励功能

精神激励是社会主体在一定的社会环境中，借助于精神载体，如思想、观念、情感、信念、荣誉、期望等来激发启迪、塑造、诱导、激励对象，引起被激励者在思想结构、精神状态、心理体验和行为方式等方面的变化，从而有效地实现激励者预期目标的过程。[①] 我国社会主义市场经济在强化了人的物质需求意识的同时，也强化了人的精神需求意识。人的精神素质的培养、提高，要通过精神激励，在交往联系中实现。我国现代社会还处于社会主义初级阶段，图书馆事业的发展受经济、文化、生产力水平、从业人员构成和素质的制约，精神激励显得尤为必要。当代社会已进入知识经济时代，图书馆员是知识的承载者、传递者、服务者、发现者、创造者，知识服务、创造、利用与增值，最终都要依靠馆员的服务来实现，所以有必要从馆员的职业特征出发，构建其精神激励模式。图书馆员职业伦理文化精神激励的功能体现在以下方面。

（一）通过培养、激发精神需求提高图书馆员的职业伦理自觉性和精神境界

美国心理学家亚伯拉罕·马斯洛提出的需求层次理论，把人的需求分成生理需求、安全需求、社交需求、尊重需求和自我实现需求五类，依次由较低层次到较高层次。一般来说，某一层次的需求满足了，就会向未满足的高一层次发展，追求更高一层次需求的动机就成为驱使行为的动力，激励人为之努力，不断进步。了解图书馆员的需求是应用需求层次理论对馆员进行激励的一个重要前提。图书馆管理者应该在馆员的低层次需求满足基础上，激发他们的高层次需求，有

---

① 申来津：《精神激励的权变理论》，武汉理工大学出版社 2003 年版，第 86 页。

针对性地进行精神激励。精神激励是促使馆员精神成长乃至成才的"催化剂"和"兴奋剂",它通过激发馆员的一些高层次需求、抑制不合理需求,提高精神变革的意识和能力,产生积极进取心,追求更高的精神境界,追求与设计自身形象,为培养自己良好的素质和职业形象而主动为自己提出目标要求,进而进行自觉的精神修养、人格升华,这样使馆员不断地走向成熟,得到更大程度的自我发展和自我实现。

(二) 精神激励对于图书馆员个体发展具有终极目的性作用

马克思主义人学理论认为,人的发展,不是机体的发展,也不是知识的堆积,而是培养人的主体意识,增强人的主体能力,实现人的解放,实现人的自由、全面发展。文化是为人的,就是以文化人,强调的是文化对人的影响、塑造和提升功能,达到使人成为人,成为社会人,具有个性丰富、健康、积极、健全的理想的人格。职业伦理文化就是使图书馆员成为符合职业需要和社会要求的人格健全的职业人。在文化哲学指引下,职业不再仅仅是外在于馆员的目的、谋生工具或手段,更是追求自由发展的主体,因而对个人发展具有终极意义。职业伦理文化激励着馆员关心的首要问题是自我实现。精神激励不仅为实现职业工作目标服务,更要使每个馆员潜在的才干和能力得到充分发展,使激励目标由"为物"转向"为人"。通过精神激励,增强馆员的主动性和自觉性,调动馆员的内在动力,不断增强自身的综合实力,不断提高自身的综合素质,实现动机与效果、主观与客观、现实与理想、情与理的有机统一,从根本上帮助构筑馆员的精神世界,追求至善至美的人生境界,促进其人性的提升和完善,达到强根固本之目的。

(三) 精神激励有利于促进图书馆的和谐氛围

精神激励通过激励馆员提高自己的职业奋斗目标,追求更高的职业境界,从而引导和激励馆员提升伦理道德修养,增强服务意识和职业能力意识。馆员在为读者用户服务中,能够以"读者第一,服务至上"为宗旨,急读者所急,想读者所想,最大限度让读者满意,实现和谐服务;馆员在与同事和社会交往活动中,能够以工作为重,顾大局、识大体，彼此理解和体谅，紧密配合，减少冲突、矛盾与摩擦，增进和谐关系。图书馆员通过和谐服务和和谐工作关系，不仅能够构建一个良好的活动场所，而且能反过来感化和激励馆员和读者对和谐交往的追求，进而促进整个社会精神文明建设和和谐社会的构建。

四　素质培育功能

职业是实现人生价值，获得人生意义的根本之所在，所以，职业素质是实现职业价值的核心和关键部分。职业素质是指从业者在一定生理和心理条件基础上，通过教育培训、职业实践、自我修炼等途径形成和发展起来的，在职业活动中起决定性作用的、内在的、相对稳定的职业品质。职业伦理文化对馆员素质的培养就是要使他们成为一个具备图书馆员职业素质、胜任图书馆这种特定职业的职业人，主要体现在对馆员职业素质的培养上。职业伦理文化对职业素质的作用和影响，主要体现在确立正确的职业价值观、培养高尚的职业道德、培育扎实的专业素养。

（一）确立正确的职业价值观

职业伦理文化对图书馆员的职业价值观的影响是多方面的，其中最核心的是伦理精神文化对图书馆员的职业尊严和意义的追求。通过培养和提高图书馆员职业尊严和意义追求，可以不断地培养他们的主人翁精神、敬业精神、伦理精神，而通过这些精神的渗透和影响，又使他们的价值取向和职业观念发生积极变化，符合社会需要和时代要求，逐渐成熟、深刻、稳定，从而激发他们对职业的价值功能的体认，自觉把职业活动与自身完善和发展联系起来，做到职业发展和人的发展的和谐统一。只有确立了正确的价值观和职业观，才能在面临困难的职业行为选择的时候，坚定信念，抵制外力干扰，克服各种不利因素，坚守职业伦理原则，忠于职守。

（二）培养高尚的职业道德

具有职业道德感的图书馆员，将图书馆工作看作对社会、对个人都有价值、有意义的职业，能够有效地自我激励，努力工作、奉献职业。职业伦理文化就是要教育和影响馆员，一是忠于自己的职业。作为一个优秀的图书馆员，能够时时、处处铭记自己对职业的责任，并自愿、自觉为自己的行为所带来的后果负责。二是忠于自己所供职的图书馆机构。图书馆是馆员职业的生存空间，也是成长和施展才华的重要舞台。强烈的职业归属感能够让图书馆员融入职业伦理文化，关心图书馆的生存与发展，积极主动地去思考和解决在职业活动中所遇到的问题。三是深刻领悟读者服务这一职业特性。服务是图书馆员职业的本质属性，虽然图书馆工作岗位不同，无论是直接面对读者的服务工作，还是从事其他业务工作，以间接的方式服务读者，其最后、最终的目的方向具有一致性，都是为读者用户提供知识、信息、文化等服务。服务的本质决定了图书馆员必须以读者为本，以读者为中心，尊重读者的知识自由权利，服务中平等公正，努力使资源利用最大化，使服务效果最大化，使读者满意最大化。

（三）培育扎实的专业素养

当代网络信息技术的发展使图书馆员职业面临核心竞争力的挑战，如果不重视专业素养的培育，将会使图书馆员失去专业优势和竞争力，面临去职业化危机。职业伦理文化首先要引导图书馆员立足现实，面向未来，提高对社会环境的适应能力，树立终身学习，不断接受继续教育，不断提升自己的专业素养，勇于钻研，大胆创新，适应当代社会读者用户对图书馆服务需求的专业性、多样性和层次性的新变化，使自己在职业竞争中立于不败之地，同时保持图书馆事业可持续发展。

第三节　图书馆员职业伦理文化建设的方向

党的十八大报告要求全面提高公民道德素质，指出："要坚持依法治国和以德治国相结合，加强社会公德、职业道德、家庭美德、个人品德教育，弘扬中华传统美德，弘扬时代新风。"[1] 一个社会道德的

---

① 胡锦涛：《坚定不移沿着中国特色社会主义道路前进　为全面建成小康社会而奋斗——在中国共产党第十八次全国代表大会上的报告（2012 年 11 月 8 日）》，人民出版社 2012 年版，第 26 页。

进步是一个历史和现实的过程。同样，图书馆员职业伦理文化建设必须立足国情、民情及职业特性，明确目标方向。

一 以马克思主义思想为指导，以中国特色社会主义建设为共同理想

马克思主义是中国共产党和中国社会主义事业的指导思想，是科学的世界观与方法论。在这一理论思想指导下，中国走出了一条具有中国特色的社会主义道路，并形成中国特色社会主义理论体系，产生了毛泽东思想、邓小平理论、"三个代表"重要思想等中国特色社会主义重要理论成果，并总结出当代中国马克思主义的精髓，即"解放思想，实事求是，与时俱进"。图书馆员职业伦理文化也必须将马克思主义当作伦理文化建设工作的指导思想，紧跟国家发展文化步伐，引领职业发展。图书馆员职业伦理文化建设必须学会运用马克思主义的立场、观点、方法思考问题、认清我国国情，把握世界发展趋势，树立正确的世界观、人生观和价值观，特别是职业价值观。实现中华民族伟大复兴的中国梦，是中华儿女的共同理想。只有围绕社会理想，个人理想才能得以实现，个人价值才能得到实现。所以图书馆员应该确定共同的职业目标和坚定的职业信仰，在共同理想之下为自己树立职业理想，找准正确的方向，紧随时代潮流，密切联系社会和国家的需要。拥有了共同理想，就有了强大的前进动力。作为民族文化的一个组成部分，图书馆员职业伦理文化必须反映我国人民根本利益，服务于实现中华民族伟大复兴的中国梦这一当代历史使命，助力于社会文化大繁荣大发展，增强国家文化软实力建设。同时，我们应深刻领会中华民族伟大复兴的艰巨性和复杂性，激发图书馆员职业群体的爱国情怀和主体精神、敬业精神，明确"增强文化自觉和文化自信，是坚定道路自信、理论自信、制度自信的题中应有之义"，从而建设中国特色的图书馆员职业伦理文化。

二 加强社会主义核心价值观，弘扬民族精神，传播时代精神

图书馆员职业伦理文化具有文化的基本特性，如民族性、地域性、时代性。我国图书馆员职业伦理文化产生和发展的根基是五千年历史的中华民族，所以，它必须扎根于深厚的民族文化沃土，以中华民族的振兴发展为根本目标，服务于我国社会经济文化的繁荣发展。具体来说就是，以社会主义核心价值体系为原则，继承和发扬我国民族文化的优秀传统，弘扬民族精神，传播时代精神文化。

首先，树立和践行社会主义核心价值观。一个人、一个民族能不能把握好自己，很大程度上取决于核心价值观的引领。核心价值观是精神支柱，是行动向导，对丰富人们的精神世界、建设民族精神家园，具有基础性、决定性作用。核心价值观还是一个国家的重要稳定器，构建具有强大凝聚力和感召力的核心价值观，关系着社会和谐稳定，关系着国家长治久安。2012 年 11 月，中共十八大报告明确提出"倡导富强、民主、文明、和谐，倡导自由、平等、公正、法治，倡导爱国、敬业、诚信、友善，积极培育和践行社会主义核心价值观"，这也是对社会主义核心价值观的最新概括。

核心价值观既是全民族的"兴国之魂"，当然也是图书馆员职业伦理的核心价值原则，只有建立在此基础上，才能使图书馆事业成为中国社会主义文化建设事业的强有力的一分子，推进社会主义强国之梦的实现。身在国家公共文化教育服务机构的图书馆员必须义无反顾地树立社会主义核心价值观，时时刻刻用它们来鞭策自己，提高自身素质。在社会生活和职业交往过程中，图书馆员必然会遇到社会上各种不良思想现象，尤其是拜金主义、物质主义、奢侈享乐的生活方式等等，这些对从事公共文化服务这种非营利性职业来说，会构成消极影响和利诱因素，对职业信仰产生冲击。图书馆员职业伦理文化建设应大力倡导和弘扬社会主义核心价值观，使图书馆员牢固树立正确的世界观、人生观、价值观和职业观，提高职业境界，明辨是非，提高自制力，坚守职业，崇尚图书馆这种"人类知识的殿堂""人类进步的阶梯"和"没有围墙的大学"的伟大事业，淡泊名利，树立甘为人梯的精神，默默奉献，安贫乐道，在为社会提供知识文献信息文化服务中实现自己的社会价值。

其次，弘扬民族精神，熔铸时代精神。民族精神是一个民族长期以来形成的民族意识、民族文化、民族习俗和价值追求等共同特质，融入了民族的气节、风范、日常生活中。民族精神是民族文化的产物，是民族文化的精髓。中华优秀传统文化是中华民族的"根"和"魂"。中国社会主义事业的可持续发展，离不开民族精神和时代精神，图书馆员职业伦理文化更离不开这些宝贵精神的滋养。

中华民族的民族精神简单地说主要是：第一，坚忍不拔、自强不息的主体精神。"天行健，君子以自强不息"①，是中华民族的精神心态。它包括"为天地立心，为生民立命，为往圣继绝学，为万世开太平"②的入世开拓精神，"先天下之忧而忧，后天下之乐而乐"的高度社会责任感，"富贵不能淫，贫贱不能移，威武不能屈"的大丈夫气概，等等。正是依靠历史中形成的这种主体精神，中华民族无论在什么情况下也没有丧失自信心。第二，崇尚和谐的价值取向。中华民族自古以来就十分重视伦理道德，以和为贵。在中华民族漫长而曲折的历史上，团结和谐始终占主导地位，表现出惊人的向心力和内聚力。第三，重义轻利、顾全大局的行为规范。"君子喻于义，小人喻于利""舍生取义"等古语都说明，在物质利益与精神价值、人的欲求与伦理道德的关系上，中华民族始终强调精神价值和伦理道德的重要性。"见利思义""重义轻利""先义后利"被称为理想人格的重要内容，在整体利益、民族利益与个人利益的关系上，一向遵循整体利益、民族利益高于个人利益的原则。这种重义轻利、顾全大局的精神，对于中华民族的长期稳定和团结起了十分重要的历史作用。

将民族精神具体反映和落实到图书馆员职业中，就是要忠于职业、待人诚实、有廉耻之辨、自立自强、勇于创新、为人正直、以和为贵，敬业、爱国、利群、守法、奉公。对图书馆员来说，就是以"爱国、爱馆、爱书、爱人"的"四爱"精神体现出来，以集体利益和社会利益为重，遵纪守法，奉献职业，公私分明，在为社会提供知识文献信息文化服务中，继承和发扬民族精神，塑造图书馆员的职业

① 《周易·乾卦》。
② 张载：《张子语录·中》。

伦理精神。

再次，时代精神是一个时代的人们在文明创建活动中体现出来的精神风貌和优良品格，是全国人民努力实现中华民族伟大复兴的强大精神动力。时代精神形成于特定历史阶段的实践之中。当代中国以改革开放为主题，改革创新、不断进取就是我们的时代精神风貌。社会在不断发展，时代在不断前进，如果不与时俱进，没有时代精神，任何人和职业都将被淘汰。民族精神体现在图书馆员职业中，应该表现为"以人为本，服务至上"的人文精神；"尊重理性，追求真理"的科学精神；"与时俱进，不断创新"的进取精神；"敬业乐业，矢志不渝"的奉献精神。① 同时，作为公共文化服务者，图书馆员又兼具着文化教育职责，所以还应成为时代精神的代表者、传播者和引领者，担负起培育时代精神、引领先进文化的重任，使图书馆成为社会先进文化的辐射源和传播中心。

总之，图书馆员职业伦理文化建设，应该将时代精神和民族精神融入图书馆员群体心中，凭借这两种精神凝聚他们的力量，发挥他们的创造力，为实现中国特色社会主义的共同理想发挥职业群体的特质和巨大潜力。

三　突出图书馆员职业核心价值观，培养图书馆员职业精神

核心价值观是图书馆员职业伦理文化的核心，它确立了职业价值诉求、行为准则和目标方向，能够增强职业伦理文化信念和理想追求，凝聚广大职业群体的精神力量，提高职业竞争力，所以，应该给予重视并着力倡导。目前应将以下几方面作为我国图书馆员职业群体共同的核心价值观：保存人类记录；为社会提供服务；教育与学习；知识自由；平等获取；尊重读者个性和隐私。② 其中知识和信息自由是图书馆员职业主体层面的和价值观属性的核心价值。

职业精神是图书馆员职业伦理文化的灵魂和支柱，是图书馆员的

---

① 肖希明：《论图书馆职业精神》，《图书馆论坛》2004 年第 6 期。

② 朱国萍：《核心价值的特征：图书馆核心价值筛选和确定的切入点——论图书馆核心价值与核心职能》，《图书情报工作》2008 年第 8 期。

主导意志和精神追求。职业精神是职业价值观的个性彰显，能够将抽象的价值观诠释、演绎为一种具体的信念，有利于增强图书馆员的凝聚力和向心力，将图书馆员各方面的力量集中到图书馆的发展目标上来。现代网络信息技术环境下，图书馆员职业精神建设过程中应体现科学精神与弘扬人文精神并重，走科学精神与人文精神和谐发展之路。当代中国图书馆员应该具有这样的人文精神：敬畏图书馆制度、维护图书馆权利、对弱势人群的知识关怀、坚守图书馆职业；①"人守其学，学守其书，书守其美"，"为人找书，为书找人"，"读者用户就是上帝"的图书馆专业精神和职业奉献精神；开放精神、协作精神、竞争精神和创新精神等图书馆精神。这些都是引导和激励图书馆员具体行为的精神力量，有助于提高为读者用户服务的效果和效率。

四　探索新技术条件下图书馆员职业伦理文化建设模式

当今世界，数字技术、互联网技术和移动通信技术、人工智能等新兴技术的发展和应用，给人类社会的思想文化传播带来巨大变化。新媒体以其交流的便捷性和信息资源的丰富性，成为公众获取和交流信息的重要渠道，也为伦理文化观念传播提供了新的环境和良好的机遇，探索和利用新媒体传播方法、渠道、模式，是图书馆员职业伦理文化建设的重要课题。网络技术条件下信息发布、获取和传递更加自由、迅速，伦理道德文化传播处于"时间无屏障""空间无屏障"和"资讯无屏障"的状态，我们应积极主动充分利用网络信息技术的这些优势，更多地发扬我国优秀的民族传统文化，树立民族文化的认同感和自豪感，借鉴国外的优秀文化成果，拓宽视野，使图书馆员职业伦理文化更加丰富，更具民族性、时代性和先进性。利用信息技术和图书馆网页平台，加强职业伦理文化内容传播和教育，发挥网络论坛、讲座、学术报告、视频、声像资料等新载体的功能，提高文化信息教育开发、利用与交流的力度。营造浓烈的正面宣传的氛围，形成

---

① 范并思、兰小媛：《信息技术冲击下的图书馆人文思潮》，《高校图书馆工作》2005年第 5 期。

强有力的正确舆论态势，从而成为具有中国特色的社会主义伦理道德文化体系的一部分。

五　图书馆员职业伦理文化建设应强调"以人为本"

文化的特殊性决定了，人是图书馆员职业伦理文化建设的主体，也是出发点和归宿点。所以，图书馆员职业伦理文化建设必须坚持以人为本，即尊重人、理解人、关心人、信任人、调动人，由此激励馆员自我学习、自我提高、自我评价、自我监督、自我鞭策、自我控制、自我超越，以达到职业伦理文化的最高境界。另外，文化的本质是"人"化，以"文"化人，也是图书馆事业发展长期性的战略性的工作目标。因而，图书馆员职业伦理文化建设不可能一蹴而就，不能依靠短期的、一时的行为取得多大效果，更不能受频繁更换办馆理念所中断或影响，必须在制度规范、监管机制、馆风培养等方面建立起全面的有效的运行机制，不懈努力，倾心倾力，才能打造出图书馆员职业伦理文化的深厚底蕴。

第四节　图书馆员职业伦理文化建设现状

优秀的职业伦理文化是图书馆的灵魂和无形资产，它渗透在图书馆员行为活动的各个方面，维系并推动着图书馆的生存与发展，所以，图书馆员职业伦理文化建设是图书馆事业建设中的重要内容。改革开放以后，中国图书馆界逐渐对职业伦理文化建设和实践给予了广泛关注和重视，越来越多的图书馆开展了伦理文化建设。在学术领域，学者们寻求中国图书馆伦理文化建设之路，探讨图书馆员职业伦理文化的培育与图书馆员职业形象的塑造、图书馆员职业伦理文化对读者用户素质的影响等问题。在实践上，很多图书馆开始了职业伦理文化建设工作，如建立馆训、馆徽等培养员工的职业价值观、培育职业精神，开展一些文化活动以加强馆员的凝聚力和向心力，建立伦理规范以及在图书馆新馆建设中将人文元素融入其中等方式，塑造文化环境氛围，打造职业伦理文化。这些都有力地推动了图书馆的伦理文化建设，同时也产生了一批典型的职业伦理文化事迹，如实现了从"读者是我们的敌人"转变为"读者是我们的主人"的服务理念，[①]"读者第一""甘为人梯"的图书馆精神，富有特色的馆歌、馆操等，使积极向上的职业伦理文化逐渐成为中国先进文化的重要组成部分，成为图书馆核心竞争力不可或缺的重要因素。尽管我国图书馆员职业伦理文化建设从理论研究走向指导实践，进行了大量有益的实践和探索，也取得了一定的成效，但仍然存在不完整和不规范等普遍现象，完整的图书馆员职业伦理文化体系尚未形成。总体来说，理论研究与建设实践还存在不足和问题。

一 理论研究不足

我国图书馆学界对图书馆员职业伦理文化研究方法已开始从定性分析为主转向辅以定量分析研究，如与职业伦理文化相关的图书馆文化评估实证模型、评价指标体系设计探讨，等等。研究范围放在较大的图书馆文化及其影响作用的视野上，如研究校园文化与图书馆文化的种种关系、研究图书馆文化对社会发展的影响。研究对象从单纯地研究图书馆外部形象，如建筑文化、环境文化，开始深入研究图书馆的审美文化、知识资本和人才资源，等等。但总体上来说，仍然是缺乏对图书馆员职业伦理文化进行专题性研究以及实证研究，特别缺乏伦理文化评价指标体系、兼具系统性和可操作性的研究成果。可以说，中国图书馆员职业伦理文化建设研究力量薄弱，严重落后于中国图书馆文化发展的实践需要。一些图书馆在搞职业伦理文化建设时，没有深刻认识到它的重要性，没有对图书馆发展战略、图书馆员职业理念、图书馆员职业形象塑造、图书馆员目标定位及具体的操作实施步骤等进行深入研究，工作中的表面化、形式化现象普遍，所以难以对图书馆的可持续发展形成推动力。

---

① 程焕文：《图书馆的价值与使命》，上海科学技术文献出版社 2014 年版，第115 页。

二　建设不平衡

我国东部沿海地区和经济发达地区的图书馆，以及一些高校图书馆经费充足，伦理文化建设工作相对突出。如国家图书馆确立了"传承文明、服务社会"的服务宗旨，提升员工的思想道德修养和过硬的业务能力。[①] 天津图书馆主办的"图书馆教育"系列讲座旨在提高图书馆员素质，培养馆员在新时期的服务创新意识和能力，收到良好的效益。[②] 安徽师范大学图书馆馆徽设计，选用正六边形形状，象征着该馆是一个和谐、统一的集体，是一个稳定的、凝聚力强的团体，是多元化的图书馆文化。馆徽充分表达了该馆的形象和个性化特征，显示"以人为本，创新服务"的理念。同时也形象生动地阐释了该馆深厚的传统文化底蕴和时代精神，为满足读者需求，为学校教学和科研服务提供高科技、高质量的信息产品的图书馆风貌，给人以活力、高效和奋发向上之感，从而激励图书馆人励精图治、不断创新，向更新、更高境界发展。[③] 同济大学图书馆在"以人为本"的和谐图书馆文化管理理念下，使图书馆员与图书馆在良性互动中成为"图书馆靠我发展，我靠图书馆成长""幸福和利益共享、困难和风险共担"的命运共同体，使馆员在各自喜爱的工作岗位上发挥聪明才智，做到互惠共赢、和谐高效，提高图书馆的团体凝聚力。[④] 东北大学图书馆从1998 年开始，实行全员聘用合同制，将敬业精神与馆员的业务考核、晋升职称等结合起来，形成一个公平、合理、竞争的优胜劣汰环境，为加强职业道德教育、培养敬业精神、保障馆员素质建立了经常性的工作机制。[⑤] 而经济不发达地区的图书馆，尤其是市县级公共馆，甚至个别地区还在温饱线以下挣扎，伦理文化建设在这里只是一种"奢侈"，而且对开展了职业伦理建设的图书馆来说，实际工作中说得多、做得少，

---

① 张敏勤：《图书馆文化研究》，世界图书出版公司 2012 年版，第 254 页。
② 同上书，第 212 页。
③ 同上书，第 214 页。
④ 同上书，第 222—224 页。
⑤ 同上书，第 257 页。

表面的多、深层次的少。伦理文化建设的重要性仍然没有引起广大图书馆管理者的足够重视，还需要进一步引导和探索、加强和运用。

三　缺乏长效机制

图书馆员职业伦理文化建设主体中主要的是图书馆机构和图书馆行业组织，即图书馆学会（目前在中国主要是图书馆学会兼顾两者职能），笔者分别针对这两种主体进行了调查。以陕西地区为例，根据笔者2016年11月对设立了网站的陕西地区省、市两级3个图书馆学会网页浏览，发现仅有陕西省图书馆学会章程表明"倡导行业自律"，另外两个市级图书馆学会章程中均没有相关内容，这表明3个图书馆学会未将伦理道德内容作为自身的主要职责，甚至相关人员还认为对行业道德自律不是图书馆学会的职责，因而，在实际工作中，所调查的图书馆学会均未开展行业伦理道德建设相关工作。这在一定程度上反映了图书馆学会职业伦理文化建设职能的缺失。再以对陕西地区图书馆的抽样调查为例，笔者对陕西省各级各类共40个图书馆的调查，将职业伦理文化建设简化为5个方面13个问题进行调查，大致包括对相关伦理准则的学习宣传、本馆道德规范的建立、营造伦理文化氛围、开展伦理道德教育、道德管理机制、道德水平状况及自我评价。调查结果表明，图书馆员职业伦理文化建设整体水平不高，开展各项工作大部分指标在70%以下，甚至低至15%，个别指标虽然较高，如开展道德教育活动和读者满意度调查分别达85%和95%，但一直坚持下来的指标却低至28%和15%。与之相应的是，图书馆道德失范事件发生率达到50%，自我评价较好的仅有33%。这在一定程度上能反映出目前我国图书馆的职业伦理建设现状不佳，同时也反映出，图书馆领导层对职业伦理建设的重要性认识不到位，工作缺乏系统性和战略性思考，表面化、形式化现象严重，缺乏长效机制。

首先，图书馆领导责任不清。有些图书馆领导没有认清自己在职业伦理文化建设过程中所处的角色和应承担的责任，没有承担起职业伦理文化建设的倡导者、设计者和执行者的重任。他们关于职业伦理文化建设对图书馆持续发展的重要作用认识不够，没有把伦理文化战略纳入图书馆发展规划的整体战略中，投入的精力和财力少。比如很多图书馆没有建立专门的伦理文化建设组织，也没有配备专业人员，需要时临时组织个领导班子，工作时常处于无方向、无规划的间断状态。

其次，职业伦理建设表面化、形式化、短期化现象普遍。一些图书馆推出的优质服务月、服务周等品牌活动，活动期间收效显著，活动过后服务质量就回落了，成效不能持久巩固，优秀精神难以长期发扬；有的图书馆设立的服务品牌，如服务之星、模范岗位、流动红旗等，在世界读书日或校庆期间等某个重要活动时期推出，一段时间之后，在不知不觉中就消失或停止了；馆歌仅轰动了一时，馆徽已成为装饰品。

最后，职业伦理文化建设不够深入。职业伦理建设旨在形成文化力，提高图书馆员的核心竞争力。职业伦理文化建设的关键是要达到馆员对职业精神和价值观的认同，升华为一种自觉的群体意识，并能自觉地身体力行。然而，很多图书馆在进行职业伦理文化建设时，往往只注重文化形式化、外在性的东西，如挂牌上岗、统一馆服，而不注重实质性的内在的精神文化建设；热衷于搞各种娱乐活动，而忽视职业价值观和职业精神的树立和培养。凡此种种，致使图书馆员职业伦理建设成效不显著，职业伦理文化淡薄，不仅制约了职业道德水平的提升，在一定程度上也妨碍了图书馆员职业的社会形象和地位的树立。

第十二章

图书馆员职业伦理建设

图书馆员职业伦理建设是一个系统性工程，它包括职业伦理准则及相关制度法律规范的建设、职业伦理管理以及职业伦理文化建设等多方面。只有多方面相互配合、协调一致，才能取得整体性的成效。

第一节　图书馆员职业伦理规范建设

图书馆员职业伦理规范建设以伦理准则建设为主要方式，同时，也需要相关制度规范和法律规范的支持保障。在自律规范和他律规范的共同作用下，职业伦理规范才能发挥出应有的效力。

一　职业伦理准则建设

职业伦理规范建设主要表现为职业伦理准则的建立健全、宣传和落实。本书第八章第一节对康德关于准则思想的解读，不仅有助于我们更深刻地理解图书馆员职业伦理准则内涵，而且也对图书馆员职业伦理准则建设具有启发。图书馆员职业伦理准则建设应重视两方面，一是重视准则的制定与修订，二是加强准则的贯彻落实。

（一）图书馆员职业伦理准则的制定与修订

依据康德准则思想，准则是行动的依据，是包含必然的应然、合规律性与合目的性的统一、主观与客观的统一和有限与无限的统一。准则符合客观必然性才能被建构、认知、认同、履行。由于人的主观认识存在局限性，客观社会环境也在不断发展变化，所以，图书馆事业也随着实践的不断变革与积累而需要不断完善准则制度。具体来说，既要制定图书馆员职业伦理准则，还要不断修订完善。

首先，制定图书馆员职业伦理准则时，一定要发挥馆员群体的自由意志力量，尽可能摆脱主观性因素的支配，使准则具有客观必然性和普遍适用性。重视预见性、概括性、包容性、发展性等，立足当代社会科技发展水平，依据当代人对文化信息需求的特点，并结合我国国情和各地区的具体现实，使其最大限度地反映图书馆员职业道德需要，符合图书馆员职业伦理发展规律及现状，在其应然与必然达到统一的基础上，成为馆员群体行为的实践法则，发挥作用。

其次，任何准则的客观性、合理性、适用性都会受一定的时间、空间、主体范围等因素所限制，因而具有相对性。随着时间的推移，各种环境条件的改变、职业实践的不断深入，准则会出现滞后，其有效性也随之降低。因而，应对人的有限理性有自知之明，不可妄自尊大，一劳永逸，将所制定的准则推向绝对或极端，导致僵化教条。这就要求，不断对图书馆员职业伦理准则进行修订完善，才能真正发挥准则的规范作用。《中国图书馆员职业道德准则（试行）》自 2003年颁布以来，引发了学界大量的分析、评论，并提出了修订建议。十几年来的图书馆实践活动出现了许多新问题、新情况，同时也积累了许多新的经验和认识，需要补充和融入准则之中。所以，《中国图书馆员职业道德准则（试行）》的修订完善应引起图书馆界的重视。

从国际上看，许多国家和地区都比较重视图书馆员伦理准则的修订工作，值得我们借鉴学习。美国图书馆协会（ALA）是世界上最早制定图书馆员伦理守则的协会。早在 1938 年，ALA 即公布了第一份职业伦理守则《美国图书馆协会伦理守则》，至今经过了 1975 年、1981 年、1995 年、2008 年四次修订。英国于 1983 年颁布《英国图书馆协会专业行为守则》，2007 年修订；澳大利亚图书馆与信息协会1986 年颁布《职业操守说明》，2007 年修订。

（二）图书馆员伦理准则的贯彻落实

准则的落实，既需要建立健全不同层次的准则规范体系，也有赖于馆员的实际运用能力，还需要培养馆员履行准则的自律性。

首先，建立健全准则规范的层次体系。不同层次的准则规范其作用效力不同，高层次的准则原则指导性强，兼顾可操作性；低层次的准则有各自的具体特点，可操作性强。高低层次相互照应，相辅相成，这样才能使准则产生系统的、整体性功能效应。所以图书馆员职业伦理准则的制定要形成层次体系，兼顾原则性与可操作性，各有侧重，才能达到这样的效果：既要使图书馆员明白职业精神和职业理念，还要懂得如何去做。然而在我国，制定低层次的准则实施细则或规范并不普遍，因而，尽管有国际和国家层次的图书馆员职业伦理准则，但还是没有形成高低层次性准则配套体系。如果地方性、区域性和个体图书馆机构围绕全国性的准则，制定自己的实施细则和具体服务规范，就能够使国际性、国家级层次伦理准则得到具体落实。否则低层次环节的缺失，自然会影响高层次准则的作用效果。所以，操作性强的地方性、专业性的准则和基层图书馆伦理准则规范的建立健全是当前的紧迫任务。

其次，培养图书馆员运用职业伦理准则解决职业伦理冲突的能力。根据康德关于准则的层次性思想，特定主体的具体行为准则背后，隐含着更为普遍有效性的准则。这为我们解决图书馆员职业实践中的伦理冲突提供了判断和选择的方法。在市场经济环境下，人们的文化教育需求日益丰富，价值多元化，权利意识、信息公平意识逐渐增强。为此，图书馆应加强培养馆员应对各种冲突的能力，学会掌握具体准则背后所蕴含的更具普遍性的准则和价值原则，作为最高判据；运用准则所蕴含的精神实质，有效灵活地指导职业活动，避免使具体准则陷入僵化或矛盾之中，或者机械地执行。目前，最高层次的图书馆员职业伦理准则依据有世界性的《世界人权宣言》《公共图书馆宣言》《图书馆员及其他信息工作者的伦理准则（IFLA）》等，中国有自己的《中国图书馆员职业道德准则（试行）》《图书馆合作与信息资源共享武汉宣言》《图书馆服务宣言》等。人类最基本的价值原则如自由、平等、不受伤害等是我们遇到伦理冲突时选择判断的最高标准。在当代中国，应奉行以人为本，知识信息资源服务最大化等价值原则，还应以富强、民主、文明、和谐，自由、平等、公正、法治，爱国、敬业、诚信、友善等社会主义核心价值观为基本原则。同时，我们更应重视学习参考职业实践中的优秀案例，从中获得启发和借鉴，提高实际应对冲突的能力与水平。例如，我国图书馆界曾出现的"国图事件"①"苏图事件"② 最终以维护读者阅读权、以读者为中心、藏用并重、资源利用最大化等具有普遍性的原则为最终依据，纠正了为制度而执行制度却忽视了"以人为本"原则的教条主义，妥善解决了藏与用、制度与伦理冲突等难题。再如，"杭图事件"③ 中杭州图书馆面对读者与乞丐和拾荒者之间冲突时，以最基本的读者权利为抉择接纳了后者，并为其他读者提出更换阅读区域的建议。这种尊重公民图书馆权利，提供普遍均等、无歧视服务，又实现服务最大化的做法，不仅彰显了服务智慧，也为业界树立了解决矛盾冲突的榜样。

最后，重视培养图书馆员职业自律德性，为履行职业伦理准则提供主观基础。依据康德的德性论，道德理性是人的本质，自律意志是人性特征。人之所以拥有尊严和崇高，就源于人的德性。"德性始于规范，规范止于德性；规范是德性的手段，德性是规范的目的。"④ 当今社会，技术理性对人文理性造成挤压，物质主义、功利主义流行，权利意识与责任意识失衡，个人意识膨胀。在这种"伦理实体意识蜕变，伦理意义祛魅，伦理信用匮乏""精神隐退"⑤ 的社会大背景下，康德"道德理性"思想对道德律这种"绝对命令"的强调，无疑需要大力倡导和弘扬，以矫正当代社会价值理性隐退危机。首先，在当前图书馆界各种法规制度和管理机制不尽完善的现实条件下，职业伦理准则贯彻落实对馆员德性自律的需要尤为迫切。所以，在职业道德教育过程中，让馆员认识到遵守职业道德准则就是自己的义务和责

---

① 周继武：《国家图书馆借书记》，《南方周末》2004 年 10 月 14 日。

② 侯虹斌：《"苏图事件"：谁限制了一个学者使用善本的权利?》，《南方都市报》2005 年 3 月 28 日。

③ 程焕文、潘燕桃、张靖：《图书馆权利研究》，学习出版社 2011 年版，第 308—327 页。

④ 李萍、童建军：《德性法理学视野下的道德治理》，《哲学研究》2014 年第 8 期。

⑤ 樊浩：《当前中国伦理道德状况及其精神哲学分析》，《中国社会科学》2009 年第 4 期。

任，是培养职业德性的应然，也是必然和必须。应根据各馆的特性，勇于创新，探索有效的教育培养方式，如推介优秀案例、举办主题沙龙等具有感染力的方式，激发馆员的职业情感，将职业伦理准则的精神实质内化为馆员的职业精神、职业意志、职业信念，从而抵御市场经济环境下馆员沦为"没有精神的专业人员"和"没有心灵的感觉主义者"① 的倾向。其次，在职业道德建设中从制度准则的制定、执行、监管、赏罚、文化引领等多方面形成公平公正的运作机制，为馆员职业德性的养成营造积极向上的环境氛围，使职业德行得到激励和保护。最后，准则制度，有可能从结果上遏制道德失范，保护道德底线，从而保证德行持久稳固，使服务达到卓越。而具有了优良的职业德性，馆员才可能将职业道德准则作为心中的道德律令，把"为用户提供公平、快捷、经济而且有效的信息获取"② 作为职业目标，达到"我自己服从自己的立法，服从自己的理性"③ 的自律境界，塑造职业人格，树立职业尊严，获得职业自由。同时，也成就读者获得尊严和自由发展，走向"人是目的"的理想境界。

二　职业制度规范建设

在相关制度规范中，图书馆员职业资格制度对于馆员的职业素质和专业水平是最直接、最主要的保障因素，它也直接决定职业伦理建设的有效性及持久性，所以是必须予以重视和强调的方面。

社会学认为，一个职业要成为受社会重视的专业，其从业人员在社会上具有较高的主体权威，必须的条件是提高该职业的准入"门槛"，社会职业的准入"门槛"越高，越有利于提高职业的专业化水平，增强该职业从业的严肃性和职业竞争力。职业资格认证制度在发

---

① ［加］纪克之：《现代世界之道》，刘平、谢燕译，北京大学出版社 2010 年版，第 136 页。

② 国际图书馆协会联合会：《图书馆员及其他信息工作者的伦理准则（IFLA）》，朱强、束漫译，2012 年 8 月（http://www.ifla.org/files/assets/faife/codesofethics/chinesecode-ofethicsfull.pdf）。

③ 邓晓芒：《康德哲学讲演录》，广西师范大学出版社 2005 年版，第 209 页。

达国家已有上百年的历史，已经实施图书馆员职业资格认证的 100 多个国家和地区都建立了相应的认证制度。美国的图书馆员资格认证制度从 20 世纪 30 年代立法实施，经过几次修改，一直沿用至今。建立图书馆员职业资格认证制度，通过等级制、学历制、考试制等不同方式，使图书馆从业人员接受系统的图书馆学教育，在职业认知、职业情怀、职业理想、专业素养和技能等方面有了基本的保证，从而为其履行职业道德奠定了坚实的基础，对图书馆员业务工作和服务效果意义重大。"如果国家建立统一的图书馆员职业资格制度，将从源头上净化和强化图书馆员专业队伍，使图书馆人力资源管理逐步纳入法制轨道，以保证图书馆事业的可持续发展"①，当然也对图书馆员职业道德建设从人员素质上起到了很大的过滤作用，职业道德建设的难度和效果会较大改善。

出于国情，2017 年底我国即将颁布的《公共图书馆法》没有将职业资格制度规定列入，现行的 6 部地方性图书馆法规也未作规定。尽管如此，但并不意味着图书馆界可以无所作为，消极等待。发达国家的先进经验和做法仍然值得学习借鉴，如美国的图书馆员职业资格认证是分州实施的，各类图书馆对其从业人员均有较为严格的要求，在各州的图书馆法中有关于专业资格认证的内容要求。美国《新泽西州图书馆法》（2005 年修订版）第五章的内容专门论述了图书馆员的资格认证以及专业图书馆员需遵循的规章制度。鉴于中国地区发展差距大，各地的发展情况不一样，不能一刀切，那么有条件的、发达地区可以在地方性法规中先行考虑图书馆员职业资格规定相关内容，促进当地图书馆员职业资格制度的制定。通过地方性的实践探索，为其他地区提供借鉴，同时，也为未来图书馆的修定法积累经验，提供参考。

三　职业法律规范建设

图书馆法规是图书馆事业发展到一定历史阶段的必然产物，也是

---

① 吴慰慈：《图书馆职业资格认证制度》，《图书馆建设》2004 年第 2 期。

图书馆事业健康发展的重要保障。图书馆是对知识文献信息进行收集、整理、保存、传递、开发，并为社会提供利用的科学文化教育和信息服务机构。建立现代图书馆制度，根本在法治。就图书馆员职业实践而言，规范秩序的健全十分必要。健全既指规范的科学性、合理性、现实性、完整性，也指纵向的和横向的结构系统性，这就是权力规范与非权力规范的有机统一，或者说是法制规范与伦理道德规范的统一。如程焕文所言："规范秩序的确立和职责的明确对图书馆职业群体很重要。图书馆事业的健康发展，不仅需要图书馆员严格自律，而且需要法律环境的保障。"① "实质上，我们图书馆事业是在两个空间里发展，一是法律的空间，二是道德的空间。法律是下限，道德是上限。但是我国图书馆事业在过去的发展中，下限不明确，上限也是模糊的。在21世纪，图书馆事业必须向着以完善的图书馆法和相关的保护读者和用户自由、平等利用图书馆的法律为下限，同时以《图书馆员职业道德规范》为上限的方向发展，我们的图书馆事业才会有新的起色。"② 随着信息时代的到来，人们对图书馆的依赖性越来越强，对图书馆的需求也越来越高。图书馆能否适应社会和时代的需求，能否满足读者的需要，从某种意义上说，图书馆法律规范的健全与完善是关键。为解决图书馆事业中出现的共性问题，处理好图书馆事业中的各种关系，保障图书馆事业沿着正确方向健康发展，同时，也为了使我国图书馆事业与世界图书馆事业迅速全面接轨，完善我国图书馆的立法体系势在必行。

图书馆法是保障图书馆事业健康有序发展的重要前提，因而世界各国都非常重视图书馆法规建设，并形成了相对完善的法律体系。综观国外图书馆立法，其对图书馆与读者关系的界定、对图书馆职能的表述、对运行经费和管理体制的规定，保障了图书馆多项工作的顺利开展，维护了图书馆与读者的利益。这对正处于初级阶段的我国图书馆立法来说有着重要的启示和借鉴作用。图书馆法以法律形式明确图

① 程焕文：《百年沧桑 世纪华章——20世纪中国图书馆事业回顾与展望》，《图书馆建设》2004年第6期。

② 同上。

书馆及馆员的社会职能，如韩国现行的《图书馆法》第 1 条中规定，图书馆要"向社会提供全面的有效信息，消除获取信息及利用方面的差距，增进终生教育，其目的在于为国家及社会文化发展作出贡献"①。世界各国在图书馆立法时都比较重视图书馆服务读者的职能，如 1996 年，美国修订《图书馆服务与技术法》阐述了图书馆三项服务宗旨：促进各类图书馆在服务上的不断完善，以便更好地服务于美国民众；为公民在获取各类图书馆资源上提供方便，从而培养有良好教育、信息素养的公民；鼓励各类图书馆间的资源共享，为市民提供高效益的图书馆服务。② 关于经费规定，如美国的《图书馆服务法》的主要内容就是规定联邦政府对图书馆事业的拨款，通过立法保障图书馆经费的来源和使用，它规定了公共图书馆经费的投入主体和投入方式、经费分配的重点和范围以及经费的使用规则等。从 1956 年颁布后，根据环境的变化 1964 年、1996 年对图书馆法的经费的拨款额度和拨款方式进行了修改。③ 关于图书馆管理，如美国 2003 年版《博物馆和图书馆服务法》规定，博物馆和图书馆服务机构在其内部下设博物馆和图书馆服务委员会，主要职责是负责向机构主任提出关于博物馆和图书馆服务政策的建议以及全国博物馆和图书馆服务奖励的设置。在《博物馆和图书馆服务法》中，还具体阐述了博物馆和图书馆服务机构的组成、人事和接受捐赠事宜。④

　　借鉴世界发达国家的先进经验，目前我国图书馆法规建设应从以下几方面做起。

（一）建立完整的图书馆法规体系

　　从目前世界发达国家的经验看，图书馆法律保障机制的建设，最终目标定位应该是营造一个有利于图书馆事业发展的法律氛围和环境

---

① 李炳穆等：《韩国图书馆法》，《图书情报工作》2008 年第 6 期。

② 刘璇、张丽、冯佳：《国外图书馆法演变特点及对我国图书馆法的启示》，《图书情报工作》2011 年第 21 期。

③ 同上。

④ 曹淼、肖希明：《美国图书馆政策的重点领域及对中国的启示》，《国家图书馆学刊》2012 年第 1 期。

保障。也就是说，要有一个全方位、多功能、高效率的综合法律保护体系。联合国教科文组织建议各国和各地政府支持并积极参与图书馆的建设，倡议专门立法。① 相比之下，我国的图书馆立法还相对落后，图书馆是一项社会公益性事业，涉及社会生活的各个方面，单靠一部图书馆专门法不能解决所有问题。正如李国新所说，图书馆法制建设绝不仅仅是制定一部"图书馆法"，而是要构建图书馆事业发展的法律保障体系，营造图书馆事业发展的法制环境。② 健全和完善图书馆法律体系是我国图书馆事业发展的基本保障。我国需要建立的是以图书馆专门法为核心，其他相关法律法规为辅助的完备和系统的体系。完整的图书馆法规体系是由一系列互为补充、相辅相成、有机结合的法律法规所组成的一个整体，包括图书馆专门法、图书馆相关法和行业自律规范等。目前我国已颁布或即将颁布部门性和地方性法规条例，如《公共文化服务保障法》《公共图书馆法》《信息网络传播权保护条例》等以及 6 部地方公共图书馆《条例》等，这一系列法规为公民图书馆权益、自由平等获取知识信息、缩小信息差距、促进个人全面发展、建设和谐社会提供了强力保障，同时更是各级各类图书馆主体伦理关系调节的强力保障，是职业道德规范的有力支持。但仍然存在图书馆法律体系不完善问题，如有关图书馆的相关法律之间缺乏协调和一致性，立法数量少，层次较低，修改、完善和细化不够及时等，这些制约着法律体系功能的发挥。

我国幅员辽阔，地区发展极其不均衡，东部和西部差距较大，尤其在经济相对落后的西部，图书馆事业发展受的制约较大。这就需要制定具体的地方性的具有法律约束力和强制力的图书馆法规，规定图书馆事业经费的来源、额度、各类型图书馆建筑标准等。各省、区根据实际情况制定适合本地区的行政规章，共同对图书馆建设中涉及的馆舍建筑、人事制度、经费投入等问题进行明确规定和严格规范。只有建立了由图书馆基本法律、图书馆相关法律、行政法规、各地方图

---

① 时保吉：《论图书馆的综合法律保障》，《图书馆理论与实践》2004 年第 2 期。

② 李国新：《中国图书馆法治建设：现状与问题》，《图书馆建设》2007 年第 6 期。

书馆法规、规章组成的有机整体，我国图书馆法律体系才可算是一个
科学完备的系统，才能为我国图书馆事业起到真正的保障作用。

（二）及时修订法规，重视法规可操作性，完善图书馆法规体系

国外图书馆法的完善性在于不仅基本法与相关法的配套齐备，还
在于重视图书馆法及时修订。很多国家的图书馆法都经历了不断修订
的过程，如韩国 2006 年颁布的《图书馆法》，经历了 1997 年、1999
年、2000 年、2003 年、2006 年等多次的修订。其他国家的图书馆法
也都多少经历了"制定—执行—修正—补充"这样的循环过程。① 美
国《图书馆服务法》《图书馆服务与建设法》以及《图书馆服务与技
术法》中，后两部法律实际上是由第一部《图书馆服务法》发展演变
而来的，他们之间是相互继承与发展的关系。另外，综观美国的各类
图书馆法律法规，能够发现，其对所有事项的规定内容都很详尽、具
体，具有可操作性。例如，《密歇根州图书馆法》详细规定了其图书
馆特区的建立步骤。"如果两个或两个以上的市政当局想要建立一个
特区图书馆，建议遵从以下步骤：（1）预备会议。市政代表与当地图
书馆员及市民一同探讨是否有必要成立特区图书馆。（2）方案。理事
会拥有是否批准建立特区图书馆的权力。（3）特区图书馆计划委员
会。从现有图书馆与市民中选取计划委员会的成员。（4）特区图书馆
协议。特区图书馆协议由计划委员会拟定，由直辖市中所有的图书馆
理事会批准。（5）提交至密歇根州政府。密歇根州政府需在 30 日之
内作出是否予以最终批准的回复。"② 迅速发展的信息时代使我国地方
图书馆法规建设严重滞后，大多数法规自制定后未见修订，甚至已长
达十几年之久。所以建议在立法实践中，对现有法规及时修改、完善
和细化，以适应时代的发展及客观环境的变化。

我国图书馆法规建设需要注意遵循一些基本原则。

首先，贯彻现代图书馆理念，树立现代法律理念，突出伦理道德

---

① 刘璇、张丽、冯佳：《国外图书馆法演变特点及对我国图书馆法的启示》，《图书情
报工作》2011 年第 21 期。

② 刘晓莹、刘琳琳：《美国公共图书馆立法：现状、特点与启示》，《图书馆建设》
2013 年第 4 期。

原则。所谓图书馆法规，实质上就是用法律的权威和力量，来引导全体国民树立现代图书馆理念，实现现代图书馆观念的法律制度化。[①]现代图书馆法律理念应该遵从现代图书馆理念，它"是现代社会保障公民生存权、学习权、认知权与表达自由权、参政权、闲暇享受权等政治理念的体现，远不是一个完全物化的图书馆设置与否的问题"[②]。现代图书馆理念应体现在当今图书馆活动的所有方面，但核心是图书馆面向公众提供完善的服务，在整体上满足公众的所有资料信息需求。因此，图书馆法规体系要协调一致地规定和保障图书馆的服务。图书馆提供的服务必须是全方位、多层次的，图书馆提供资料的方式应转变到实现资源共享和馆际合作，图书馆的大门必须无条件地向所有公众免费开放。此外，图书馆的运营经费来源于税收，对利用者实行免费原则，图书馆必须在专业的基础上运营，其运营和管理体现民主性原则。图书馆拥有基于国家宪法的收集资料和提供资料的自由权利，公众拥有自由利用图书馆和通过图书馆自由获得资料信息的权利，图书馆承担着保障利用者权利实现的义务等，都是现代图书馆运营的基本理念。

法律理念是制定法律所依据的根本原则，对立法精神具有基础性的决定作用，并规定着法律的价值追求。而法律理念最重要的要义则是"正义"。"'正义'为法之真理念。"[③]"法律来自正义就像来自它的母亲。"[④] 各种具体法律原则如自由、平等、公正、诚实信用等本身就是道德法则。如我国台湾地区在其2001年通过的"图书馆法"第7条规定：图书馆应提供其服务对象获取公平、自由、适时及便利之图书馆资讯权益。现代立法还要遵循"以人为本"原则。"人是法律的本源""人是法律的依归""人是法律的主体""人是法律的目的"，这些是人本法律观立论的依据。人本法律观是建设社会主义法治国家的基本理念，把"尊重人格、合乎人性、保障人权"贯彻到法治的全

---

① 时保吉：《论图书馆的综合法律保障》，《图书馆理论与实践》2004年第2期。
② 李国新：《关于中国图书馆立法的若干问题》，《中国图书馆学报》2002年第1期。
③ 刁荣华：《中西法律思想论集》，汉林出版社1984年版，第262页。
④ 转引自沈宗灵《现代西方法理学》，北京大学出版社1992年版，第43页。

过程，是以人民根本利益为本的法律观。① 因此，中国图书馆法律体系需要在现行法律基础上，建立具有中国特色的图书馆自由权利的理念与规范，强化职业伦理原则，并把这种理念与规范法律化，付诸实践。

其次，我国图书馆法规应立足国情。图书馆法规调整的对象是政府主管机关、图书馆本身的建制及其人员构成、图书馆的运作管理方式等。建立一套完善的图书馆法律体系，保障图书馆的地位和作用，保障图书馆事业的健康发展是非常必要的。西方发达国家图书馆事业发展的规律告诉我们，图书馆事业的发展，主要受两个社会性因素制约：一是社会经济发展水平；二是国民受教育水平。只有这两个社会性因素的综合指标达到一定高度时，图书馆事业的迅速发展才会真正启动。图书馆法制建设如果不和中国今天的社会发展水平相适应，最终也只能落空。从这个意义上说，中国图书馆事业发展的真正动力是社会的全面发展。所以，要立足国情、反映民情，科学合理、协调配套地设置图书馆法规的各项条款，条款一定要注意强调两方面，即规范政府对图书馆的行为、规范图书馆的管理，凸显读者的权益、保障读者的合法权益。这样，图书馆的法规建设才有现实意义。

再次，重视图书馆员从业资格、权利责任和信息伦理内容。专业化的图书馆服务必须以专业化的图书馆员为基础，才能满足读者专业化的文献信息服务需求，保证图书馆服务质量。这就需要职业资格制度对图书馆从业人员加以保障。图书馆员职业资格认证制度对图书馆事业的健康、持续、协调发展至关重要，也是图书馆法规体系修订完善时需要规范的基本而重要的制度之一。发达国家对此都比较重视，如美国各个州都拥有一套较为具体的公共图书馆员认证制度。馆员资格认证已成为一种趋势，如美国新泽西州规定"只有拥有获得认可的专业图书馆员教育硕士学位才有申请图书馆员认

---

① 李龙：《用科学的发展观统领中国法学的全局——再论人本法律观》，《武汉大学学报》（人文科学版）2005 年第 4 期。

证的资格"①。我国图书馆法规体系中应增加馆员的从业资格、任用制度，通过对馆员的权利和义务从法律上尊重、肯定和保障，这样才能充分调动其主动性和能动性，最大限度发挥其潜能，保证读者用户的服务需要和满意度，实现图书馆的优质服务，真正实现服务关系的和谐。另外，信息伦理在当今图书馆活动中的作用非常重要，图书馆法规应对有关信息伦理的内容，如隐私权、知识产权、信息权利、信息安全等相关内容进行补充完善，从而保证图书馆员活动有法可依，减少违法现象发生。

总之，增强现代图书馆法律理念，建立健全图书馆法规，将会对图书馆员职业伦理建设提供有力的支撑和保障。

第二节 图书馆员职业伦理管理

图书馆员职业伦理建设主要内容和重点就是职业道德建设工作。目前，从我国图书馆员职业道德建设现状看，存在着一些问题，主要可归结为两方面：一是建设主体不清，责任不明；二是表面化、形式化严重，缺乏长效机制。由此导致的结果是馆员没有形成普遍的职业意识，缺少坚定的职业信念，缺乏对自己职业的价值意义的正确而深刻的理解，图书馆事业的荣誉感和职业精神不强，职业职责和职业义务、权利模糊，工作中没有真正做到"读者第一，服务至上"，因而影响了服务品质和职业形象。所以，图书馆应加强伦理管理工作，一方面应重视职业道德内化以达到自律和长效机制；另一方面，还应以图书馆规章制度的建设与强力执行为保障。

一 职业道德建设

（一）加强馆员职业道德认知，培养道德自律能力

本书在第七章第一节关于"伦理"与"道德"的对比分析表明，

---

① 钱锦、高波：《美国地方性图书馆法研究——以〈新泽西州图书馆法〉为例》，《图书情报工作》2015 年第 12 期。

"道德"更具有主体性、主观性、个体性特征。基于对道德在本质上是一种实践精神的理解，道德的主体性是道德功能得以发挥的重要基础。因而，道德的主体性特征应该成为职业道德建设的基点。道德的主体性是指人在一定的道德情境中对待道德原则、行为规范所表现出来的自主性、积极性和创造性。道德不仅表现为一种特殊的行为规范，而且还作为个体的品质、德性存在着。道德的主体性是其规范性得以实现的前提。当社会道德规范得到主体的认同，并通过一系列的行为，积淀为人的个性品质时，道德的规范性功能才能够实现。道德的主体性表现在：其一，主体有道德选择的自由。主体可以根据自己的需要、信念，通过权衡和比较，辨别是非、善恶，在社会提供的多种可能性中做出自我独特的选择，从而获得自身独立的地位和人格，并通过自己的生活方式和行为方式，体现自身的价值，培养自己的德性。其二，主体有自我调节的能力。道德主体能够把外在的道德准则转化为内在的要求，把抽象的行为规范转化为具体的行为指令，并在特殊的道德情境中，灵活运用已有的准则。

以上理论说明，主体性是职业道德建设的核心。图书馆员职业道德建设关键在于使馆员职业道德内化，即所谓"探其道而成其德"，发挥馆员主体性和能动性。为此，就要加强馆员对职业道德的认知，对职业价值、责任、权利的深刻认识，将职业使命与职业精神内化于心，形成职业良知、情感与意志等，达到在职业活动中自觉、自愿地践行职业道德规范，即道德自觉自律，从而实现职业价值与职业理想。图书馆员职业道德的认知旨在对本职业的理解，即理论化、系统化、具有相对稳定性和延续性的认识、理想和观念体系，形成这种稳固的职业理念有助于馆员处理职业活动过程中遇到的各种复杂问题。无论是维护和谐的职业关系还是进行道德建设实践，都要以此为主观意识前提，这是馆员发挥职业道德主体性的精神动力之源。职业道德建设的根本就是解决职业伦理深层次的理念认识问题。具体而言，就是要达到对职业的认同，对职业伦理原则与职业精神的深刻领会，从而对职业保持尊重、敬爱与坚定信念。否则，职业道德建设就会失去思想根基，缺少精神保障和内在驱动力。

　　培养图书馆员的自律能力是职业道德建设的目标。职业道德自律就是职业道德意志的表现。道德意志的含义就是确定、坚持和实现一种道德义务的精神决断力。有了这种决断力，人们才可能将自己的道德思想或道德情感外化为实际的道德行为，并将其贯彻到底。道德意志的作用就是让我们下定决心承担这种道德义务，并给予我们为最终实现这种道德义务而不怕艰难困苦、持之以恒、直到完成的毅力。①图书馆员在履行职业道德所规定的各种义务时，往往会遇到来自多方面的困难和阻力，这时，只有坚定的道德意志，不为外部压力和眼前利益所屈服，才可能在行为选择时有所为有所不为，顾大局、识大体，在行为过程中知难而进。同时，职业道德自律表现为独立自主，就是馆员能够对其道德行为形成自觉认识和自觉选择过程。馆员根据职业道德规律、道德标准和职业信念，做出行为的评价。另外，道德自律还表现为约束和纠正能力。馆员对自身行为自觉自愿的约束、控制、内省与纠错，是发自内心的信念对自己职业行为的调节。它是执行道德理性、提升道德情感并使之见诸行动的坚持力、忍耐力和追求力。由此，把外在的规范约束内化为内在律令，这是一种主动的、能动的和自我塑造的过程。通过规范职业行为，展示图书馆员的职业精神和职业素养。

　　图书馆员的自律能力的培养，包括自我培养和外在的教育。为了提高教育培养的效果，除了一般的职业伦理宣传、学习、讲座活动外，图书馆还应探索、创新更为生动活泼的有效方式方法，如在兄弟图书馆之间相互访问学习、开展服务案例交流与比赛、组织模范先进人员宣讲报告等。马克思指出，"道德的基础是人类精神的自律"，即调动自身的内部驱动力而形成自我修炼。自律的过程实际上就是自我教育的过程，通过自我约束、自我控制、自我激励，达到自我完善。我国传统文化思想中的修身养性方法是图书馆员继承学习借鉴的宝贵资源。孔子说"吾日三省吾身"②，指经常自觉地检查自己，用道德标准反省自己。孔子

---

① 韩东屏：《人本伦理学》，华中科技大学出版社 2012 年版，第 82 页。

② 《论语·学而》。

还说："莫见乎隐，莫见乎微，故君子慎其独也。"① 就是说，即使在无人知道、无人监督的情况下，君子也能够严格按照道德要求办事。"慎独"是职业道德修养方法，又是职业道德修养的一种高度自觉的精神境界。另外，如立志、自信与自强、好学、慎思、居敬、克己、慎言、力行、磨炼、虚静、知耻、存心养性等道德思想，都非常有助于进行自我管理、自我磨炼，提高道德修养。总之，这些都在强调职业道德培养要真正做到自觉自律、言行一致、身体力行，达到知行合一。

（二）加强职业道德建设的长效机制

图书馆员职业道德建设是一项长期、复杂而系统的工作。要取得长效机制，关键在领导者即馆长。因为馆长是图书馆一切工作的决策者、推动者和第一执行者。职业道德建设工作是否到位，主要看馆长对图书馆员职业道德建设认识水平及其为提高图书馆员的整体道德水准所付出的努力。

首先，馆长应明确自己在职业道德建设工作中的职责。图书馆是职业道德建设的最主要最关键的主体，而馆长就是具体实施落实者。馆长只有对图书馆工作的"服务"性具有深刻正确的理解，从"为读者服务"的工作性质出发，以提高馆员素质、提升服务质量、塑造职业形象、提高职业竞争力为目标，将职业道德建设的重要性放在图书馆可持续发展的高度，才能够重视这项工作，并着力推动。《中国图书馆员职业道德准则（试行）》在序言中进行了全面概括：图书馆伦理规范的贯彻落实必须以全体图书馆员基于共同的职业观念而形成的自觉行动为基础，同时，离不开图书馆馆长在准确把握本馆发展方向基础上对图书馆员职业行为的具体指导，离不开图书馆作为一个组织对其成员的职业观念、职务行为的正确引导和适当激励，离不开不同的图书馆为完成图书馆事业的社会责任而必需的相互合作，更离不开全社会对图书馆员职业行为的支持理解与监督。②

其次，馆长应加强职业道德建设执行力。在我国传统的伦理观

---

① 《礼记·中庸》。

② 中国图书馆学会：《中国图书馆员职业道德准则（试行）》，北京图书馆出版社2003年版，第1页。

中，义务与权利是不对等的，只肯定履行义务而不承认或不重视权利。这样会使道德评价与赏罚不公，导致现实生活中履行道德义务者得不到公正的评价和应有的回报，最终使人们的道德践行和道德进步的动力被严重削弱。黑格尔也曾关注这种现象："有道德的人常常遭受不幸，而不道德的人则往往是幸运的。"[①] 其原因就在于制度规范及其落实有问题，为不道德的人留下了更多的获利机会。同样的道理，职业道德建设工作要取得长效机制，除了经常开展教育培训活动之外，更需要采取道德评价、监管、奖惩等措施，否则，道德规范就失去了约束和激励效力。如果没有切实可行的道德制约机制，违背职业道德者得不到惩罚，道德先进者得不到推崇表彰，那么职业道德建设难以持久有效。馆员服务质量如何，评价主体应该是读者。职业道德建设成效的巩固，也需要读者与社会的督促与评价。把道德规范变为馆员的自觉行动，读者和社会的理解支持与监督是首要的、不可缺少的外部动力。所以，必须将服务工作置于读者及社会的监督之下，听取读者的意见和建议，形成良好的反馈机制。为此，馆长应在职业道德建设工作中长远规划，全面部署，设立"读者监督委员会"之类的组织，建立监督机制，公开读者监督途径，接受读者评价。同时，馆长必须在执行过程注意常抓不懈，始终如一，公平公正，这样才能对馆员群体产生信任力、说服力和行动力，从而取得实效。如果道德评价和赏罚不公，使职业道德履行者得不到公正的评价和应有的回报，最终将削弱道德践行的动力。尽管在职业活动中，并非每个道德奉献者都期求回报或奖励，但作为道德倡导者却有义务使他们拥有相应回报的权利。

二　规章制度建设与执行

图书馆规章制度既是馆员必须遵守的准则，也是组织实施管理的依据。它具体地规定了图书馆员和读者的权利与义务及违反规定应承

---

① ［德］黑格尔：《精神现象学》（下卷），贺麟、王玖兴译，商务印书馆1987年版，第141页。

担的责任，对他们的行为起着导向和规定作用，保证各项工作规范有序。因此，加强图书馆规章制度建设并着力执行，对维持图书馆的一切活动正常秩序必不可少。这不仅保障了工作关系和服务关系的和谐，而且对图书馆员职业道德建设发挥着重要的促进作用。

（一）健全图书馆规章制度

图书馆管理水平的高低，取决于制度体系的完善与执行状况。[①] 制度的建立与执行，主要职责在于图书馆领导集体的职业理念、职业责任与勇气和魄力。尤其图书馆馆长是图书馆办馆者和第一责任人，对怎样办馆和办什么样的图书馆负有直接责任。地方图书馆法规中，广州、深圳、内蒙古3部《条例》都明确了公共图书馆馆长负责制，教育部2015年新修订的《普通高等学校图书馆规程》明确规定"馆长主持全馆工作，组织制定和贯彻实施图书馆发展规划、规章制度、工作计划、队伍建设方案及经费预算"[②]。所以，馆长及领导集体应切实履行职责，包括制度的安排和创新以及新制度的推进，使其为办馆目标服务。另外，应重视制度的修订完善。社会总在不断发展，用一成不变的制度是不可能的。图书馆是一个生长着的有机体，制度必须随着图书馆活动实践发展变化，及时修订完善，否则就失去了制度原有的价值，甚至产生制约作用。

（二）制定图书馆规章制度应遵循科学原则、民主原则、以人为本原则

制度可以塑造人，人同样可以塑造制度。优良的制度才能具有权威性，赢得尊重和遵循。制度的形成一定需要遵循一些基本的原则。图书馆制度制定的科学原则，就是不走形式，不搞脱离现实、千篇一律、内容假大空的制度，必须根据自己的实际情况制定本馆的规章制度。如根据读者群体特征、馆员的整体状况，以及所处的社会环境现状等，力争制度兼顾原则性与可行性。制度应满足的基本伦理原则是：第一，图书馆制度能保障读者的知识自由权利、知识平等权利、

① 阳国华：《论高校图书馆制度创新》，《图书馆学研究》2003年第8期。
② 教育部：《普通高等学校图书馆规程》，《大学图书馆学报》2016年第2期。

知识共享的权利和知识休闲的权利。① 第二，图书馆制度在改善基础秩序中发挥积极的引导作用，即制度要公正安排人们之间的利益关系、制度要尊重基础秩序、制度要增进个人利益。② 第三，从效率角度说，图书馆制度都应当服务于方便广大读者，减少资源使用和流通所遇到的障碍，提高资源利用效率，从而促进知识最大范围的传播。③ 第四，公共图书馆制度的宏观绩效主要是服务的普遍均等程度，微观绩效主要是服务受众的满意程度。④

图书馆制度制定的民主性，就是广泛征求馆员的意见和建议，吸收读者用户参与其中，坚持制度从群众中来再到群众中去，集思广益，反复讨论修改，慎重考虑，达成共识，甚至调研其他馆的经验做法以资参考，必要时请图书馆学、管理学专家指导。这样形成的制度，来源于馆员的工作实践和对读者服务实践，是实践经验和服务需求的概括和总结，制定过程多方参与，合理、透明、公平、公正，保证馆员与读者各方的权益责任都得到充分考虑和保证，结果达到普遍接受，切实可行也有效。

"以人为本"原则包括"以馆员为主体"和"以读者为中心"两方面。"以馆员为主体"就是尊重和关注馆员个人的需求，以人的价值、人的发展为最终目标，注意协调人际关系，引导馆员的行为，激发图书馆员的积极性、主动性和创造性。上海图书馆为在第一线工作受委屈的员工颁发"委屈奖"，就充分体现了制度的人性化和创新性。通过制度的尊重与信任会将制度的外在强制力转化为内在积极的驱动力、凝聚力和竞争力，从而提高图书馆员的服务水平。

"以读者为中心"就是强调制度的"人性化""人文精神"和"人文功能"，保证图书馆员更好地为读者提供满意的信息知识文化服

---

① 蒋永福、田文英、孙瑞英：《知识权利与图书馆制度——制度图书馆学研究》，《图书馆建设》2005 年第 1 期。

② 段小虎、于绒：《图书馆制度与基础秩序》，《图书馆杂志》2010 年第 3 期。

③ 梁晨萍：《图书馆效率与制度的经济学分析》，《图书馆学研究》2006 年第 8 期。

④ 陈琳：《公共图书馆制度的公平与效率问题研究》，《图书情报工作》2010 年第 7 期。

务。进行人性化、人本化制度设计，遵循"图书馆学五定律"，尽可能体现出图书馆的公共性、公益性、开放性，改变过去对资源"管理重于利用，限制高于自由"的过时观念，使读者更方便、更有效地利用图书馆，从图书馆制度中受益，实现人性化服务、便捷化服务。

（三）强化图书馆规章制度执行效力

图书馆的工作涉及人、财、物等多方面的因素，其中最重要的是人的因素。制度的价值是在贯彻执行中体现出来的，如果不执行或执行不到位，再好的制度也难以体现其存在的价值，发挥不出应有的效力。可以说，制度的生命力在于执行，执行的着力点在于严格。图书馆规章制度包括人事制度和分配制度、岗位责任制度、业务工作制度、馆员培训制度、奖惩制度和考核评价制度、读者服务制度等，都应强调执行效力，否则都是一纸空文。所以要强调制度精神，即对制度的自觉、理解、认同、遵守和执行。这就要做到：（1）制度要明确具体，简明易懂，使每个责任主体能够明白自己的义务，不出现模糊、界限不清、相互扯皮现象；（2）对制度要加强宣传，使任何人都可以随时方便地查找，阅读学习，对照执行，或者监督评价；（3）严格执行是制度发挥作用的关键。如果执行不严或者执行不客观公正，将会使制度丧失伦理原则，甚至产生是非颠倒、错对不分，结果可能导致制度不能激励先进、抑制落后，反而导致人心涣散、风气不正，对职业道德建设起到负面的影响。

第三节　图书馆员职业伦理文化建设

制度规范与文化永远是并存的，制度规范是显性的文化，文化是隐性的制度规范。制度规范不仅是一些条文规定，更是内化在馆员内心活的、潜在的制度规范，是由伦理文化内生的职业价值观、集体意识、行为准则、行为习惯等一系列东西。在图书馆，无论是践行道德规范、遵守制度，还是实施管理，一切活动都需要有这样一种氛围：在制度规范没有规定的范围内，也能使每个员工具有一种规范自己言行的自觉，这就是良好的职业伦理文化。制度规范更多地强调外在监督与控制，伦理文化更多地强调价值观、理想信念和道德的力量。因而说，职业伦理文化是内在的自律与引导，是一种精神的内动力。它是一只看不见的手，它可以把图书馆员队伍凝聚成一团，也可以把它搅散。肖希明曾经说过："和谐图书馆的服务文化建设的终极目标，是图书馆生存和发展的客观要求，是最有效的管理手段，是图书馆最重要的无形资产。"① 加强图书馆员职业伦理文化建设的重要性就在于，它是图书馆员工所共有的价值观和行为准则，能够倡导和鼓励全体员工为本职工作尽职尽责，同时调整着各种人际关系与精神状态。

目前，图书馆员职业道德建设的差异，其实主要是管理的差异，说到底是观念的差异、文化的差异。这反映的是一种态度，一种责任担当，一种图书馆理念，更是一种伦理文化。常言道："十年树木，百年树人。"图书馆员职业伦理文化的培育应该是百年大计，一脉相承的，不可能在短期内形成。时断时续，都不可能形成特有的伦理文化。

一　职业伦理文化建设的关键因素

图书馆员职业伦理文化建设的重要责任主要在于图书馆领导。因为，图书馆领导在伦理文化形成过程中起着主导作用。伦理文化通常体现为领导者提倡的文化和道德管理思想，涵盖着图书馆员职业伦理文化的服务性、人文性、多元性、规范性等特征。伦理文化的形成是图书馆全体人员共同创造的结果，但是离开了领导的提倡和引导，这些共同的信念就不可能形成，更不可能发挥作用。因此，图书馆领导的素质在职业伦理文化建设中占据着重要位置，在很大程度上决定着职业伦理文化的成败。具体来说，表现在以下几方面。

首先，图书馆领导应当是图书馆价值观和图书馆员职业精神的倡导者。图书馆领导的个人价值观是伦理文化的基础。图书馆员职业伦

① 转引自吴兆文、朱林《数字环境下的图书馆文化》，人民邮电出版社 2014 年版，第 23 页。

理文化是个人价值观和群体价值观的统一，而领导的个人价值观念，往往给图书馆员共同价值观念的形成以深刻影响。职业伦理文化常常会体现出图书馆创始人及后继者所倡导的文化内涵和办馆思想。这主要是领导在图书馆所处的特殊地位所决定的。回顾我国图书馆近现代历史，不难得到印证。早在 19 世纪末 20 世纪初，我国图书馆先驱韦棣华女士和沈祖荣先生就曾为我国图书馆员职业构筑了基本的价值观——智慧与服务，并将其作为"文华公书林"的馆训。时至今日，程焕文先生在担任中山大学图书馆馆长时，继承了先辈们倡导的这份宝贵的精神遗产，并重新将"智慧与服务"作为图书馆的馆训，使这一精神得以发扬光大。

其次，图书馆领导应当是图书馆员价值观和职业精神的灌输者。图书馆领导在图书馆员职业伦理文化建设中的地位和作用就是将伦理文化与思想工作相融合，将伦理文化与图书馆管理相融合。思想工作是伦理文化建设的灵魂，伦理文化建设是思想工作的实现形式，二者相辅相成，相互渗透。只有把伦理文化建设搞好，才能有力地为推动思想工作开辟有效的途径，为图书馆员的思想工作找到载体。图书馆价值观和图书馆员职业精神的形成，需要图书馆员的接受、认可，并把它转化为内心信念和行为习惯。在这个过程中，图书馆领导对价值观的积极倡导具有关键作用。

最后，图书馆领导应当是图书馆员价值观和职业精神的实践者。价值观不能仅仅表现在领导的口头上，更要体现在行动上。图书馆领导必须亲自实践、言传身教，通过自己的带头和示范作用，用伦理文化把员工牢牢吸引在图书馆的价值观之下。灌输价值观的成功需要领导亲自实践他自己努力树立的价值观，还需要以异常坚韧不拔的精神，不断完善这种价值观。这样，他们所倡导的观念才能被图书馆员工所认同和接受，职业伦理文化中的价值观和图书馆员职业精神才能得以确立和贯彻，伦理文化才能发挥出巨大的作用。①

---

① 张敏勤：《图书馆文化研究》，世界图书出版公司 2012 年版，第 67—70 页。

二　图书馆员职业伦理文化建设的内容

图书馆员职业伦理文化建设应重视四方面的内容。

（一）树立图书馆员的职业价值观

图书馆员职业伦理文化应加深馆员对职业价值的理解和体验，增强馆员的职业认同感和敬畏感，从而转化为馆员职业选择与人生目标的自尊和自信。从事任何一个职业与人的价值实现、个人发展都是相关的。积极健康的职业伦理文化，将有助于馆员更好地理解职业的价值，理解知识信息服务的崇高性、独特性。通过表面的具体工作，找到内涵的深刻价值，形成对职业活动意义的认识，从而把对职业目标的追求转化为对职业价值的追求。只有在理解职业意义的基础上，馆员才能找到职业的尊严，找到做人的尊严，找到对社会责任担当的荣誉感、自豪感和幸福感。

（二）增强图书馆员的职业责任感

图书馆员职业责任是由社会分工决定的，是职业活动的中心，也是构成这个特定职业的基础，通过行政的、法律的方式加以确定和维护。它是馆员在从事文献信息知识等服务活动中所承担的特定职责，包括馆员应该做的工作和应该承担的义务。培育馆员的职业责任感，就是要增强他们对图书馆员职业的敬畏感，承担履行职责的强制性义务。在现代职业伦理文化建设中，我们特别有必要强化职业责任"刚性"的一面，使制度、规范、文化的庄严性得到充分体现。

（三）培养图书馆员的积极主动性

图书馆员职业伦理文化应重视对馆员职业情感的培育和调动，增强馆员的工作激情和主动性，从而培养馆员的自重和自爱。职业伦理文化就是要通过对馆员情感的引导，使其不断形成并逐渐固化为一种高层次的情感，即敬业感。敬业感是源自人性深处的一种渴望，本质上是对自己生活与生命的自重自爱。职业情感是人们对自己所从事的职业所具有的稳定的态度和体验。有强烈职业情感的人，能够从内心产生一种对自己所从事职业的需求意识和深刻理解，因而无限热爱自己的职业和岗位。只有处于这种情感支配下，馆员才能时刻保持高昂的精神状态，才能最大限度地发挥自身个体的潜能，使自己的职业生涯更加完善。当馆员把职业视作深化、拓宽自身阅历的途径，把它当作职业生命的载体时，职业就是生命，而生命由于职业才会变得有力和崇高。

（四）培养图书馆员的进取精神

当今社会发展迅猛，图书馆员职业面临着激烈的市场竞争，犹如逆水行舟，不进则退。中国传统伦理文化中也不乏积极进取的根脉，如《周易》中就有"天行健，君子以自强不息"，这句话勉励人们要自我力求进步，刚毅坚强，发愤图强，永不停息。图书馆员也应以此为训，居安思危，坚定信心，不断学习，敢于拼搏，大胆创新，勇于竞争，由此才能使图书馆员职业立于不败之地。

三　图书馆员职业伦理文化建设的目标

（一）突显以人为本的核心价值观

以人为本就是尊重人、关心人、理解人、爱护人。这也就是"以馆员为中心"，使图书馆员深切感受到自己是图书馆的主体和主人翁地位。通过"以馆员为中心"，才能实现"以读者为中心"。具体来说，就是尊重馆员的人格，培养馆员对图书馆的亲和力；尊重馆员的意见，增强他们对图书馆的向心力；尊重馆员个人的职业发展需要，提高他们对职业目标的认同度；关心馆员的疾苦，为他们排忧解难，培养馆员对组织产生信赖、依靠和归属感。

（二）提升图书馆员的职业素质

图书馆员职业伦理文化应加深馆员对自身的认识，重视职业素质的开发，从而激发馆员职业理想升华和创造力拓展。职业伦理文化应通过对图书馆员职业素质的开发，提升他们对自身的认识水平和预期目标要求。虽然职业岗位所要求的具体能力不同，但对馆员基本素质的要求却是相同的。具体来说，一是要培育馆员的职业精神和成熟的职业心态，即乐观、向上、自信，勇于开拓创新，有职业责任感，能较好地把工作热情和务实作风结合起来。二是要培育馆员的职业能力，包括对工作环境、人际关系以及对工作本身的适应能力；培养他们终身学习的习惯，通过不断的学习，保持自己在职业技能上的竞争优势；激发他们不断发展的创新精神，这是对已有知识的灵活应用，是对新途径的自我探索。三是要培育馆员的职业素质，能够进行自我开发。职业伦理文化就是应创造一种图书馆员特有的"生活样式"。这种文化化人的过程，就是图书馆员自身素质不断提高的过程，也就是人的全面发展的过程。

（三）增进图书馆员的职业幸福感

职业幸福感是人们在从事某一职业时基于需要得到满足、潜能得到发挥、力量得以增长所获得的持续快乐体验。职业幸福感是检验组织管理成效的重要标尺，员工是否拥有职业幸福感，既是对组织满意程度、忠诚度的体现，又是个人生活质量的一个衡量。因此，图书馆员职业伦理文化建设要充分体现其人性化的"柔性"的一面，激发馆员的职业潜力，发挥馆员的才能，使馆员获得成就感，进而产生对组织的满意感，体验到职业幸福。

（四）优化图书馆员的工作氛围

图书馆员职业伦理文化应营造良好的工作环境与外部关系，构筑馆员自我发展的良好氛围，从而增强馆员职业能力与职业责任感和使命感。职业伦理文化应重视营造一种浓厚的氛围，让生活、学习、工作在其中的馆员群体学会正确处理人与人的关系，善于与他人沟通，学会欣赏和赞扬他人；控制自己的情绪，能够自律；在职业交往中感受相互支持、配合与关爱；可以相互体谅、相互理解、相互包容，尤其是在服务读者用户的过程中能够换位思考，从他们的需求角度出发，尊重、体谅和包容他们。同时，馆员对职业中的真善美、假恶丑应有一个正确的认识，具有辨别是非的选择能力。总之，图书馆应通过营造积极健康的工作氛围和人际交往环境，促进图书馆员的社会责任感和使命感不断增强，职业道德水平不断提高。

参考文献

一 著作类

［加］纪克之：《现代世界之道》，刘平、谢燕译，北京大学出版社 2010 年版。

［德］弗里德里希·包尔生：《伦理学体系》，何怀宏、廖申白译，中国社会科学出版社 1988 年版。

［德］黑格尔：《法哲学原理》，范扬、张企泰译，商务印书馆 1982 年版。

［德］黑格尔：《精神现象学》（下卷），贺麟、王玖兴译，商务印书馆 1987 年版。

［德］黑格尔：《哲学史讲演录》第 3 卷，贺麟、王太庆译，商务印书馆 1981 年版。

［德］马克斯·韦伯：《学术与政治》，冯克利译，生活·读书·新知三联书店 2005 年版。

［德］伊曼努尔·康德：《道德形而上学原理》，苗力田译，上海人民出版社 2012 年版。

［德］伊曼努尔·康德：《康德论上帝与宗教》，李秋零编译，中国人民大学出版社 2004 年版。

［德］伊曼努尔·康德：《实践理性批判》，邓晓芒译，杨祖陶校，人民出版社 2003 年版。

［法］爱弥尔·涂尔干：《职业伦理与公民道德》，渠东、付德根译，上海人民出版社 2006 年版。

［法］孟德斯鸠：《论法的精神》，张雁深译，商务印书馆 1963

年版。

　　[古罗马] 西塞罗:《国家篇　法律篇》,沈叔平、苏力译,商务印书馆 1999 年版。

　　[美] M. 贝尔斯:《职业伦理学》,郑文川等译,学苑出版社 1989 年版。

　　[美] 哈罗德·J. 伯尔曼:《法律与革命——西方法律传统的形成》,中国大百科全书出版社 1993 年版。

　　[美] 亨利·E. 阿利森:《康德的自由理论》,陈虎平译,辽宁教育出版社 2001 年版。

　　[美] 杰西·H. 谢拉:《图书馆学引论》,张沙丽译,兰州大学出版社 1986 年版。

　　[美] 罗斯科·庞德:《通过法律的社会控制·法律的任务》,沈宗灵、董世忠译,商务印书馆 1984 年版。

　　[美] 米切尔·戈曼:《未来图书馆:梦想、狂想与现实》,刘嘉等译,华艺出版社 2002 年版。

　　[美] 约翰·罗尔斯:《正义论》,何怀宏等译,中国社会科学出版社 1988 年版。

　　[印] 阮冈纳赞:《图书馆学五定律》,夏云等译,书目文献出版社 1988 年版。

　　[英] 怀特海:《教育的目的》,徐汝舟译,生活·读书·新知三联书店 2002 年版。

　　《马克思恩格斯全集》第 6 卷,人民出版社 1961 年版。

　　《马克思恩格斯选集》第 1 卷,人民出版社 1995 年版。

　　《马克思恩格斯选集》第 3 卷,人民出版社 1972 年版。

　　《马克思恩格斯选集》第 4 卷,人民出版社 1972 年版。

　　陈锡岳、林基鸿主编:《名人与图书馆》,天津人民出版社 1993 年版。

　　程焕文、潘燕桃、张靖:《图书馆权利研究》,学习出版社 2011 年版。

　　程焕文、潘燕桃主编:《信息资源共享》,高等教育出版社 2004

年版。

程焕文：《图书馆的价值与使命》，上海科学技术文献出版社 2014 年版。

程焕文：《晚清图书馆学术思想史》，北京图书馆出版社 2004 年版。

程亚男：《图书馆文明服务手册》，北京图书馆出版社 2003 年版。

邓晓芒：《康德哲学讲演录》，广西师范大学出版社 2005 年版。

刁荣华：《中西法律思想论集》，汉林出版社 1984 年版。

付立宏、袁琳编著：《图书馆管理教程》，武汉大学出版社 2005 年版。

高国希：《道德哲学》，复旦大学出版社 2005 年版。

韩东屏：《人本伦理学》，华中科技大学出版社 2012 年版。

何光辉：《有效职业伦理教育模式研究》，上海三联书店 2009 年版。

何怀宏：《伦理学是什么?》，北京大学出版社 2002 年版。

胡锦涛：《坚定不移沿着中国特色社会主义道路前进　为全面建成小康社会而奋斗——在中国共产党第十八次全国代表大会上的报告（2012 年 11 月 8 日）》，人民出版社 2012 年版。

胡军：《知识论》，北京大学出版社 2006 年版。

江畅：《德性论》，人民出版社 2011 年版。

李本森：《法律职业伦理》，北京大学出版社 2005 年版。

李春秋主编：《职业与职业道德》，青岛出版社 1997 年版。

李龙主编：《法理学》，武汉大学出版社 1996 年版。

李水海主编：《世界伦理道德辞典》，陕西人民出版社 1990 年版。

梁漱溟：《乡村建设理论》，上海人民出版社 2011 年版。

刘小琴主编：《图书馆规章制度选编》，北京图书馆出版社 2001 年版。

刘兹恒、张久珍主编：《图书馆学理论的使命与担当——第六次全国图书馆学基础理论研讨会论文集》，国家图书馆出版社 2011 年版。

罗国杰主编:《伦理学》，人民出版社 2014 年版。

马汉宝:《西洋法律思想主流之发展》，翰芦图书出版有限公司 1999 年版。

美国图书馆协会:《图书馆权利宣言》（日文本），参见日本图书馆协会图书馆自由委员会《图书馆自由宣言（1979 年改订）解说》2004 年。

欧阳谿:《法学通论》，会文堂新记书局 1946 年版。

任丑主编:《伦理学基础》，西南师范大学出版社 2011 年版。

日本图书馆协会:《图书馆法规基准总览》，1992 年。

日本图书馆协会图书馆员问题调查委员会编:《图书馆员伦理纲领解说（增补版）》，日本图书馆协会 2002 年版。

日本图书馆协会图书馆自由委员会:《图书馆自由宣言（1979 年改订）解说》，2004 年。

申来津:《精神激励的权变理论》，武汉理工大学出版社 2003 年版。

沈宗灵:《现代西方法理学》，北京大学出版社 1992 年版。

王海明:《伦理学原理》，北京大学出版社 2001 年版。

王荣发主编:《现代职业伦理学》，华东理工大学出版社 2003 年版。

王玉林:《图书馆法律问题研究》，合肥工业大学出版社 2009 年版。

魏英敏主编:《新伦理学教程》，北京大学出版社 2012 年版。

吴汉东:《著作权合理使用制度研究》，中国政法大学出版社 1996 年版。

吴兆文、朱林:《数字环境下的图书馆文化》，人民邮电出版社 2014 年版。

徐引篪、霍国庆:《现代图书馆学理论》，北京图书馆出版社 1999 年版。

杨柳、沈楚:《现代职业文化简论》，浙江大学出版社 2014 年版。

杨威理:《西方图书馆史》，商务印书馆 1988 年版。

于良芝：《图书馆学导论》，科学出版社 2003 年版。

余仕麟：《伦理学要义》，巴蜀书社 2010 年版。

张敏勤：《图书馆文化研究》，世界图书出版公司 2012 年版。

中国图书馆学会：《中国图书馆员职业道德准则（试行）》，北京图书馆出版社 2003 年版。

朱贻庭主编：《应用伦理学辞典》，上海辞书出版社 2013 年版。

庄道明：《图书馆专业伦理》，文华图书馆管理资讯股份有限公司 1996 年版。

二　工具书、典籍类

辞海编辑委员会：《辞海》（1999 年版缩印本），上海辞书出版社 2000 年版。

《朗文当代高级英语辞典》，朱原等译，商务印书馆 1998 年版。

中国社会科学院语言研究所词典编辑室编：《现代汉语词典》（第 6 版），商务印书馆 2012 年版。

（汉）许慎撰，（清）段玉裁注：《说文解字注》，上海古籍出版社 1988 年版。

《礼记·曲礼》。

《论语·述而》。

《论语·泰伯》。

《论语·学而》。

《论语·颜渊》。

《论语·尧曰》。

《论语·雍也》。

《孟子·离娄上》。

《孟子·离娄下》。

《荀子·修身》。

张载：《张子语录·中》。

《周易·乾卦》。

《左传·桓公二年》，见（清）阮元校刻《十三经注疏》，上海古籍出版社 1997 年版。

《左传·僖公十一年》。

三 论文类

［美］E. G. 霍利：《步入第二个世纪——图书馆学教育百年纪念》，林平译，卢泰宏校，《江西图书馆学刊》1990 年第 2 期。

［美］道·诺斯：《制度变迁理论纲要》，张帆译，《改革》1995 年第 3 期。

AZ：《杜威的"三最"原则·"三 R"原则》，《图书馆学刊》1982 年第 3 期。

安希孟：《智慧与知识》，《现代哲学》1999 年第 3 期。

白君礼：《图书馆权利中的几个基本问题浅谈》，《图书情报工作》2006 年第 2 期。

曹淼、肖希明：《美国图书馆政策的重点领域及对中国的启示》，《国家图书馆学刊》2012 年第 1 期。

陈力行：《试论图书馆的社会责任》，《四川图书馆学报》2012 年第 5 期。

陈琳：《公共图书馆制度的公平与效率问题研究》，《图书情报工作》2010 年第 7 期。

程焕文、周旭毓：《图书馆精神——体系结构与基本内容》，《图书馆》2005 年第 2 期。

程焕文、周旖：《迈向图书馆行业自律时代——关于图书馆职业道德与图书馆权利的几点思考》，《国家图书馆学刊》2006 年第 3 期。

程焕文：《百年沧桑 世纪华章——20 世纪中国图书馆事业回顾与展望》，《图书馆建设》2004 年第 6 期。

程焕文：《百年沧桑 世纪华章——20 世纪中国图书馆事业回顾与展望（续）》，《图书馆建设》2005 年第 1 期。

程焕文：《跨越时空的图书馆精神——"三位一体"与"三维一体"的韦棣华女士、沈祖荣先生和裘开明先生》，《中国图书馆学报》2002 年第 5 期。

程焕文：《论"图书馆精神"》，《黑龙江图书馆》1988 年第 4 期。

程焕文：《实在的图书馆精神与图书馆精神的实在——〈论图书馆精神〉自序》，《大学图书馆学报》2006 年第 4 期。

程焕文：《图书馆的价值与使命》，《图书馆杂志》2013 年第 3 期。

程焕文：《图书馆精神始终是最重要的——答黄俊贵先生》，《图书情报知识》2006 年第 2 期。

程焕文：《图书馆权利的界定》，《中国图书馆学报》2010 年第 2 期。

程焕文：《图书馆权利的来由》，《图书馆论坛》2009 年第 6 期。

程焕文：《图书馆人与图书馆精神》，《中国图书馆学报》1992 年第 2 期。

程焕文：《向刘少雄先生学习 弘扬图书馆精神——在"刘少雄先生为中山大学图书馆服务 60 周年暨 80 华诞庆祝大会"上的讲话》，载程焕文主编《广东图书馆学会 40 年》，中山大学出版社 2003 年版。

程亚男：《再论图书馆服务》，《中国图书馆学报》2002 年第 4 期。

程亚男：《走向权利的时代：读者权利百年演变》，《图书馆》2004 年第 3 期。

初景利：《西方图书馆评价理论评介》，《中国图书馆学报》1999 年第 3 期。

段小虎、于绒：《图书馆制度与基础秩序》，《图书馆杂志》2010 年第 3 期。

樊浩：《当前中国伦理道德状况及其精神哲学分析》，《中国社会科学》2009 年第 4 期。

范并思、兰小媛：《信息技术冲击下的图书馆人文思潮》，《高校图书馆工作》2005 年第 5 期。

范并思、于良芝：《如何理解"图书馆社会责任研究"》，《图书馆建设》2010 年第 7 期。

范并思：《论图书馆人的权利意识》，《图书馆建设》2005 年第 2 期。

范并思：《权利、读者权利和图书馆权利》，《图书馆》2013 年第 2 期。

冯永刚：《刍议制度文化在道德教育中的功效》，《教育研究》2012 年第 3 期。

顾雪英：《职业价值结构初探》，《心理学探新》2001 年第 1 期。

郭婕：《在知识系统与行动系统之间——哈贝马斯对法律与道德的分析》，《道德与文明》2009 年第 3 期。

韩东屏：《论终极价值》，《河北学刊》2013 年第 1 期。

韩宇：《关于图书馆社会责任的调查与思考》，《图书馆建设》2010 年第 7 期。

侯虹斌：《"苏图事件"：谁限制了一个学者使用善本的权利?》，《南方都市报》2005 年 3 月 28 日。

胡旭晟：《论法律源于道德》，《法治与社会发展》1997 年第 4 期。

黄国彬：《ALA、JLA、CSLS 图书馆员职业道德规范之比较分析》，《中国图书馆学会 2003 年年会论文集》。

黄俊贵：《图书馆服务理念琐谈》，《图书馆》2001 年第 2 期。

黄幼菲：《公共智慧服务、知识自由与转知成慧》，《图书与情报》2012 年第 1 期。

黄宗忠：《论图书馆制度》，《图书馆论坛》2008 年第 6 期。

蒋璟萍：《礼仪道德的历史传统及现代价值》，《求索》2004 年第 5 期。

蒋小耘：《基于图书馆职业精神构建的理性思考》，《图书馆理论与实践》2007 年第 1 期。

蒋永福、黄丽霞：《信息自由、信息权利与公共图书馆制度》，《图书情报知识》2005 年第 1 期。

蒋永福、李集：《知识自由与图书馆制度——关于图书馆的制度视角研究》，《图书馆建设》2004 年第 1 期。

蒋永福、刘鑫：《论信息公平》，《图书与情报》2005 年第 6 期。

蒋永福、田文英、孙瑞英：《知识权利与图书馆制度——制度图书馆学研究》，《图书馆建设》2005 年第 1 期。

蒋永福、佟馨：《图书馆社会责任研究》，《情报资料工作》2011 年第 4 期。

蒋永福、王株梅：《论图书馆制度——制度图书馆学若干概念辨析》，《中国图书馆学报》2005 年第 6 期。

蒋永福：《当代中国图书馆人最缺什么？》，《图书馆》2004 年第 2 期。

蒋永福：《技术和制度哪个更重要？——关于图书馆制度的思考》，《图书馆》2005 年第 4 期。

蒋永福：《论图书馆员伦理——基于责任伦理和为他责任的思考》，《大学图书馆学报》2009 年第 3 期。

蒋永福：《图书馆核心价值及其中国语境表述》，《国家图书馆学刊》2008 年第 2 期。

蒋永福：《维护知识自由：图书馆职业的核心价值》，《图书馆》2003 年第 6 期。

教育部：《普通高等学校图书馆规程》，《大学图书馆学报》2016 年第 2 期。

康健：《职业伦理与职业精神》，《光明日报》2000 年 6 月 6 日。

兰孝慈、张静：《图书馆治理的法律基础与制度重构——"211 大学"图书馆规章制度透视》，《图书馆建设》2008 年第 12 期。

李炳穆等：《韩国图书馆法》，《图书情报工作》2008 年第 6 期。

李超平：《建立什么样的图书馆职业精神》，《图书馆杂志》2005 年第 5 期。

李菲、孙晓凤：《基于 IFLA〈图书馆员道德准则〉的图书馆员道德规范研究》，《图书与情报》2012 年第 1 期。

李国新：《〈中国图书馆员职业道德准则〉的制定、突破和问题》，《大学图书馆学报》2003 年第 5 期。

李国新：《关于中国图书馆立法的若干问题》，《中国图书馆学报》2002 年第 1 期。

李国新：《图书馆权利的定位、实现与维护》，《图书馆建设》
2005 年第 1 期。

李国新：《现代图书馆观念的确立与本土化》，《河南图书馆学
刊》2003 年第 3 期。

李国新：《中国图书馆法治建设：现状与问题》，《图书馆建设》
2007 年第 6 期。

李海滨、陆卫平：《社会主义核心价值观对职业价值观的塑造》，
《人民论坛》2014 年第 4 期。

李龙：《用科学的发展观统领中国法学的全局——再论人本法律
观》，《武汉大学学报》（人文科学版）2005 年第 4 期。

李品庆：《从地方性图书馆法规看我国公共图书馆事业的发展趋
势——以〈广州市公共图书馆条例〉为例》，《图书馆》2015 年第
10 期。

李萍、童建军：《德性法理学视野下的道德治理》，《哲学研究》
2014 年第 8 期。

李清、侯荣理：《论图书馆职业道德规范建设的层次体系》，《图
书馆界》2015 年第 1 期。

李清、马燕：《图书馆职业伦理范畴的概念及论域》，《新世纪图
书馆》2015 年第 2 期。

李艳萍：《中外公共图书馆制度比较》，《图书馆建设》2008 年第
12 期。

联合国教科文组织：《公共图书馆宣言（1994）》，《图书馆学
刊》1996 年第 6 期。

梁晨萍：《图书馆效率与制度的经济学分析》，《图书馆学研究》
2006 年第 8 期。

梁欣：《发展公共图书馆事业的政府制度供给责任》，《图书情报
工作》2009 年第 17 期。

林明：《沈祖荣与图书馆精神——读〈中国图书馆学教育之父—
沈祖荣评传〉有感》，《图书馆学研究》1998 年第 6 期。

刘赪娜：《关于我国图书馆立法工作的几点思考》《图书馆工作与研究》2012 年第 1 期。

刘锦山、李国新：《李国新：忙趁春风赋华章》，《高校图书馆工作》2013 年第 1 期。

刘兰明、赵琴：《校园行为文化建设研究》，《中国高校科技》2011 年第 12 期。

刘少雄：《一个老图书馆工作者的心声》，《图书馆论坛》1997 年第 2 期。

刘晓英：《关于"中华人民共和国公共图书馆法（征求意见稿）"的思考》，《图书馆》2013 年第 5 期。

刘晓莹、刘琳琳：《美国公共图书馆立法：现状、特点与启示》，《图书馆建设》2013 年第 4 期。

刘璇、张丽、冯佳：《国外图书馆法演变特点及对我国图书馆法的启示》，《图书情报工作》2011 年第 21 期。

刘亚玲：《转识成智——知识社会现代图书馆服务的制高点》，《图书情报工作网刊》2012 年第 5 期。

卢泰宏：《图书馆的人文传统与情报科学的技术传统》，《中国图书馆学报》1992 年第 3 期。

吕忠民：《职业资格制度的研究及对策》，《中国考试》2008 年第 3 期。

［美］迈克尔·戴维斯：《中国工程职业何以可能》，《工程研究——跨学科视野中的工程》2007 年第 00 期。

潘燕桃、张琳：《创新的法规内容 先进的立法理念——〈广州市公共图书馆条例〉与我国其他地方图书馆条例的内容比较》，《图书馆论坛》2015 年第 8 期。

彭前卫：《图书馆权利与责任的整体性思考》，《图书馆杂志》2007 年第 12 期。

钱锦、高波：《美国地方性图书馆法研究——以〈新泽西州图书馆法〉为例》，《图书情报工作》2015 年第 12 期。

人事部、教育部、科学技术部、财政部：《关于加强专业技术人员继续教育工作的意见》，《继续教育》2007 年第 11 期。

桑晓东：《论图书馆管理中的规章制度建设》，《图书馆建设》2004 年第 3 期。

沙勇忠：《图书馆职业伦理研究》，《中国图书馆学报》2004 年第 4 期。

申传斌：《关于构建我国图书馆职业核心价值的思考》，《重庆工商大学学报》（自然科学版）2015 年第 1 期。

沈光亮：《图书馆伦理研究》，《图书情报工作》2005 年第 7 期。

沈光亮：《图书馆伦理责任》，《图书与情报》2006 年第 3 期。

沈光亮：《图书馆职业伦理制度化建设》，《图书馆建设》2005 年第 3 期。

沈光亮：《我国图书馆伦理研究综述》，《情报杂志》2007 年第 4 期。

沈晓阳：《论责任的内涵、根据、原则》，《重庆师院学报》（哲学社会科学版）2002 年第 1 期。

盛小平、刘泳洁：《我国图书馆职业核心价值研究》，《图书馆杂志》2008 年第 4 期。

施强：《图书馆制度的伦理道德维度分析》，《图书馆》2007 年第 3 期。

时保吉：《论图书馆的综合法律保障》，《图书馆理论与实践》2004 年第 2 期。

宋显彪：《〈（世界/IFLA）图书馆员职业道德准则（草案）〉及其思考》，《图书馆杂志》2012 年第 4 期。

宋显彪：《试论图书馆员职业的核心价值》，《图书馆杂志》2002 年第 9 期。

宋显彪：《再论图书馆员职业的核心价值》，《图书馆杂志》2007 年第 6 期。

孙伟平：《价值定义略论》，《湖南师范大学社会科学学报》1997 年第 4 期。

谭恺：《图书馆伦理内涵研究》，《学理论》2010 年第 22 期。

唐泽霜：《解读图书馆职业权利》，《图书馆》2007 年第 3 期。

田宏杰：《宽容与平衡：中国刑法现代化的伦理思考》，《政法论坛》2006 年第 2 期。

田晓钢：《人文精神是图书馆文化的精髓》，《内蒙古科技与经济》2005 年第 8 期。

王关锁：《论中国现代图书馆制度创新的文化取向》，《图书馆工作与研究》2004 年第 4 期。

王惠英、祁瑞：《图书馆员职业价值观、职业道德、职业精神的内在联系》，《职业教育研究》2013 年第 9 期。

王沥：《"图书馆权利"的两重性研究》，《图书馆学刊》2006 年第 5 期。

王培三：《图书馆法的社会法属性探讨》，《图书馆理论与实践》2013 年第 9 期。

王少薇、高波：《我国地方性图书馆法规有关信息伦理的考察与分析》，《图书情报工作》2013 年第 11 期。

王天林：《法律与伦理的契合与冲突——以拒证特权制度为视角》，《政法论坛》2010 年第 3 期。

王子舟、吴汉华：《图书馆职业的发展前景》，《中国图书馆学报》2008 年第 2 期。

吴慰慈：《图书馆职业资格认证制度》，《图书馆建设》2004 年第 2 期。

肖珊、范并思：《"图书馆核心价值"调查与分析》，《图书与情报》2007 年第 3 期。

肖卫红：《图书馆伦理责任及其实现》，《图书馆》2009 年第 5 期。

肖希明：《论图书馆职业精神》，《图书馆论坛》2004 年第 6 期。

熊伟：《充分发挥图书情报机构的专业智库功能——以陕西省图书情报界专家参与宝鸡市公共图书馆服务体系制度设计课题研究为例》，《当代图书馆》2013 年第 1 期。

熊伟：《当代图书馆学基础理论的客观知识本体论转向》，《图书馆杂志》2011 年第 12 期。

　　徐长生：《我国图书馆员职业资格认证制度问题研究综述》，《图书情报工作》2009 年第 3 期。

　　徐廷福：《美国教师专业伦理建设及启示》，《比较教育研究》2005 第 5 期。

　　许开凤：《图书馆制度文化浅说》，《图书馆论坛》2005 年第 4 期。

　　许章润：《说法·活法·立法》，《比较法研究》1997 年第 2 期。

　　燕辉、常安：《论作为消极权利的图书馆自由》，《图书馆》2013 年第 3 期。

　　阳国华：《论高校图书馆制度创新》，《图书馆学研究》2003 年第 8 期。

　　杨德军、邵宜倩：《论公共管理中的道德责任与义务》，《世纪桥》2004 年第 3 期。

　　杨槐：《〈IFLA 图书馆员职业道德准则（草案）〉探析》，《图书馆学研究》2012 年第 19 期。

　　杨开荆、赵新力：《试论我国港、澳、台三地图书馆员专业伦理规范》，《图书情报工作》2004 年第 12 期。

　　杨雅、李桂华：《我国图书馆服务制度配置模式调查与分析》，《国家图书馆学刊》2011 年第 3 期。

　　尧新瑜：《"伦理"与"道德"概念的三重比较义》，《伦理学研究》2006 年第 4 期。

　　叶继元：《中国百年图书馆精神探寻》，《图书情报知识》2004 年第 5 期。

　　于良芝：《未完成的现代性：谈信息时代的图书馆职业精神》，《图书馆杂志》2005 年第 4 期。

　　于鸣镝：《读懂图书馆——试评胡氏定义》，《图书馆学研究》2003 年第 7 期。

　　俞传正、阳国华：《核心价值：我们共同的基石》，《图书馆建设》2007 年第 3 期。

俞传正:《图书馆核心价值的历史解读》,《图书与情报》2007 年第 3 期。

袁金菲:《图书馆员的职业信念初探》,《图书馆研究与工作》2006 年第 1 期。

张传有:《康德道德哲学中的准则概念》,《西北师大学报》(社会科学版) 2004 年第 6 期。

张盾、王华:《在道德与法律之间——现代性反思的主客观二维之争及其解决》,《江苏社会科学》2011 年第 1 期。

张靖、吴顺明:《从世界图书馆员职业道德规范看知识自由与图书馆》,《图书馆建设》2004 年第 5 期。

张琳:《〈广州市公共图书馆条例〉与其他地方图书馆条例的比较》,《图书情报工作》2016 年第 S1 期。

张世良:《我国图书馆职业道德建设反思》,《图书馆建设》2010 年第 10 期。

张欣毅:《建设有中国特色的图书馆员职业道德规范——与北京大学信息管理系李国新教授的访谈录》,《图书馆理论与实践》2002 年第 6 期。

张雅红:《图书馆规章制度的伦理分析》,《图书馆理论与实践》2007 年第 4 期。

章锦德:《略论制度的伦理作用》,《福建论坛》(经济社会版) 1999 年第 11 期。

赵力:《文明服务:图书馆职业的核心价值——读〈图书馆文明服务手册〉有感》,《图书馆建设》2004 年第 2 期。

赵亚兰、陆自荣:《图书馆研究的“职业伦理”与“职业道德”使用分析——兼论〈中国图书馆员职业道德准则(试行)〉的概念使用》,《图书馆理论与实践》2007 年第 4 期。

赵玉宇:《英美两国图书馆法特色与差异分析》,《图书与情报》2011 年第 4 期。

郑慧:《何谓平等》,《社会科学战线》2004 年第 1 期。

郑江艳、类延村:《图书馆员伦理的认知与建构》,《图书馆学研究》2010 年第 1 期。

郑敬蓉：《图书馆法"权利本位"的思考——以公、私法划分理论为视角》，《山东图书馆季刊》2008 年第 4 期。

中国图书馆学会：《图书馆服务宣言》，《中国图书馆学报》2008 年第 6 期。

周继武：《国家图书馆借书记》，《南方周末》2004 年 10 月 14 日。

周世江：《中美英日图书馆员职业伦理道德的若干共同原则》，《图书与情报》2006 年第 4 期。

朱国萍：《核心价值的特征：图书馆核心价值筛选和确定的切入点——论图书馆核心价值与核心职能》，《图书情报工作》2008 年第 8 期。

陈静超：《若干国家的图书馆员职业道德规范比较分析》，硕士学位论文，黑龙江大学，2016 年。

李桂秋：《伦理文化与科技发展》，硕士学位论文，辽宁师范大学，2008 年。

吴祥昆：《中国特色社会主义道德和道德文化建设研究》，硕士学位论文，中共山东省委党校，2012 年。

四 英文、电子报刊文献类

Alistair Black, *A New History of the English Public Library: Social and Intellectual Contexts, 1850-1914*, London: Leicester University Press, 1996.

Barbara J. Ford, "ALA President's Message: Visions, Values, and Opportunities", *American Libraries*, Vol. 29, No. 1, January1998.

Barbara J. Murray, "A Historical Look at the ALA Code of Ethics", *Master's Theses*, San Jose State University, 1990.

California Library Laws 2017 (http://www.library.ca.gov/publications/laws.html).

Dewey, cited in Robert F. Nardini, "A Search for Meaning: American Library Metaphors 1876-1926", *Library Quarterly*, Vol.71, No.2, April 2001.

IFLA/UNESCO, "Public Library Manifesto 1994" (http：//archive.ifla. org/VII/s8/unesco/eng.htm).

International Symposium in Economic Theory and Econometrics, *Political Economy: Institutions, Competition and Representation*, Cambridge: Cambridge University Press, 1993.

Jack Kessler, *Internet Digital Libraries: The International Dimension*.Boston: Artech House, 1996.

Jesse H. Shera, *The Foundations of Education for Librarianship*, Los Angeles: Becker and Hayes, 1972.

Michael F. Winter, *The Culture and Control of Expertise: Toward a Sociological Understanding of Librarianship*, New York: Greenwood Press, 1988.

Lancaster F. W. , and Beth Sandore, *Technology and Management in Library and Information Services*, Champaign Englewood IL: University of Illinois, 1997.

Lee W. Finks, "What Do We Stand for? Values without Shame", *American Libraries*, Vol. 20, No. 4, April 1989.

Lon L. Fuller, *The Morality of Law*, New Haven: Yale University Press, 1969.

The International Federation of Library Associations and Institutions (http：//www.Ifla.org/VII/dg/srdg/index.html).

W. Lee Hisle, "Facing the New Millennium: Values for the Electronic Information Age", *College and Research Libraries*, Vol. 59, No. 1, January1998.

《IFLA/FAIFE 关于图书馆和知识自由权的声明》, 杨学伦译, 2006 年 11 月 6 日 (http://blog. sina. com. cn/s/blog_ 56e48379010006iv. html)。

《习近平谈"十三五"五大发展理念之三：绿色发展篇》, 2015 年 11 月 12 日, 人民网 (http：//cpc. people. com. cn/xuexi/n/2015/ 1112/c385474-27806216. html)。

北京市人民代表大会常务委员会：《北京市图书馆条例》, 2002 年 7

月，百度文库（https：//wenku. baidu. com/view/e608746e7e21af45b 307a 850.html）。

程焕文：《魂兮归来——杜定友先生的图书馆精神》，2008 年 12 月，新浪博客（http：//blog. sina. com. cn/s/blog_ 4978019f0100 bivx.html）。

广州市人民代表大会常务委员会：《广州市公共图书馆条例》，2014 年 10 月，百度文库（https：//wenku. baidu. com/view/98ca8a 37240c 844768eaee91.html？from＝search）。

国际图书馆协会联合会：《图书馆员及其他信息工作者的伦理准则（IFLA）》，朱强、束漫译，2012 年 8 月（http：//www. ifla. org/files/assets/faife/ codesofethics/ chinesecodeofethicsfull. pdf）。

国务院：《国家公务员暂行条例》，1993 年 8 月（http：//www. law-lib. com/law/law_ view. asp？id＝9731）。

湖北省人民代表大会常务委员会：《湖北省公共图书馆条例》，2001 年 7 月，百度文库（https：//wenku.baidu.com/view/a01e6b05a6c30c 2259019e0d.html）。

江海一蓑翁：《诺思：制度经济学的集大成者》，2015 年 12 月 4 日，豆瓣网（https：//www. douban. com/note/527349203/？from＝tag）。

老槐也博客：《馆长视野中的图书馆精神》，2005 年 1 月 13 日，（http：//oldhuai. bokee. com/545347. html）。

内蒙古自治区人民代表大会常务委员会：《内蒙古自治区公共图书馆管理条例》，2000 年 8 月，百度文库（https：//wenku. baidu. com/view/2f31f912650e52ea55189878.html）。

全国人民代表大会：《中华人民共和国宪法（2004 修正）》，2017 年 3 月，中国人大网（http：//www.npc.gov.cn/npc/zt/qt/gjxfz/2014-12/03/content_ 1888091.htm）。

深圳市人民代表大会常务委员会：《深圳经济特区公共图书馆条例》，1997 年 7 月，百度文库（https：//wenku. baidu. com/view/72a4502bed630 b1c59eeb553.html？from＝search）。

四川省人民代表大会常务委员会：《四川省公共图书馆条例》，2013 年 10 月，百度文库（https：//wenku. baidu. com/view/59a67793f524 ccbff12184f6.html？from＝search）。

　　王伟：《论职业精神》，2004 年 6 月，光明网（http：//www.gmw.cn/03pindao/lilun/2004-06/30/content_ 50580.htm）。

　　吴建中：《2025 年，图书馆"长"什么样　吴建中在中国图书馆学会 2015 年会上的演讲》，2016 年 1 月，新华网（http：//www.news.xinhuanet.com/local/2016-01/23c_ 128658954.htm）。

　　习近平：《谈思想道德建设》，2013 年 12 月 26 日，中国文明网（http：//www.wenming.cn/ll_ pd/wh/201312/t20131226_ 1660317.shtml）。

　　香港大学图书馆：Hong Kong Library Policy（http：//lib.hku.hk/general/policy.html）。

　　中共中央：《公民道德建设实施纲要》，2001 年 10 月 20 日，人民网（http：//dangshi.people.com.cn/GB/165617/166495/10003360.html）。

　　中共中央：《中共中央关于加强社会主义精神文明建设若干重要问题的决议》，1996 年 10 月 10 日，人民网（http：//www.people.com.cn/GB/shizheng/252/5089/5106/5182/20010430/456601.html）。

后　记

我作为一个非图书情报学专业人员从事图书馆工作，多年来通过学习和工作体会，对这个职业的认识和理解逐渐加深，进而产生了崇敬与热爱之情。我因这个职业高尚的社会价值而崇敬它，更希望通过自己的积极努力和认真履职不负这份职业，并赢得职业尊严，找到职业归宿感。基于对图书馆员职业知识服务本质的理解与认同，怀着对读者权益的尊重与维护，我不由自主地关注着图书馆的服务现状。通过观察、走访、与同行交流探讨、对相关学术研究跟踪了解，我认识到目前我国图书馆服务中不尽人意的现象有一定的普遍性，一些图书馆职业伦理建设成效不显著。读者在图书馆得不到应有的尊重，甚至简单的服务需求有时也得不到满足，服务失范事件时有发生，"读者第一，服务至上"的现代图书馆理念与实际落实有一定的距离。这些暴露出了图书馆多方面多层次的问题，如服务意识不强，服务能力有限，服务文化不浓厚，服务缺少规范化，管理缺乏有效机制，其根源有制度不健全、法律不健全的问题，也有行政体制所导致的管理问题，等等。出于职业良知，我对于图书馆服务现状，内心总有一种深深的不安，但身为一名普通的工作者，又深感无力和无奈。尽管如此，但作为图书馆忠诚的工作者，我非常希望这个职业能够为读者用户提供优质的知识文献信息服务，凭借自身图强发展和职业价值，赢得社会的认知、认可、尊重和支持。既然身在图书馆，我就想着图书馆事业与发展，关心自己的业务工作，牵挂着读者的需求。职业伦理与道德建设问题一直在我心中挥之不去，我不能不进行理论探索，问题分析，寻找解决的出路。我总是争取机会外出开会、学习、听讲座，尽可能地想与同行交流，了解其他图书馆的业务、服务状况，就一些问题进行探讨，希望学到先进的、新的东西，对自己的职业素质和水平有所提升，对本馆的工作有所启发和借鉴。即使外出，在异地他乡，看到图书馆就有一种亲切感，仿佛这就是他乡的家。如果可能的话，我一定要进入图书馆看看，寻找点什么、学到点什么。也许这就是我的图书馆员职业情怀。

多年来对伦理道德理论的大量阅读、学习、钻研、积累、感悟，以及工作实践的阅历与体察，使我明白了伦理学者樊浩的一句话："伦理"的真谛是"人理"，"道德"的真谛是"得道"。陈独秀认为"伦理的觉悟，为吾人最后之觉悟之最后觉悟"，这种对伦理学无比深刻的洞见颇具启发的意味，令人深思。我越来越体悟到图书馆员职业伦理学既是治人之学，更是治馆之学，根本上则是图书馆事业治业之学，因而职业伦理建设对于图书馆事业具有根基性的地位与作用。同时，职业道德建设需要长期坚持，不断积累才能产生效果，正如哲学学人万俊人说的，道德作为一种社会文化精神的基本维度，原本就存在于我们的日常生活与平凡行为之中，它是一种社会的无形资本，一种文化潜能，一种无须夸张也不能轻视的社会生活维度。没有平常道德的"资本积累"，就不可能有特殊时刻社会伦理资源的"高额投入"和道德能量的丰厚"产出"，这也是一个基本的社会文明发展的规律。我对图书馆员职业伦理的实质内涵、建设的途径方法、环境氛围等诸多方面形成了一些思想观点，对图书馆员职业伦理建设形成的理解和思想认识终于通过拙著《图书馆员职业伦理建设研究》得以表达。

本书是本人 2015 年承担的陕西省社会科学基金项目"基于实证分析的陕西图书馆职业伦理规范建设研究"（立项号为 2015M002）研究成果之一，同时也得到我供职的西安石油大学优秀学术著作出版基金资助。

在书稿完成之际，我非常感念所有帮助支持我的恩人们。感谢西安石油大学图书馆谭成仟、樊长军、张馨三位馆长多年来对我从事学术研究的关心和大力支持。感谢采编部马燕、李小青两位主任的热情鼓励和关照，同时铭记采编部各位同事给予我的体谅和帮助。感谢陕西学前师范学院熊伟研究馆员对我研究的热心帮助和指点。感谢西安文理学院段小虎研究馆员在繁忙的工作和研究中，对我不遗余力的指导和帮助，使我承担的陕西省社会科学基金项目得以顺利完成。感谢西安石油大学科技处各位老师的支持和帮助。感谢中国社会科学出版社编审任明老师和编辑校对老师们为本书的编辑出版付出的辛勤劳动和帮助。感谢我的亲人们的理解和支持。

　　人贵有自知之明，我深知自己学识浅薄，能力有限，研究存在许多问题和不足，希望得到同行专家、学者及读者批评指正。

李　清